観光地域学

奥野　一生

目次

【1】はじめに ……………………………………………………………… 19

【2】観光地理学・交通地理学と観光地域動向 ………………………… 23
 （1）観光地理学・交通地理学を考える　23
 （2）観光地理学の課題　23
 （3）交通地理学の課題　24
 （4）観光地域動向①　24
 （5）観光地域動向②　24
 （6）インバウンドツーリズム（訪日外国人旅行）①　25
 （7）インバウンドツーリズム（訪日外国人旅行）②　25
 （8）ユネスコ世界遺産登録①　25
 （9）ユネスコ世界遺産登録②　26
 （10）新幹線開通①　27
 （11）新幹線開通②　27
 （12）絶景①　28
 （13）絶景②　28
 （14）テーマパーク①　28
 （15）テーマパーク②　29
 （16）新観光①　29
 （17）新観光②　29
 （18）新観光③　30
 （19）観光と地域社会①　30
 （20）観光と地域社会②　31
 （21）観光と大学教育　31
 （22）観光業界に就職　31
 （23）アニメツーリズム　32

【3】観光地域と観光資源 ………………………………………………… 48
 （1）観光資源とは何か　48
 （2）自然①　48
 （3）自然②　48
 （4）自然③　49
 （5）自然④　49
 （6）歴史①　50
 （7）歴史②　50
 （8）歴史③　50

（9）	歴史④	51
（10）	歴史⑤	51
（11）	文化①	51
（12）	文化②	52
（13）	文化③	52
（14）	産業①	53
（15）	産業②	53
（16）	人工施設①	54
（17）	人工施設②	54
（18）	人工施設③	54
（19）	観光資源の魅力と盛衰①	55
（20）	観光資源の魅力と盛衰②	55
（21）	観光資源と地域社会の相互関係は？	56
（22）	観光資源　まとめと課題①	56
（23）	観光資源　まとめと課題②	56

【4】地域振興政策と観光　その1　　　　　78

（1）	地域振興政策とは何か①	78
（2）	地域振興政策とは何か②	78
（3）	地域振興政策の課題①	78
（4）	地域振興政策の課題②	79
（5）	地域振興政策と観光	79
（6）	地域振興政策と地域社会の相互関係は？①	79
（7）	地域振興政策と地域社会の相互関係は？②	80
（8）	日本の変化、未来を考察	80
（9）	産業（鉱業）と交通（新幹線）の変化	81
（10）	産業発展の社会法則（ペティ＝クラークの法則）	81
（11）	先進国と日本の現状	82
（12）	日本における産業衰退の要因	83
（13）	日本と世界、日本の都市と地方	83
（14）	急速に進行する日本の変化と対応	83
（15）	日本の農業・林業・鉱業の成功例	84
（16）	交通の立地条件	85
（17）	交通発展の社会法則	85
（18）	日本の新幹線の開通と今後の予定	85
（19）	新幹線開通による駅の地位変化	86
（20）	東北地方での新幹線	87
（21）	東北地方での航空交通	87
（22）	地域内交通の諸問題	88
（23）	地域内交通の対応策	88

【5】地域振興政策と観光　その2　93

　（1）地域振興政策のポイント　93
　（2）地域振興政策の事例①　93
　（3）地域振興政策の事例②　94
　（4）地域振興政策の事例③　94
　（5）地域振興政策の事例④　95
　（6）地域振興政策の事例⑤　95
　（7）地域振興政策の事例⑥　96
　（8）日本の「地域」と地域振興政策　96
　（9）離島振興政策の成功要因　97
　（10）北海道の地域振興政策、鉄道交通から　97
　（11）北海道の地域振興政策、航空交通から　97
　（12）北海道の地域振興政策の問題点　98
　（13）北海道の地域振興政策　対策と対応　98
　（14）北海道の観光による地域振興政策と事例　99
　（15）東北の地域振興政策の問題点　99
　（16）東北の地域振興政策、対策と対応　99
　（17）東北の観光による地域振興と事例　100
　（18）関東・中部の地域振興政策の問題点　100
　（19）関東・中部の地域振興政策　対策と対応　101
　（20）関東・中部の観光による地域振興と事例　101
　（21）中国・四国・九州の地域振興政策の問題点　102
　（22）近畿・中国・四国・九州の地域振興政策　対策と対応　102
　（23）近畿・中国・四国・九州の観光による地域振興の事例　102

【6】鉄道資本と観光地域　110

　（1）日本における鉄道の発達と観光①　110
　（2）日本における鉄道の発達と観光②　110
　（3）日本における鉄道の発達と観光③　111
　（4）日本における鉄道の発達と観光④　111
　（5）日本における鉄道の発達と観光⑤　111
　（6）観光鉄道：寺社参詣鉄道　112
　（7）観光鉄道：温泉鉄道　112
　（8）阪急電鉄で考える鉄道と観光　112
　（9）東武鉄道による日光鬼怒川観光開発①　113
　（10）東武鉄道による日光鬼怒川観光開発②　113
　（11）西武鉄道による狭山丘陵・秩父観光開発①　114
　（12）西武鉄道による狭山丘陵・秩父観光開発②　114
　（13）西武と東急による伊豆・箱根観光開発　114
　（14）名古屋鉄道による犬山観光開発　115

（15）近畿日本鉄道による伊勢志摩観光開発　　　　　　　　　115
　　（16）中小鉄道と観光①　　　　　　　　　　　　　　　　　116
　　（17）中小鉄道と観光②　　　　　　　　　　　　　　　　　116
　　（18）中小鉄道と観光③　　　　　　　　　　　　　　　　　117
　　（19）中小鉄道と観光④　　　　　　　　　　　　　　　　　117
　　（20）中小鉄道と観光⑤　　　　　　　　　　　　　　　　　118
　　（21）大手鉄道資本の観光関連事業①　　　　　　　　　　　118
　　（22）大手鉄道資本の観光関連事業②　　　　　　　　　　　118
　　（23）JR九州の観光列車・高速船　　　　　　　　　　　　119

【7】船会社と観光地域　　　　　　　　　　　　　　　　　123

　　（1）戦前期における船会社と観光①　大阪商船　　　　　　123
　　（2）戦前期における船会社と観光②　東京湾汽船　　　　　123
　　（3）戦前期における船会社と観光③　佐渡汽船　　　　　　123
　　（4）関西汽船の別府航路と瀬戸内海観光　　　　　　　　　124
　　（5）瀬戸内海汽船と瀬戸内海観光　　　　　　　　　　　　124
　　（6）佐渡汽船と佐渡島（新潟県）観光　　　　　　　　　　125
　　（7）東海汽船と伊豆諸島（東京都）観光　　　　　　　　　125
　　（8）種子屋久高速船と種子・屋久島（鹿児島県）観光　　　126
　　（9）九州商船と五島（長崎県）観光　　　　　　　　　　　126
　　（10）九州郵船と壱岐島・対馬島（長崎県）観光　　　　　　127
　　（11）隠岐汽船と隠岐諸島（島根県）観光　　　　　　　　　127
　　（12）名鉄海上観光船と篠島・日間賀島（愛知県）観光　　　127
　　（13）ハートランドフェリーと利尻島・礼文島・奥尻島（北海道）観光　128
　　（14）羽幌沿海フェリーと天売島・焼尻島（北海道）観光　　128
　　（15）粟島汽船と粟島（新潟県）観光　　　　　　　　　　　128
　　（16）甑島商船と甑島諸島（鹿児島県）観光　　　　　　　　129
　　（17）マリックスラインと奄美群島（鹿児島県）・沖縄（沖縄県）観光　129
　　（18）マルエーフェリーと奄美群島（鹿児島県）観光　　　　130
　　（19）琉球海運と沖縄（沖縄県）観光　　　　　　　　　　　130
　　（20）座間味村・渡嘉敷村と慶良間諸島（沖縄県）観光　　　130
　　（21）久米商船と久米島（沖縄県）観光　　　　　　　　　　131
　　（22）八重山観光フェリーと八重山（沖縄県）観光　　　　　131
　　（23）安栄観光と八重山（沖縄県）観光　　　　　　　　　　131

【8】航空企業と観光地域　　　　　　　　　　　　　　　　　138

　　（1）戦前期における航空企業と観光①　　　　　　　　　　138
　　（2）戦前期における航空企業と観光②　　　　　　　　　　138
　　（3）戦前期と戦後期の飛行場　　　　　　　　　　　　　　138
　　（4）戦後期の航空企業の変遷①　　　　　　　　　　　　　139

（5）戦後期の航空企業の変遷②　　139
　　（6）戦後期の航空企業の変遷③　　140
　　（7）日本航空　　140
　　（8）全日本空輸　　141
　　（9）日本トランスオーシャン航空　　141
　　（10）日本エアーコミューター　　141
　　（11）ジェイ・エア　　142
　　（12）ANA ウイングス　　142
　　（13）スカイマーク　　142
　　（14）エア・ドゥ（AIRDO）　　143
　　（15）ソラシドエア　　143
　　（16）アイベックスエアラインズとスターフライヤー　　143
　　（17）フジドリームエアラインズ　　144
　　（18）ジェットスター・ジャパンと春秋航空日本　　144
　　（19）ピーチ・アビエーションとバニラ・エア　　144
　　（20）北海道エアシステム　　145
　　（21）新中央航空と天草エアライン　　145
　　（22）オリエンタルエアブリッジ　　145
　　（23）琉球エアーコミューター　　146

【9】観光業界と地域社会、宿泊業界を中心として　　155
　　（1）観光業界・観光関連業界とは？　　155
　　（2）「爆買い」に見る、観光産業・観光関連産業　　155
　　（3）「日本で買わなければいけない 12 の神薬」　　156
　　（4）関西・中部・関東でのインバウンド観光　効果と課題　　156
　　（5）関西でのインバウンド観光　人気の場所と施設　　156
　　（6）関東でのインバウンド観光　人気の場所　　157
　　（7）観光施設を運営する業界：「加森観光」を事例として　　157
　　（8）観光地に向かわせる業界①：旅行業界を事例として　　158
　　（9）観光地に向かわせる業界②：旅行業界の資格　　158
　　（10）観光地に向かわせる業界③：「HIS」を事例として　　159
　　（11）観光地に向かわせる業界④：「クラブツーリズム」を事例として　　159
　　（12）観光業界に納入・融資する業界：金融を事例として　　159
　　（13）宿泊業界　　160
　　（14）宿泊業界の工夫例①　　160
　　（15）宿泊業界の工夫例②　　161
　　（16）ホテル・旅館の立地　　161
　　（17）ホテルの分類と事例　　162
　　（18）星野リゾート：注目のリゾートホテル　　162
　　（19）東横イン：注目のビジネスホテル　　163
　　（20）スーパーホテル：注目のビジネスホテル　　163

（21）アパホテル：注目のホテルグループ　　　　　　　　　　163
　（22）旅館に見る旅行の変化と課題　　　　　　　　　　　　　164
　（23）訪日外国人観光客に人気の旅館・ホテル　　　　　　　　164

【10】産業観光と地域社会、鉱業地域を中心として　　　　　　　　169
　（1）産業観光から「観光とは何か」を今一度、考える。①　　169
　（2）産業観光から「観光とは何か」を今一度、考える。②　　169
　（3）教育と観光①　　　　　　　　　　　　　　　　　　　　169
　（4）教育と観光②　　　　　　　　　　　　　　　　　　　　170
　（5）日本の鉱産資源　　　　　　　　　　　　　　　　　　　170
　（6）日本鉱業地域史①　　　　　　　　　　　　　　　　　　171
　（7）日本鉱業地域史②　　　　　　　　　　　　　　　　　　171
　（8）日本鉱業地域史③　　　　　　　　　　　　　　　　　　172
　（9）日本鉱業地域史④　　　　　　　　　　　　　　　　　　172
　（10）日本鉱業地域史⑤　　　　　　　　　　　　　　　　　　172
　（11）日本鉱業地域史⑥　　　　　　　　　　　　　　　　　　173
　（12）黄金の国　ジパング　日本の金山　　　　　　　　　　173
　（13）プラタレアス（銀）の島　日本の銀山　　　　　　　　174
　（14）ジャパン・カッパー（赤銅色）　日本の銅山　　　　　174
　（15）日本の鉄山・鉱山都市　　　　　　　　　　　　　　　175
　（16）日本の鉛・亜鉛鉱山・鉱山都市　　　　　　　　　　　175
　（17）日本の錫鉱山・マンガン・タングステン鉱山　　　　　175
　（18）日本のニッケル・クロム鉱山、レアメタル・水銀鉱山　176
　（19）日本の硫黄鉱山・鉱山都市　　　　　　　　　　　　　176
　（20）日本の石灰石鉱山＜採掘中＞　　　　　　　　　　　　176
　（21）日本の炭田・炭鉱都市　　　　　　　　　　　　　　　177
　（22）日本の油田・天然ガス田　　　　　　　　　　　　　　177
　（23）日本の鉱山実物坑道見学観光施設22箇所　　　　　　　177

【11】テーマパークと地域社会　その1　　　　　　　　　　　　185
　（1）テーマパークとは何か①　　　　　　　　　　　　　　185
　（2）テーマパークとは何か②　　　　　　　　　　　　　　185
　（3）テーマパークとは何か③　　　　　　　　　　　　　　185
　（4）テーマパークの立地型　　　　　　　　　　　　　　　186
　（5）日本のテーマパーク　前史①　　　　　　　　　　　　186
　（6）日本のテーマパーク　前史②　　　　　　　　　　　　186
　（7）高級遊園地と国際博覧会①　　　　　　　　　　　　　187
　（8）高級遊園地と国際博覧会②　　　　　　　　　　　　　187
　（9）高級遊園地と国際博覧会③　　　　　　　　　　　　　188
　（10）遊園地とテーマパークの相互作用　　　　　　　　　　188

（11）なんでも「テーマパーク化」	188
（12）テーマパークの類型化（テーマ・立地）	189
（13）1983年（昭和58年）は日本のテーマパーク元年	189
（14）TDL 東京ディズニーランド	190
（15）TDL・TDS・TDR の立地	190
（16）TDL の交通アクセス変遷	191
（17）TDS 東京ディズニーシー	191
（18）TDR 東京ディズニーリゾートの動向と課題	191
（19）NBP 長崎バイオパークから NHV 長崎オランダ村へ	192
（20）HTB ハウステンボス開園	192
（21）長崎でのテーマパーク開設の背景とその後	193
（22）関東・中部のテーマパーク（TDL・TDS・TDR 以外）動向と課題	193
（23）ラグーナテンボス（愛知県蒲郡市）・レゴランド（愛知県名古屋市）	194

【12】テーマパークと地域社会　その2　199

（１）歴史村（時代村）テーマパーク①	199
（２）歴史村（時代村）テーマパーク②	199
（３）夢と未来のテーマパーク①	200
（４）夢と未来のテーマパーク②	200
（５）外国村テーマパーク①	200
（６）外国村テーマパーク②	201
（７）九州のテーマパークと地域社会：福岡県	201
（８）九州のテーマパークと地域社会：大分県と佐賀県	202
（９）近畿のテーマパーク：USJ ①	202
（10）近畿のテーマパーク：USJ ②	203
（11）近畿・中国・四国のテーマパーク　動向と課題	204
（12）様々な観光施設がある兵庫県	204
（13）北海道の歴史と観光	205
（14）北海道のテーマパーク	206
（15）世界旅行が楽しめるテーマパーク	206
（16）テーマパークで巡る、世界の観光地①	207
（17）テーマパークで巡る、世界の観光地②	207
（18）テーマパークで巡る、世界の観光地③	207
（19）テーマパークで巡る、世界の観光地④	208
（20）テーマパークで巡る、世界の観光地⑤	208
（21）テーマパークで巡る、世界の観光地⑥	209
（22）テーマパークで巡る、世界の観光地⑦	209
（23）テーマパークで巡る、世界の観光地⑧	210

【13】日本の観光地域　その1 215
- （1）沖縄の観光と地域社会①　歴史と産業　215
- （2）沖縄の観光と地域社会②　離島航空　その1　215
- （3）沖縄の観光と地域社会③　離島航空　その2　215
- （4）沖縄の観光と地域社会④　動向と課題　216
- （5）沖縄でおすすめの「観光地」　216
- （6）沖縄観光と地域社会の今後の課題　217
- （7）九州の観光と地域社会　動向と課題①　世界遺産と観光　217
- （8）九州の観光と地域社会　動向と課題②　地震と観光　218
- （9）九州の観光と地域社会　動向と課題③　災害復興と観光　218
- （10）戦後、九州の観光をリードした宮崎　219
- （11）かつての九州観光「ゴールデンルート」　219
- （12）九州観光の盛衰　220
- （13）鹿児島県の対応　その1　220
- （14）鹿児島県の対応　その2　221
- （15）九州観光と地域社会の課題　221
- （16）九州おすすめの「観光地」①　鉱山観光と温泉・レトロ　222
- （17）九州おすすめの「観光地」②　離島観光　222
- （18）四国地方の観光と地域社会：四国八十八ヶ所　223
- （19）四国地方の観光と地域社会：愛媛県　223
- （20）四国地方の観光と地域社会：香川県　224
- （21）四国地方の観光と地域社会：徳島県　224
- （22）四国地方の観光と地域社会：高知県　225
- （23）中国・四国地方の観光と地域社会：本四連絡橋　225

【14】日本の観光地域　その2 233
- （1）近畿・中国地方の観光と地域社会　233
- （2）中国地方の観光と地域社会：山口県　233
- （3）中国地方の観光と地域社会：広島県　234
- （4）中国地方の観光と地域社会：岡山県　234
- （5）中国地方の観光と地域社会：鳥取県　235
- （6）中国地方の観光と地域社会：島根県　235
- （7）近畿地方の観光と地域社会：大阪府　236
- （8）近畿地方の観光と地域社会：奈良県　236
- （9）近畿地方の観光と地域社会：京都府　237
- （10）近畿地方の観光と地域社会：滋賀県　238
- （11）近畿地方の観光と地域社会：和歌山県　238
- （12）近畿地方の観光と地域社会：三重県　239
- （13）中部地方の世界遺産と旧・街道　239
- （14）中部地方の観光と地域社会：新幹線と空港　240

（15）中部地方の観光と地域社会：愛知県　　　　　　　　　　240
　（16）中部地方の観光と地域社会：岐阜県　　　　　　　　　　241
　（17）中部地方の観光と地域社会：静岡県　　　　　　　　　　241
　（18）中部地方の観光と地域社会：山梨県　　　　　　　　　　242
　（19）中部地方の観光と地域社会：長野県　　　　　　　　　　243
　（20）中部地方の観光と地域社会：新潟県　　　　　　　　　　243
　（21）中部地方の観光と地域社会：富山県　　　　　　　　　　244
　（22）中部地方の観光と地域社会：石川県　　　　　　　　　　244
　（23）中部地方の観光と地域社会：福井県　　　　　　　　　　245

【15】日本の観光地域　その3　　　　　　　　　　　　　　251

　（1）関東地方の観光地域　世界遺産登録　　　　　　　　　　251
　（2）北海道・東北地方の観光地域　世界遺産登録　　　　　　251
　（3）関東・東北地方の観光地域①　旧・街道　　　　　　　　251
　（4）関東・東北地方の観光地域②　松尾芭蕉「おくのほそ道」　252
　（5）関東地方の観光と地域社会：東京都　　　　　　　　　　252
　（6）関東地方の観光と地域社会：神奈川県　　　　　　　　　253
　（7）関東地方の観光と地域社会：千葉県　　　　　　　　　　253
　（8）関東地方の観光と地域社会：埼玉県　　　　　　　　　　254
　（9）関東地方の観光と地域社会：栃木県　　　　　　　　　　255
　（10）関東地方の観光と地域社会：群馬県　　　　　　　　　　255
　（11）関東地方の観光と地域社会：茨城県　　　　　　　　　　256
　（12）北海道・東北地方の観光と地域社会①　東北の歴史と観光　256
　（13）北海道・東北地方の観光と地域社会②　地震・津波と観光　257
　（14）東北地方の観光と地域社会：青森県　　　　　　　　　　257
　（15）東北地方の観光と地域社会：秋田県　　　　　　　　　　257
　（16）東北地方の観光と地域社会：山形県　　　　　　　　　　258
　（17）東北地方の観光と地域社会：岩手県　　　　　　　　　　258
　（18）東北地方の観光と地域社会：宮城県　　　　　　　　　　259
　（19）東北地方の観光と地域社会：福島県　　　　　　　　　　259
　（20）北海道地方の観光と地域社会：道東　　　　　　　　　　260
　（21）北海道地方の観光と地域社会：道北　　　　　　　　　　260
　（22）北海道地方の観光と地域社会：道央　　　　　　　　　　260
　（23）北海道地方の観光と地域社会：道南　　　　　　　　　　261

【16】おわりに　　　　　　　　　　　　　　　　　　　　　266

表目次

表1：日本の世界遺産20選	34
表2：日本の世界ジオパークと離島を含む国立公園20選	38
表3：日本の国立公園20選	40
表4：日本の特別名勝・絶景20選	42
表5：日本のアニメの聖地20選	46
表6：日本のおもな火山20選	58
表7：日本のおもな温泉20選	60
表8：日本のおもな神社20選	64
表9：日本のおもな寺院20選	66
表10：日本のおもな城20選	70
表11：日本のおもな祭り・踊り20選	72
表12：日本のおもな歴史的観光地20選	76
表13：東北地方のおもな新幹線駅と空港20選	90
表14：日本のおもな観光による地域振興事例20選	104
表15：北海道の空港と道内航空路線20選	108
表16：日本のおもな私鉄と観光地20選	120
表17：日本のおもな船会社と離島観光地20選	134
表18：関東・中部・近畿地方の空港20選	148
表19：中国・四国・九州地方の空港20選	150
表20：日本の離島空港20選	152
表21：「加森観光」「星野リゾート」のリゾート・宿泊施設20選	166
表22：日本の鉱山実物坑道見学観光施設20選	180
表23：日本のテーマパーク①・高級遊園地・国際博覧会20選	196
表24：日本のテーマパーク②20選	212
表25：沖縄の空港と県内航空路線20選	228
表26：四国・九州のおすすめの観光地・施設20選	230
表27：中国・近畿・中部のおすすめの観光地・施設20選	248
表28：関東・東北・北海道のおすすめの観光地・施設20選	262

分布図 目次

分布図 1 ：日本の世界遺産 20 選	35
分布図 2 ：日本の世界ジオパークと離島を含む国立公園 20 選	39
分布図 3 ：日本の国立公園 20 選	41
分布図 4 ：日本の特別名勝・絶景 20 選	43
分布図 5 ：日本のアニメの聖地 20 選	47
分布図 6 ：日本のおもな火山 20 選	59
分布図 7 ：日本のおもな温泉 20 選	61
分布図 8 ：日本のおもな神社 20 選	65
分布図 9 ：日本のおもな寺院 20 選	67
分布図 10：日本のおもな城 20 選	71
分布図 11：日本のおもな祭り・踊り 20 選	73
分布図 12：日本のおもな歴史的観光地 20 選	77
分布図 13：東北地方のおもな新幹線駅と空港 20 選	91
分布図 14：日本のおもな観光による地域振興事例 20 選	105
分布図 15：北海道の空港と道内航空路線 20 選	109
分布図 16：日本のおもな私鉄と観光地 20 選	121
分布図 17：日本のおもな船会社と離島観光地 20 選	135
分布図 18：関東・中部・近畿地方の空港 20 選	149
分布図 19：中国・四国・九州地方の空港 20 選	151
分布図 20：日本の離島空港 20 選	153
分布図 21：「加森観光」「星野リゾート」のリゾート・宿泊施設 20 選	167
分布図 22：日本の鉱山実物坑道見学観光施設 20 選	181
分布図 23：日本のテーマパーク①・高級遊園地・国際博覧会 20 選	197
分布図 24：日本のテーマパーク② 20 選	213
分布図 25：沖縄の空港と県内航空路線 20 選	229
分布図 26：四国・九州のおすすめの観光地・施設 20 選	231
分布図 27：中国・近畿・中部の観光地・施設 20 選	249
分布図 28：関東・東北・北海道のおすすめの観光地・施設 20 選	263

旧版地形図 目次

地形図 1 ： 2 万 5 千分の 1 地形図「富岡」昭和 4 年測図　　　　　　36
　　　　　富岡製絲場　描図・2 万 5 千分の 1 地形図最初の図
地形図 2 ： 2 万 5 千分の 1 地形図「仁万」昭和 50 年測量　　　　　　36
　　　　　石見銀山遺跡　描図・2 万 5 千分の 1 地形図最初の図
地形図 3 ： 5 万分の 1 地形図「虻田」昭和 19 年部分修正　　　　　　37
　　　　　有珠山　描図・昭和新山誕生直前の部分修正図
地形図 4 ： 5 万分の 1 地形図「慶良間諸島」昭和 63 年修正　　　　　37
　　　　　慶留間空港（外地島）と慶留間橋（工事中）　描図
地形図 5 ： 2 万 5 千分の 1 地形図「阿川」平成 13 年修正　　　　　　44
　　　　　角島大橋　描図
地形図 6 ： 5 万分の 1 地形図「津屋﨑」昭和 26 年応急修正　　　　　44
　　　　　宮地嶽神社・西鉄宮地岳線宮地岳駅（終点時）・馬車鉄道　描図
地形図 7 ： 5 万分の 1 地形図「草津」昭和 12 年修正測図　　　　　　62
　　　　　草津温泉・草軽電気鉄道・硫黄鉱石輸送索道　描図
地形図 8 ： 2 万 5 千分の 1 地形図「有馬」昭和 7 年要部修正　　　　62
　　　　　2 万 5 千分の 1 地形図「寶塚」昭和 7 年要部修正
　　　　　有馬温泉・国鉄（鉄道省）有馬線・神戸有馬電気鉄道　描図
地形図 9 ： 5 万分の 1 地形図「宇治山田」昭和 5 年鉄道補入　　　　63
　　　　　5 万分の 1 地形図「鳥羽」昭和 4 年鉄道補入
　　　　　伊勢電気鉄道・合同電気神都線・朝熊鋼索鉄道　描図
地形図 10： 5 万分の 1 地形図「丸亀」昭和 7 年鉄道補入　　　　　　63
　　　　　金刀比羅宮・琴平急行電鉄・琴平参宮電鉄・琴平電鉄　描図
地形図 11： 2 万 5 千分の 1 地形図「成田」昭和 2 年鉄道補入　　　　68
　　　　　成田山新勝寺・成宗電気軌道・京成電気軌道・多古鉄道　描図
地形図 12： 2 万 5 千分の 1 地形図「永平寺」昭和 5 年測図　　　　　68
　　　　　永平寺・永平寺鉄道　描図・2 万 5 千分の 1 地形図最初の図
地形図 13： 2 万 5 千分の 1 地形図「熊谷」昭和 32 年測量　　　　　 69
　　　　　忍城・秩父鉄道　描図・2 万 5 千分の 1 地形図最初の図
地形図 14： 2 万 5 千分の 1 地形図「津山東部」昭和 7 年修正測図　　69
　　　　　2 万 5 千分の 1 地形図「津山西部」昭和 7 年要部修正
　　　　　津山城・衆楽園　描図
地形図 15： 2 万 5 千分の 1 地形図「八尾」昭和 43 年改測　　　　　 74
　　　　　越中八尾町　描図

地形図16：	２万５千分の１地形図「郡上八幡」昭和45年測量　　　　　　74
	２万５千分の１地形図「徳永」昭和45年測量
	郡上八幡・八幡城　描図・２万５千分の１地形図最初の図
地形図17：	２万５千分の１地形図「鳴海」昭和43年改測　　　　　　　　75
	桶狭間古戦場伝説地・田楽坪　描図
地形図18：	２万５千分の１地形図「関ヶ原」昭和46年改測　　　　　　　75
	関ヶ原古戦場（徳川家康最初陣地・石田三成陣地・開戦地・最後決戦地・最後陣地・東首塚・西首塚）　描図
地形図19：	２万５千分の１地形図「秋田西部」昭和46年改測　　　　　　92
	旧・秋田空港（雄物川河口北側の海岸砂丘上）　描図
地形図20：	２万５千分の１地形図「寒河江」昭和45年改測　　　　　　　92
	２万５千分の１地形図「天童」昭和45年改測
	山形空港（開港時、1,200 m滑走路）　描図
地形図21：	２万５千分の１地形図「磐城泉」昭和46年測量　　　　　　106
	常磐ハワイアンセンター描図・２万５千分の１地形図最初の図
地形図22：	５万分の１地形図「宇佐」昭和26年応急修正　　　　　　　106
	豊後高田・宇佐参宮線　描図
地形図23：	５万分の１地形図「青梅」昭和34年部分修正　　　　　　　122
	狭山丘陵・西武狭山・多摩湖・西武園線・オトギ電車　描図
地形図24：	２万５千分の１地形図「大社」昭和９年修正測図　　　　　122
	出雲大社・一畑電気鉄道・国鉄（鉄道省）大社線　描図
地形図25：	２万５千分の１地形図「初島」昭和49年修正測量　　　　　136
	初島バケーションランド　描図
地形図26：	２万５千分の１地形図「竹富島」昭和53年測量　　　　　　136
	竹富島　描図・２万５千分の１地形図最初の図
地形図27：	２万５千分の１地形図「大隅野間」昭和45年測量　　　　　154
	旧・種子島空港　描図・２万５千分の１地形図最初の図
地形図28：	２万５千分の１地形図「赤木名」昭和59年改測　　　　　　154
	２万５千分の１地形図「赤尾木」昭和59年改測
	旧・奄美空港　描図・新奄美空港工事開始
地形図29：	２万５千分の１地形図「上トマム」平成13年改測　　　　　168
	２万５千分の１地形図「下トマム」平成13年改測
	アルファリゾート・トマム・JR石勝線トマム駅　描図
地形図30：	２万５千分の１地形図「犬落瀬」平成23年更新　　　　　　168
	古牧温泉　星野リゾート青森屋（三沢駅南側）
	十和田観光電鉄　描図
地形図31：	２万５千分の１地形図「夕張」昭和29年測量　　　　　　　182
	夕張炭鉱盛業時　描図・２万５千分の１地形図最初の図

地形図32： 5万分の1地形図「大屋市場」昭和50年編集　　　　　　　182
　　　　明延鉱山・鉱山軌道（一円電車）・神子畑選鉱所　描図
地形図33： 5万分の1地形図「宇都宮」大正4年修正測図　　　　　　183
　　　　大谷石採石場　石材鉄道・石材軌道　描図
地形図34： 5万分の1地形図「足尾」大正2年鉄道補入　　　　　　　183
　　　　足尾銅山　足尾線　鉱山軌道　描図
地形図35： 5万分の1地形図「白峰」昭和5年要部修正　　　　　　　184
　　　　尾小屋鉱山・尾小屋鉄道　描図
地形図36： 5万分の1地形図「新居浜」明治39年測図　　　　　　　184
　　　　別子銅山・下部鉄道・上部鉄道　描図
　　　　5万分の1地形図最初の図
地形図37： 2万5千分の1地形図「藤沢」昭和41年改測　　　　　　198
　　　　2万5千分の1地形図「戸塚」昭和41年改測
　　　　横浜ドリームランド・ドリーム交通線　描図
地形図38： 2万5千分の1地形図「奈良」昭和42年改測　　　　　　198
　　　　奈良ドリームランド・近鉄奈良線（市街地路面走行）　描図
地形図39： 2万5千分の1地形図「滝宮」平成8年修正測量　　　　　214
　　　　2万5千分の1地形図「善通寺」平成8年修正測量
　　　　レオマワールド　描図
地形図40： 2万5千分の1地形図「八幡」平成2年修正測量　　　　　214
　　　　スペースワールド・旧鹿児島本線　描図
地形図41： 2万5千分の1地形図「大畑」昭和41年測量　　　　　　232
　　　　大畑駅スイッチバック・ループ線　描図
　　　　・2万5千分の1地形図最初の図
地形図42： 5万分の1地形図「里村」明治34年測図　　　　　　　　232
　　　　甑島里村トンボロ（陸繋砂州）・長目濱（砂州）・
　　　　海鼠池（潟湖）　描図・5万分の1最初の図
地形図43： 2万5千分の1地形図「尾道」昭和25年第二回修正　　　250
　　　　尾道・尾道電気鉄道　描図
地形図44： 5万分の1地形図「井川」昭和42年補足調査　　　　　　250
　　　　5万分の1地形図「千頭」昭和42年補足調査
　　　　寸又峡温泉・千頭営林署森林鉄道・
　　　　大井川鉄道井川線（旧線）　描図
地形図45： 2万5千分の1地形図「小坂」平成5年部分修正　　　　　264
　　　　2万5千分の1地形図「毛馬内」平成10年部分修正
　　　　小坂鉱山・康楽館・小坂精練小坂線　描図
地形図46： 5万分の1地形図「旭川」昭和43年資料修正　　　　　　264
　　　　旭山公園・旭川電軌東旭川線　描図

写真 目次　　（写真はすべて筆者撮影）

写真 1：西武池袋線　大泉学園駅　　　　　　　　　　　　　　　33
写真 2：富岡製糸場（群馬県富岡市）　　　　　　　　　　　　　45
写真 3：エンジェルロード（香川県土庄町）　　　　　　　　　　45
写真 4：五稜郭（北海道函館市）　　　　　　　　　　　　　　　57
写真 5：山形新幹線新庄駅（山形県新庄市）　　　　　　　　　　89
写真 6：山形新幹線と仙山線の平面交差　　　　　　　　　　　　89
写真 7：三陸鉄道久慈駅（岩手県久慈市）　　　　　　　　　　　103
写真 8：伊佐石灰鉱山（山口県美祢市）　　　　　　　　　　　　107
写真 9：黒潮実感センター（高知県大月町）　　　　　　　　　　107
写真 10：丘珠空港（北海道札幌市）　　　　　　　　　　　　　 109
写真 11：隠岐汽船マリンスター（過去に就航した高速船）　　　 132
写真 12：東海汽船シーガル（過去に就航した高速船）　　　　　 133
写真 13：東海汽船シーガル 2（過去に就航した高速船）　　　　 133
写真 14：竹富島（沖縄県竹富町）　空撮　　　　　　　　　　　137
写真 15：竹富島（沖縄県竹富町）　集落　　　　　　　　　　　137
写真 16：三宅島空港（東京都三宅村）　　　　　　　　　　　　147
写真 17：与論空港（鹿児島県与論町）　　　　　　　　　　　　147
写真 18：リゾナーレ八ヶ岳（山梨県小渕沢町）　　　　　　　　165
写真 19：夕張石炭の歴史村（北海道夕張市）　　　　　　　　　178
写真 20：ゴールドマイン高玉（福島県郡山市）　　　　　　　　179
写真 21：マイントピア別子・別子銅山（愛媛県新居浜市）　　　179
写真 22：JR 京葉線舞浜駅（開業当初・千葉県浦安市）　　　　　195
写真 23：JR 大村線ハウステンボス駅（長崎県佐世保市）　　　　195
写真 24：British Hills（福島県天栄村）　　　　　　　　　　　 211
写真 25：モンゴリアンビレッジテンゲル（栃木県那須町）　　　211
写真 26：ユーミン歌碑（長崎県五島市奈留島）　　　　　　　　227
写真 27：軍艦島（長崎県長崎市端島）　　　　　　　　　　　　227
写真 28：旧・名鉄美濃駅（岐阜県美濃市）　　　　　　　　　　246
写真 29：美濃和紙店（岐阜県美濃市）　　　　　　　　　　　　246
写真 30：吹屋（岡山県高梁市）　　　　　　　　　　　　　　　247
写真 31：文学のこみち（広島県尾道市）　　　　　　　　　　　247
写真 32：小坂鉱山事務所（秋田県小坂町）　　　　　　　　　　265
写真 33：康楽館（秋田県小坂町）　　　　　　　　　　　　　　265

※　本書の大学授業での使用方法　※

　【2】～【15】まで、各1週で半期14週分の内容となります。最初に「オリエンテーション」、または、最後に「まとめ」を加えて、15週目とすることができます。勿論、各週の内容に追加や取捨選択を適宜行ってください。
　【2】～【15】の各週の内容で、（1）～（23）と区切って示した内容は、プレゼンテーションソフト「パワーポイント」での1シート（1コマ）を想定しています。したがって、説明の関係上、一部分、重複する内容構成となっています。本文から、ポイントとなる用語を画面上に示して、講義に使用することを想定しています。各週23シート（23コマ）としたのは、1シート（1コマ）を「科目名・今週のテーマ・連絡事項」用とし、計24シート（24コマ）を配布資料として、Ａ4用紙1枚に6シート（6コマ）であれば4ページ（両面刷りで2枚）、4シート（4コマ）であれば6ページ（両面刷りで3枚）という設定に対応しています。学生の理解確認・フィードバック用に、「まとめ」と「考察」の項目を掲載しました。「意見・感想」の項目を加えて3項目とし、配布資料を配布する以外に、Ａ4用紙1枚程度に「まとめ」「考察」「意見・感想」を記入し、毎週提出することを想定しています。
　また、それぞれの内容に関連した映像を組み合わせて、ご活用ください。
　なお、通年開講の場合は、2週を1セットとし、1週を本書による講義、もう1週を「観光」をテーマとした学生のプレゼンテーション（スピーチ）や、アクティブ・ラーニングとする授業展開が考えられます。
　表と分布図は、28あり、分布図は表の番号を記載、表中を空欄として、記述もしくは選択の小テストとしても活用できます。半期であれば毎週2項目、通年であれば毎週1項目分となります。

【1】はじめに

　今日、大学において「観光」の授業が急増している。かつてほとんどなかった「観光学科」「観光学部」開設にともなう増加もあるが、やはり、一般大学全体において、社会的要請を反映した学生の要望が強いことを背景に、社会動向に対応している大学での「観光」授業開講の影響と考えられる。しかしながら、授業内容がその要請・要望に即しているか、あるいは、必要とされている内容が網羅されているか、さらには学問的に体系化されているか、これらの点は実際にいかがだろうか。観光の授業では、観光動向・観光資源・観光業界は勿論、例えば、交通は観光と極めて関係深く、観光の授業内容に交通を取り上げる、交通でも、鉄道交通のみならず、船舶交通、航空交通と、陸・海・空の交通を盛り込むことは至極当然といえる。文系大学生の就職希望先人気企業上位に入るのが、航空業界を中心とした交通業界と、旅行企画斡旋を中心とした旅行業界である。また、大卒の若い就労者が多数活躍している観光地域や宿泊地域があり、大学生の就職先として人気のある観光関連企業も多い。しかし、残念ながら、日本の大学（四年制大学）においては、理系で交通工学科はあるものの、文系の「交通学部・交通学科」や「旅行学部・旅行学科」などはない状況である。高校生が進路選択を考えるとき、交通業界や旅行業界に多く就職していそうな大学・学部・学科に、当然ながら、注目する。それに対して、その要望に対応している大学・学部・学科もあるが、「観光」と称していながら、高校生がイメージしている観光と大学での「観光」と称する授業の内容が大きく乖離し、必ずしも、期待に応えていない状況がある。例えば、高校生の観光体験で圧倒的に中心をなすのが修学旅行であり、今日、航空交通の利用が多く、行き先としてテーマパークが多い。そこで、航空業界やテーマパーク業界へ就職を希望して観光に注目するものの、航空交通やテーマパークが授業内容に登場しない「観光」の授業に、失望することとなる。オープンキャンパスにおける模擬授業で、「テーマパーク」をテーマとした授業は大人気だが、一部のテーマパークの特定の学問からの狭いお話であることが多く、一面的である感がやはり拭えない。

このような課題が生起する理由としては、担当教員と使用教材に要因があると考えられる。「観光」科目の担当教員には、大きく、「観光」研究者と「観光」実務者の出身者が多い。前述のように、かつては「観光学科」がほとんどなく、ましてや、大学院で「観光」を研究するものは少なかった。近年は急増しているが、相対的に若く、その内容が「狭く」「浅い」ことが危惧される。例えば、「○○を事例として」の論文副題に見る如く、一部の事例研究に終始している「研究」に端的に代表される。そのような「研究」だけで「観光」の授業を担当する結果、科目名と実際の授業内容が大きくかけ離れている事例が出現する。「観光」実務経験者も多いが、急成長している交通業界や旅行業界、宿泊業界の企業は、むしろ、他業種からの参入組も多く、また狭い分野の実務経験者が多いため、必ずしも従来の実務経験者が有利ではないというのも、最新の観光業界の実情なのである。教材も、「網羅」していると思われる教材は、複数の著者による高価な書籍がほとんどで、一人の著者による包括的で、一冊で教科書に使用できる比較的安価な書籍がない。
　本書では、以上の状況において、大学での観光の教科書として企画したものである。必然的に、限られた紙面で、内容を厳選することとなる。まず、最新の観光動向と観光資源を取り上げた。観光の社会貢献として、特に公務員希望者に対して、地域振興政策との関連考察は外せない。特に、地方大学においては、地元貢献が強く求められている。次いで、観光と関係深く、就職希望者が多い交通も必須の内容である。当然ながら、観光業界・観光関連業界・産業観光も肝要となる。さらには、人気のテーマパークも観光の重要なテーマである。そして、学生の観光体験を促すとともに、資格取得や実務上も必要となる、日本の観光地域をまとめることも求められる。半期の授業、例えば「観光学概論」「観光学総論」「観光学原論」や一般教養科目の授業で、あるいは1・2年次の基礎ゼミ・セミナーの教材として、学生の要望に対応しつつ、できるだけ網羅するならば、これらの項目になることは、必然と思われる。
　本書を使用した授業の受講生に対しては、以下のことを考えて受講していただきたい。

【1】 はじめに

　まず、この授業がどのような人に役立つかである。勿論、「観光業界で活躍しようとする人！」で、すなわち、観光を学び、観光ビジネスに従事しようとする人である。旅行業界はどのような知識・考え方が重要か、交通業界・宿泊業界・金融業界（交通業界・旅行業界とともに、文系大学生に人気の業界）において、交通・宿泊・金融と観光は、どのように関係するのかである。「狭い」観光業界のみならず、「広く」観光関連業界も学ぶことが現在は肝要で、観光を学ぶといかに多くの業界と関係があるか、現代社会のビジネスに、観光が極めて重要であるとの事実を是非とも理解したい。そこから、前述のように、一般大学においても、観光の授業が強く求められるようになった意義が自ずと見えてくるのである。

　ついで、この授業は観光だけでなく、観光地域という視点を重視している。すなわち、地域を考える、特に、地域振興政策を是非とも考えたい。日本は、これから、国全体として、人口減少社会に入る。最新の国勢調査では、すでに都市部でも人口が減少している。地方では、人口減少が特に深刻となっている。その大きな要因として、交通インフラなどが不便となって人口が減少、人口減少が交通利用者減少となって、更なる不便さの増大という、悪循環が生じている。その反面、地方でも、観光地域では人口数に比べて交通が便利で、観光訪問を契機としたＵターンやＩターンなどの人口増加もあり、観光が地域振興につながっている。ただし、観光地域間の競争が激しいのも事実である。観光の基本を大切に、常に魅力ある観光を創出する努力が必要で、このことは、公務・公務員以外、地域密着型企業にも重要な事項となる。

　さらに、観光動向・観光資源、交通と観光地域等では、幅広く学ぶ必要性から、「網羅する」ことを重視しつつ、観光業界・観光関連業界・産業観光では、幅広い項目を取り上げるとともに、「注目すべき分野」を考察する。すなわち、「なぜ注目すべきなのか」「その理由や他の分野との相互関係・因果関係」も考える。具体的には、「観光業界と地域社会　宿泊業界を中心として」では、ずばり「観光業界・観光関連業界が、いかに幅広く、他分野との関係が深いか」「宿泊業界に注目することによって、観光・旅行の変化、日本人の国内旅行のみならず、訪日外国人の日本旅行に求め

られるものは何か」「それは、外国人が他の国へ海外旅行するのに、何を求めているか」ここまで考えることを期待している。「産業観光と地域社会　鉱業地域を中心として」では、ずばり「産業観光から、観光とは何かを今一度考える」「産業観光に注目することによって、観光に何が求められているのか、観光をどのように利用しようとしているのか」「それは、社会全体や個人のどのような変化によるのか、さらに、今後どう変化していくのか」ここまで考えることを期待している。勿論、日本の歴史的地域形成に果たした鉱業の役割を再確認するとともに、日本に多い知られざる鉱業遺産の観光への活用を、具体的な鉱山の提示でもって、促しています。

　なお、本書の書名「観光地域学」は、全体として、「観光地域」を取り上げるとともに、系統的地域学としての「観光地域学」を構築したいとの願いも込めている。筆者自身は、「島嶼地域学」を構想して、幅広い専門分野の関係者が結集した「日本島嶼学会」を設立発起人の一人として設立し、長年、理事を務め、本書でも、離島振興及び離島観光を取り上げている。また、「鉱業地域学」についても、数少ない研究者として、多数の論考を発表、本書でも産業観光で取り上げている。従来の地誌学は、日本地誌や世界地誌、「大阪学」や「名古屋学」等の「地名冠学」の側面がある。「地域」に対する考え方は多々あるものの、「地域」との関わりを重視した視点を強調したく、「地域学」としました。本書を端緒として、さらなる発展を期待したい。

【２】観光地理学・交通地理学と観光地域動向

（１）観光地理学・交通地理学を考える

　観光地理学・交通地理学では、観光・交通の立地・発達・展開について、特に空間的に、自然・政治・経済・文化など、他との相互関係から考察します。

　観光と交通、両者の相互関係を、目的と手段の違いから考えてみると、次のようになります。ただし、近年は変化もあります。観光とは、観光客が目的（楽しみ：温泉・グルメなど）を持って、非日常の観光地へ移動することで、近年では、婚活旅行など、他の目的の手段に利用されることもあります。交通とは、人や物を輸送する手段であり、貨物輸送から旅客輸送へ比重が変化しています。また、通勤通学から観光輸送を重視する傾向もあり、それは観光輸送では正規料金での利用が多いことから、高収益となることが要因です。近年は目的化、すなわち交通機関に乗ること自体が目的となることも多くなりました。過去、大手交通資本が旅行業者を子会社に持つなど観光業界に進出する例がよく見られましたが、規制緩和もあって、HISが交通業者を子会社化するなど、観光業者による交通業界への進出もあります。

（２）観光地理学の課題

　観光地理学では、自然・歴史・文化・産業・人工施設などの観光資源がどのように立地・発展・展開したかを考察します。伝統的観光地では、自然・歴史・文化が中心的観光資源であることが多く、現代的観光地では、産業・人工施設が中心的観光資源であることが多い。

　かつては、「非日常」であれば、観光資源として人気がありました。観光が珍しくなくなり、テレビで「非日常」が頻繁に放映されるようになると、「リピーター」がある質の高い観光資源が求められるようになっています。目的となる観光資源のみならず、食事やサービスも含む宿泊や交通手段も、価格と質の両立が求められる時代となっています。

（3）交通地理学の課題

　交通地理学では、交通、特に公共交通を中心に、どのように立地・発展・展開したかを考察します。日本では、高度経済成長期（1970年代まで）以前は、鉄道と船舶が、圧倒的に交通の中心であり、価格の安さと大量輸送が重視された時代でありました。

　1980年代以降は、新幹線・高速船・航空機などの高速交通が中心の時代となり、在来型交通は衰退、利便性・快適性が重視される時代となり、また、交通は輸送手段で終わらず、乗ること自体の目的化や、観光と連携した輸送体制が求められるようになりました。

（4）観光地域動向①

　観光とは、大正時代に「tourism」の訳語として使用されたもので、「光を観る」ことに由来、観光の単語は明治から使用されています。「光」とは、現実・非日常の観光資源（例：自然・歴史・文化・産業・人工施設　等）を指し、それを「観る（見物）」行為が観光となります。

　観光地域の近年の動向としては、訪日外国人観光客急増のインバウンドツーリズム、富岡製糸場・軍艦島・沖ノ島などの世界遺産登録、九州新幹線・北陸新幹線・北海道新幹線などの新幹線開通、光（太陽光）と風景や風景と人工構造物などの絶妙な景観である絶景、TDR（TDL・TDS）・USJ・HTBなどのテーマパーク、グリーン（森）・ブルー（海）・アニメ・ダークなどの新観光、これらが注目されています。

（5）観光地域動向②

　近年の動向である、「インバウンドツーリズム」・「世界遺産登録」・「新幹線開通」・「絶景」・「テーマパーク」・「新観光」の問題点と課題としては、次の事が考えられます。まず、受け入れ態勢は十分であろうか、そしてその対策です。特に、伝統的観光地でなかったところが急に観光地となることから、プロの人材をすぐに手配することは勿論、持続・継承のために、人材養成体制の構築が急がれます。一部の場所だけの限定的観光、一時期だけの一過性の観光で終わることも多く、周辺および関連部門との連携

体制を早期に打ち立てることが求められます。また、その場所のイメージが定着することによって、将来に与える影響も早急に考えなければいけません。「今だけ」を考えず、短期間で、未来までを考えた戦略を早急に構築する必要があります。

(6) インバウンドツーリズム（訪日外国人旅行）①

訪日外国人急増の理由は、基本的理由として日本の魅力（自然・宿泊・食事・土産）にあることは、当然ながら考えられます。しかしながら、日本は先進国中、昔から外国人旅行客が比較的少なく、増加に取り組んできたものの、大きな効果がなかったことがあります。したがって、増加理由は、外的要因が中心と考えられます。それは、①中国・東南アジアの経済成長による中間層の増加、②中国・東南アジアの外国旅行の規制緩和、③格安航空会社（LCC）の日本路線開設、④格安クルーズ船の日本航路就航、⑤為替レートの円安（外国通貨の価値が高くなる）、以上の要因があげられます。

(7) インバウンドツーリズム（訪日外国人旅行）②

インバウンドツーリズムは、今後、どのように展開するのであろうか、特に、持続するのでしょうか。リピーター（繰り返し訪問）がなければ、「一回訪れて終わり」では、やがて、減少すると予想されます。また、特定地域からだけでなく、世界全体からの来訪を増やすことが必要となるでしょう。懸念要因としては、①中国・東南アジアの経済成長の低下、②中国・東南アジアの規制強化の復活、③格安航空会社（LCC）の日本路線撤退、④格安クルーズ船の日本航路就航撤退、⑤為替レートの円高、これらがあげられます。ちなみに、⑥「今のうちに」の心理的要因も訪日外国人旅行では大きいと考えられます。

(8) ユネスコ世界遺産登録①

国際連合教育科学文化機関（ユネスコ）が、世界の文化遺産及び自然遺産の保護に関する条約に基づいて世界遺産リストに登録されたものが「世界遺産」である。日本のユネスコ世界遺産登録名による件数は、2017年(平

成29年)現在、文化遺産が17件、自然遺産が4件、計21件である。その登録地は、京都・奈良など従来からの有名観光地以外、石見銀山・富岡製糸場・軍艦島など、あまり観光地ではなかったところも多い。有名観光地以外では、観光客の受け入れ態勢が不十分で、せっかく受け入れ態勢を整えた時に、世界遺産登録ブームがどうなっているのだろうか、ということも考えておきたい。世界遺産登録地が増加すると、「世界遺産」の価値が低下することも考えられます。日本で、次に世界遺産に登録が予定されているのは、長崎・キリスト教遺跡、五島列島などです。

　国際連合教育科学文化機関(ユネスコ)の正式事業である世界ジオパークも、観光で注目されています。ジオパークとは、地球科学的な価値を持つ遺産の保全・活用・開発を進めるものです。2017年(平成29年)現在、日本の「世界ジオパーク」は、洞爺湖有珠山・糸魚川・島原半島・山陰海岸・室戸・隠岐・阿蘇・アポイ岳の8か所があります。

(9) ユネスコ世界遺産登録②

　「世界遺産」登録を考えるときに、参考となるのが、「国立公園」「国定公園」の指定です。かつて、「国立公園」「国定公園」に指定されると、観光客が増加しました。しかし、一部では一過性に終わったことも多い。「三大○○」「○○十選」「日本百○○」に選定されることでも、同様の状況が発生したところがありました。

　自然公園法(前身は国立公園法)で国立公園に指定されているところは、2017年(平成29年)現在で34ヶ所あり、北海道では阿寒摩周など、東北では三陸復興など、関東では小笠原など、中部では中部山岳など、近畿では吉野熊野など、中国四国では瀬戸内海など、九州沖縄では雲仙天草などがあります。

　文化財保護法で特別名勝に指定されている所は2015年(平成27年)10月1日現在で36ヶ所あり、東北では奥入瀬渓流(青森県十和田市・天然記念物)・松島(宮城県塩釜市・日本三景)など、中部地方では上高地(長野県松本市・特別天然記念物)・黒部峡谷(富山県黒部市・特別天然記念物)など、近畿地方では天橋立(京都府宮津市・日本三景)・瀞八丁(和歌山県北山村・天然

記念物) など、中国地方では三段峡 (安芸大田町)・厳島 (広島県廿日市市・日本三景) など、九州では虹の松原 (佐賀県唐津市) などがあります。

映画「網走番外地」で網走が、映画「男はつらいよ」で葛飾柴又が、歌謡曲「知床旅情」で知床が、歌謡曲「襟裳岬」で襟裳岬が、それぞれ影響を受けて観光地となりました。長崎も多くの歌で歌われ　坂本龍馬で高知も観光地となりました。映画・ドラマの舞台、歌の影響も大きいことを、その場所の観光的魅力とともに、考えておきたい。

(10) 新幹線開通①

九州新幹線が2011年 (平成23年) に全通、しかし、東日本大震災がほぼ同時に発生したため、九州新幹線全通による大ブームにはなりませんでした。山陽新幹線「のぞみ」が1993年 (平成5年) に運転開始、岡山・広島など山陽方面で東京へは航空から新幹線に移行する傾向が出始めました。しかし、1995年 (平成7年) に阪神淡路大震災が発生、「のぞみ」増発前に、航空にシェアを回復されることとなりました。

北陸新幹線が2015年 (平成27年) に金沢まで開通、金沢は観光客が増加したものの、金沢以外は比較的効果は少ない状況です。反対に、関西から富山へは金沢で乗り換えと不便になり、東京線が中心だった小松空港・富山空港旅客数は大幅に減少しています。

(11) 新幹線開通②

北海道新幹線が2016年 (平成28年) に新函館北斗駅まで開通、東北新幹線が2010年 (平成22年) に新青森駅まで開通、2002年 (平成14年) に八戸駅まで開通しました。しかし、青森空港・三沢空港の東京線は存続しており、新幹線の所要時間が長いこと、自由席がないことも影響しています。

北海道新幹線開通に対して、函館空港は函館中心地から比較的近く、函館空港の東京線は存続、北海道新幹線新函館北斗駅は函館市街地からやや遠く、北海道新幹線開通効果は「限定的」と考えられます。

（12） 絶景①

　絶景とは、「絶妙」な「景観」、すなわち、①同様の景観の中でも、「絶妙」さが一番のもの、②風景だけでなく、光（太陽光）や霧の発生など、他の自然的要素が加わって、「絶妙」となるもの、③自然景観だけでなく、人工景観も加わって、その両者の景観バランスが「絶妙」なもの、④一枚の写真で、「絶妙」さが表現されるものです。

　絶景が注目される背景には、従来からの観光誘致写真とともに、CMのロケ地、アニメの舞台地、特に、SNSの投稿写真の影響も大きい。

（13） 絶景②

　絶景の事例としては、マイルドセブンの丘（北海道美瑛町）丘の上の防風林、トマム雲海テラス（北海道占冠村）早朝雲海見学テラス、仏ヶ浦（青森県佐井町）石灰岩侵食地形、猊鼻渓（岩手県一関市）渓谷地形、瓢湖（新潟県阿賀野市）人工湖に越冬の白鳥が多数渡来、濃溝の滝（千葉県）人工トンネルからハート型の光が差す景色、竹田城跡（兵庫県朝来市）雲海に囲まれた「天空の城」、ローソク岩（島根県隠岐の島町）夕日がローソク岩の火となる、ヴィーナスロード（岡山県瀬戸内市）トンボロ地形、角島大橋（山口県下関市）島と海に調和した架橋景観、エンジェルロード（香川県土庄町）トンボロ地形、宮地嶽神社（福岡県福津市）太陽と参道（年2回一直線となり、嵐出演のJALのCMに登場して有名に）、などがあります。

（14） テーマパーク①

　代表的テーマパークとその開園年を示すと、1955年（昭和30年）アメリカ合衆国・ディズニーランド、1965年（昭和40年）博物館明治村（開設以来半世紀）、1971年（昭和46年）ウォルト・ディズニーワールドと、すでに長い歴史を歩んでいます。

　1983年（昭和58年）は日本において「テーマパーク元年」で、同年に野外民族博物館リトルワールド、東京ディズニーランド（TDL）、長崎オランダ村（NHV）が開園、1992年（平成4年）にハウステンボス（HTB）、2001年（平成13年）にユニバーサル・スタジオ・ジャパン（USJ）、同年に

東京ディズニーシー（TDS）が開園と続きました。

(15) テーマパーク②

現在、TDR・USJ・HTBの三強時代とされますが、それぞれの客層の違いにも注目したい。テーマパークファンは、様々なテーマパークを訪れることもありますが、やはり、年間パスを購入して特定のテーマパークのリピーターとなることが多く、客層が固まる傾向が現れます。

大規模テーマパークは、人工施設である観光資源の代表で、初期投資と継続投資が必要であるため、成功する立地場所は限られます。そこで、三大都市圏である、「名古屋」の動向が注目されます。

中・小規模テーマパークは、どのような対策が必要であるのでしょうか、やはり、初期・継続投資と損益判断に必要な集客数のバランスを考えることが重要であるといえます。

(16) 新観光①

いままでの観光は、「非日常」・「現実」・「光を観る」と従来は定義されてきました。しかし、「新観光」では、「日常」・「空想」・「暗を観る」と、従来の定義を覆す観光が登場しています。

日常観光は、グリーンツーリズム・ブルーツーリズムで、地方では日常ではあるが、都会からは非日常といえる観光です。空想観光は、アニメツーリズムで、アニメの舞台がファンにとって、空想が大きく膨らむこととなります。暗黒観光は、ダークツーリズムで、過去の「暗闇」を観ることとなります。

これらは「観光」であるのかと思われたりしますが、観光の定義変更や観光の範囲拡大とも捉えることができます。

(17) 新観光②

グリーンツーリズムやブルーツーリズムは、本来は「日常」だが、その「日常」が「非日常」化によって観光となるものです。これまでの観光でも、日常の伝統的な「踊り」や「祭り」が、観光向けに変化することも

よくあり、同様に考えることが必要となります。

アニメツーリズムは、アニメによって、普通の場所が「特別な場所」に変身するもので、地元の人々が受け入れるか、理解されるのかも、同時に考えることが必要となります。

ダークツーリズムは、過去の様々な歴史が明らかになることにつながり、地元の人々の思いはどうであろうか、イメージの固定化の懸念等を、同時に考えることが必要となります。

(18) 新観光③

グリーンツーリズムやブルーツーリズムは、地元の人々は「日常」、「日々の営み」、外からの「客」にとっては「非日常」体験です。アニメツーリズムは、地元の人々の「普通の場所」が、アニメに登場することによって、外からの「ゲスト」にとって、「特別な場所」になります。ダークツーリズムは、地元の人々は「知っていても」「非観光資源」であったのが、外からの「来訪者」にとって、「意味深い内容」となります。

これらの新しい観光は、従来の観光概念になくても、外からの視点という、「本来の観光の意味」の原点から、考えてみることが必要となります。

(19) 観光と地域社会①

観光からの地域社会の見方として、観光客が来るということは、その地域社会に魅力があること、そこで、大都市の観光客からみて魅力ある地域、外から見て「どう見えているか」の視点が重要となり、気づかない「観光資源」が眠っている可能性を考える必要があります。

観光と地域社会との関係では、観光客が多いということは、人口に比べて交通・各種施設が充実していることになります。地方においても、観光地であると人口が比較的維持されている場所があります。代表事例は、石垣島で、人口５万人に対して、羽田・中部・関西・那覇などから航空便が充実、宿泊施設も多く、石垣島は人口が増加しています。

(20) 観光と地域社会②
　観光から地域社会を見る、観光と地域社会との関係を考えると、問題点や課題として、何があるのでしょうか。「観光」とは、「外から人が来ること」で、外からの視点、客観的研究が必要であることとなり、その地域社会の人々だけで観光を考えるのはいかがだろうかとも考えられます。
　というのは、人口減少社会では「観光」に取り組むことが必要となるのですが、根強い「外から人が来なくてもよい」という考え方もあります。勿論、地域社会の状況が様々であり、取り組み方も様々であるのは当然です。そこから、総合的・包括的な研究が必要となるのですが、残念ながら少ないのが現状であり、一部の事例研究では、研究が役立つかの問題点・課題もあるのです。

(21) 観光と大学教育
　大学における観光研究と観光授業の問題点・課題としては、何があるのでしょうか。前述のように、総合的・包括的な研究が少なく、役立つかという問題点・課題があります。従来、観光の研究が比較的多いのは「地理学」で、「地理学」出身者が多く活躍しているのが「観光業界」でありました。現在の「観光学部」では、社会学・経済学・経営学の出身者が増加しています。地理学は比較的総合的といえますが、他の学問からの観光研究は比較的部分的である傾向があるともいえます。様々な地域社会、様々な観光、総合的でないと、役立つかが問われます。そこから、授業も「観光地域」の視点が重要となってきます。

(22) 観光業界に就職
　「観光学部」「観光学科」「観光専攻」で学ぶ場合、本当に、「観光」が学べるか、役立つかが問われます。「地理学科」「地理学専攻」「地理ゼミ」で学ぶ場合、「地理」でも、現在は大学によって違いが大きいことを考慮する必要があります。
　「観光」「地理」以外を学ぶ場合ですが、「観光」「地理」以外の出身者も観光業界には、勿論、多いのです。観光業界に限らず、多くの業界で、

当初は、即戦力が求められます。しかし、長い視点で見ると、変化に対応できる人材が求められ、幅広い「総合的」「包括的」な学びが学生時代には必要と考えられます。

(23) アニメツーリズム

　アニメ「聖地」巡礼（アニメの舞台訪問）・ゆかりの地・モニュメントがある場所としては、以下の場所とアニメが有名です。

　埼玉県春日部市は、「クレヨンしんちゃん」の舞台で、街並み以外に関連施設もあります。埼玉県鷲宮町（現・久喜市）は、「らき☆すた」の舞台で、登場する神社や駅に祭りに使用される神輿があり、ファンが集う飲食店もあります。東京都葛飾区亀有は、「こち亀」の舞台で、アニメに登場する人物の像が点在し、像やアニメ舞台を示した地図が地元の神社に掲示されています。東京都葛飾区は、「キャプテン翼」の作者である高橋陽一氏の出身地で、四ツ木駅から立石駅周辺に8体の「キャプテン翼」キャラクター像が設置されています。東京都世田谷区桜新町は、「サザエさん」の長谷川町子美術館があり、駅からの通りは「サザエさん通り」と称され、通りや公園にアニメに登場する人物の像が設置されています。東京都練馬区大泉は、ジャパンアニメーション発祥の地で、大泉学園駅北口に「大泉アニメゲート」があり、「鉄腕アトム」「銀河鉄道999」「あしたのジョー」「うる星やつら」のモニュメントが設置されています。

　富山県高岡市は、「ドラえもん」の作者である藤子・F・不二雄氏の出身地で、高岡おとぎの森公園には、ドラえもんの空き地があって登場キャラクターの実物大カラー像があり、また、なかよしハウスやドラえもんの日時計も設置されています。なお、高岡は鋳物の街で、日本各地に設置されているアニメのブロンズ像を多く鋳造している、ブロンズ像「生誕の地」でもあります。福井県敦賀市は、かつて欧亜国際連絡列車の経由地であり、鉄道と港の町であるところから、駅前のシンボルロードに「宇宙戦艦ヤマト」と「銀河鉄道999」のブロンズ像計28体が設置されています。岐阜県飛騨市は、「君の名は。」の舞台で、アニメに登場する飛騨古川駅や図書館があります。静岡県清水市（現・静岡市）は、「ちびまる子ちゃん」の舞

台で、港のショッピングセンターに「ちびまる子ちゃんランド」が開設され、アニメの風景を再現し、関連グッズが販売されています。

　鳥取県東伯郡北栄町は、「名探偵コナン」の作者である青山剛昌氏の出身地で、由良駅から青山剛昌ふるさと館のある道の駅大栄にいたる「コナン通り」などに 12 体のコナンのブロンズ像が設置されています。鳥取県境港市は、「ゲゲゲの鬼太郎」の作者ゆかりの地で、作者の水木しげる記念館があるとともに、境港駅から記念館までの通りに、アニメに登場する妖怪の像が設置されています。

「まとめ」：
　観光の「光」とは何か。
　絶景とは何か。
　新観光とは何か。
「考察」：
　インバウンドツーリズム急増の理由は何か。
　観光と地域社会の関係には何があるか。
　観光研究に必要な視点は何か。

写真 1　西武池袋線　大泉学園駅
　　　（左が「アニメゲート」、右が改札口。東京都練馬区大泉）

表1：日本の世界遺産20選

地図中の位置	所在都道府県	世界遺産
1	北海道	知床（自然遺産）
2	青森県・秋田県	白神山地（自然遺産）
3	岩手県	平泉
4	栃木県	日光の社寺
5	群馬県	富岡製糸場と絹産業遺産群
6	東京都	ル・コルビュジエの建築作品
7	東京都	小笠原諸島（自然遺産）
8	岐阜・富山県	白川郷・五箇山の合掌造り集落
9	静岡・山梨県	富士山
10	京都府・滋賀県	古都京都の文化財
11	奈良県	古都奈良の文化財
12	奈良県	法隆寺地域の仏教建造物
13	兵庫県	姫路城
14	奈良・和歌山・三重県	紀伊山地の霊場と参詣道
15	広島県	原爆ドーム
16	広島県	厳島神社
17	島根県	石見銀山遺跡とその文化的景観
18	福岡県	「神宿る島」宗像・沖ノ島と関連遺産群
19	鹿児島県	屋久島（自然遺産）
20	沖縄県	琉球王国のグスク及び関連遺産群

注：「明治日本の産業革命遺産　製鉄・製鋼、造船、石炭産業」は、九州の鹿児島・熊本・長崎・佐賀・福岡以外、山口・静岡・岩手の8県にまたがり、4都道府県以上にまたがるものは除いた。
2018年6月30日に「長崎県と天草の潜伏キリシタン関連遺産」(長崎県・熊本県)が登録された。

分布図1：日本の世界遺産20選

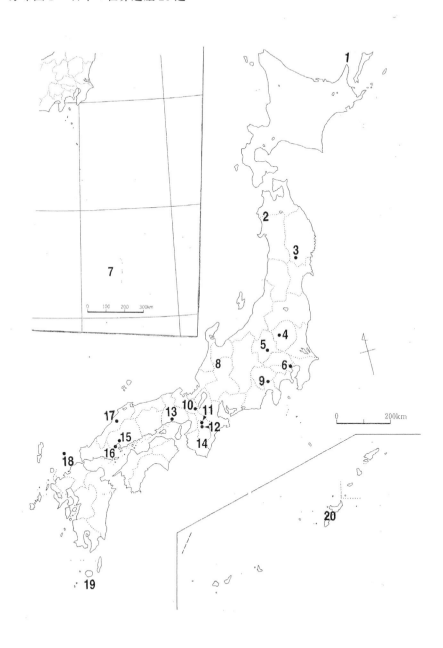

地形図1:2万5千分の1地形図「富岡」昭和4年測図
　　　　富岡製絲場　描図・2万5千分の1地形図最初の図

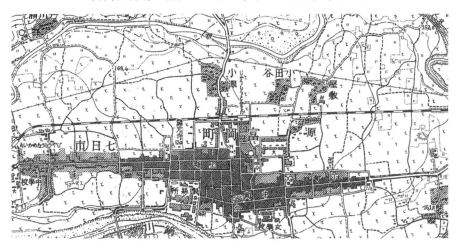

地形図2:2万5千分の1地形図「仁万」昭和50年測量
　　　　石見銀山遺跡　描図・2万5千分の1地形図最初の図

地形図3：5万分の1地形図「虻田」昭和19年部分修正
　　　　有珠山　描図・昭和新山誕生直前の部分修正図

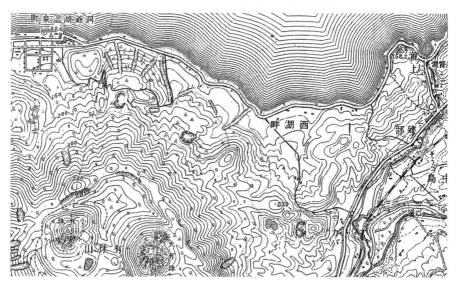

地形図4：5万分の1地形図「慶良間諸島」昭和63年修正
　　　　慶留間空港（外地島）と慶留間橋（工事中）　描図

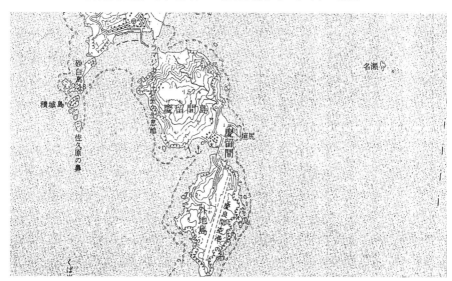

表2：日本の世界ジオパークと離島を含む国立公園20選

地図中の位置	所在都道府県	世界ジオパーク・国立公園
1	北海道	洞爺湖有珠山ジオパーク
2	北海道	アポイ岳ジオパーク
3	新潟県	糸魚川ジオパーク
4	京都府・兵庫県・鳥取県	山陰海岸ジオパーク
5	島根県	隠岐ジオパーク
6	高知県	室戸ジオパーク
7	熊本県	阿蘇ジオパーク
8	長崎県	島原ジオパーク
9	北海道	利尻礼文サロベツ国立公園
10	青森・岩手・宮城県	三陸復興国立公園
11	東京都・神奈川・山梨・静岡県	富士箱根伊豆国立公園
12	東京都	小笠原国立公園
13	三重県	伊勢志摩国立公園
14	鳥取・島根・岡山県	大山隠岐国立公園
15	愛媛・高知県	足摺宇和海国立公園
16	長崎県	西海国立公園
17	鹿児島県	屋久島国立公園
18	鹿児島県	奄美群島国立公園
19	沖縄県	慶良間諸島国立公園
20	沖縄県	西表石垣国立公園

注：「瀬戸内海国立公園」は、大阪府・兵庫県・和歌山県・岡山県・広島県・山口県・徳島県・香川県・愛媛県・福岡県・大分県の10府県にまたがり、5府県以上にまたがるものを除いた。また、「やんばる国立公園」は沖縄本島にあり、沖縄本島にあるものも除いた。

【2】観光地理学・交通地理学と観光地域動向

分布図2:日本の世界ジオパークと離島を含む国立公園20選

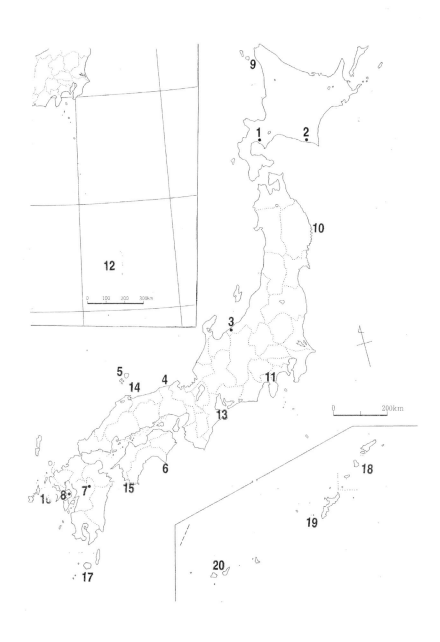

表3：日本の国立公園20選

地図中の位置	所在都道府県	国立公園
1	北海道	知床国立公園
2	北海道	阿寒摩周国立公園
3	北海道	釧路湿原国立公園
4	北海道	大雪山国立公園
5	北海道	支笏洞爺国立公園
6	青森・岩手・秋田県	十和田八幡平国立公園
7	山形・福島・新潟県	磐梯朝日国立公園
8	福島・栃木・群馬・新潟県	尾瀬国立公園
9	福島・栃木・群馬県	日光国立公園
10	東京都・埼玉・山梨・長野県	秩父多摩甲斐国立公園
11	山梨・長野・静岡県	南アルプス国立公園
12	新潟・富山・長野・岐阜県	中部山岳国立公園
13	群馬・新潟・長野県	上信越高原国立公園
14	富山・石川・福井・岐阜県	白山国立公園
15	新潟・長野県	妙高戸隠連山国立公園
16	三重・奈良・和歌山県	吉野熊野国立公園
17	京都府・兵庫・鳥取県	山陰海岸国立公園
18	熊本・大分県	阿蘇くじゅう国立公園
19	長崎・熊本・鹿児島県	雲仙天草国立公園
20	宮崎・鹿児島県	霧島錦江湾国立公園

注：離島を含む国立公園及び沖縄本島にある国立公園を除いた。

分布図3：日本の国立公園20選

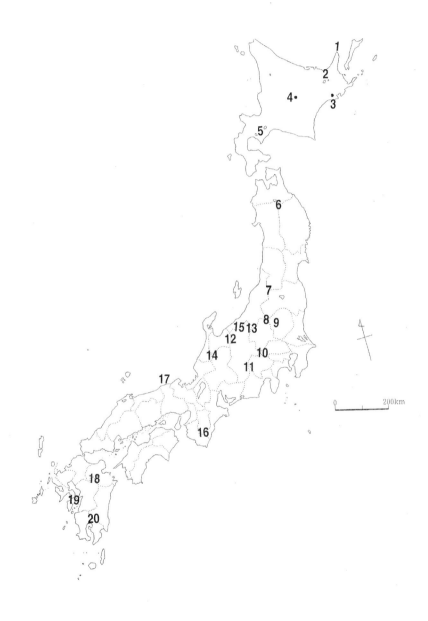

表4:日本の特別名勝・絶景20選

地図中の位置	所在都道府県市町村	特別名勝・絶景
1	北海道美瑛町	マイルドセブンの丘
2	北海道占冠村	トマム雲海テラス
3	青森県佐井町	仏ヶ浦
4	青森県十和田市	奥入瀬渓流(特別名勝)
5	岩手県一関市	猊鼻渓
6	宮城県塩釜市	松島(特別名勝)
7	千葉県君津市	濃溝の滝
8	新潟県阿賀野市	瓢湖
9	富山県黒部市	黒部峡谷(特別名勝)
10	長野県松本市	上高地(特別名勝)
11	京都府宮津市	天橋立(特別名勝)
12	和歌山県北山村	瀞八丁(特別名勝)
13	兵庫県朝来市	竹田城跡
14	島根県隠岐の島町	ローソク岩
15	広島県安芸大田町	三段峡(特別名勝)
16	広島県廿日市市	厳島(特別名勝)
17	岡山県瀬戸内市	ヴィーナスロード
18	香川県土庄町	エンジェルロード
19	山口県下関市	角島大橋
20	福岡県福津市	宮地嶽神社・光の道

【2】観光地理学・交通地理学と観光地域動向

分布図4：日本の特別名勝・絶景20選

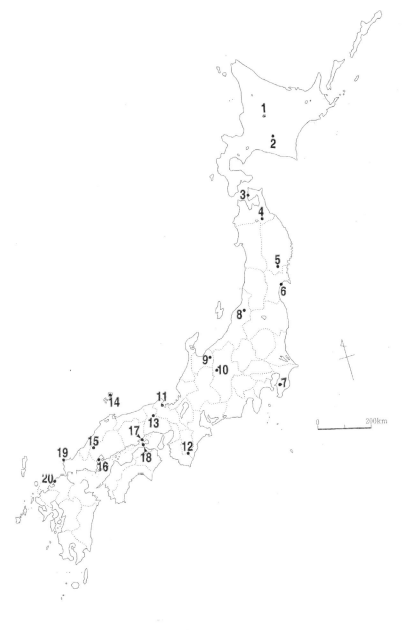

地形図5：2万5千分の1地形図「阿川」平成13年修正
　　　　角島大橋　描図

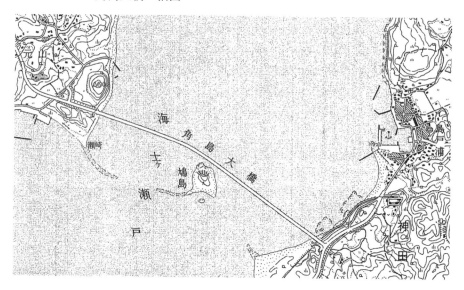

地形図6：5万分の1地形図「津屋﨑」昭和26年応急修正
　　　　宮地嶽神社・西鉄宮地岳線宮地岳駅（終点時）・馬車鉄道　描図

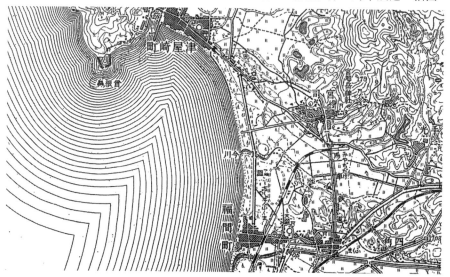

【2】観光地理学・交通地理学と観光地域動向

写真2　富岡製糸場（群馬県富岡市）

写真3　エンジェルロード（香川県土庄町）

表5：日本のアニメの聖地20選

地図中の位置	所在都道府県市町村等	アニメ作品名
1	埼玉県久喜市鷲宮	らき☆すた
2	埼玉県春日部市	クレヨンしんちゃん
3	東京都葛飾区亀有	こちら亀有公園前派出所
4	東京都葛飾区立石	キャプテン翼
5	東京都練馬区大泉	鉄腕アトム・銀河鉄道999 あしたのジョー・うる星やつら
6	東京都世田谷区桜新町	サザエさん
7	東京都世田谷区祖師谷	ウルトラマン
8	東京都調布市天神通り	ゲゲゲの鬼太郎
9	東京都青梅市	天才バカボン
10	神奈川県箱根町	エヴァンゲリオン
11	静岡県静岡市清水	ちびまる子ちゃん
12	岐阜県飛騨市	君の名は
13	富山県高岡市	ドラえもん
14	福井県敦賀市	宇宙戦艦ヤマト・銀河鉄道999
15	滋賀県豊郷町	けいおん
16	兵庫県宝塚市	鉄腕アトム
17	鳥取県北栄町	名探偵コナン
18	鳥取県境港市	ゲゲゲの鬼太郎
19	広島県竹原市	たまゆら
20	高知県香美市	アンパンマン

注：ゆかりの地や、記念館・モニュメントがある場所を取り上げた。

分布図5：日本のアニメの聖地20選

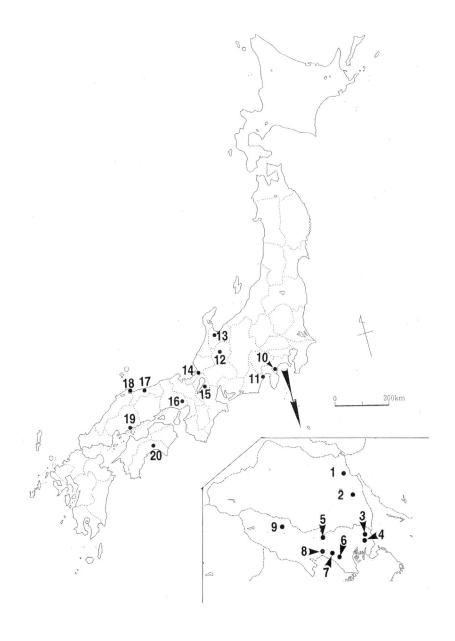

【3】 観光地域と観光資源

(1) 観光資源とは何か

観光とは何か、「光を観る」ことに由来します。「光」とは、現実・非日常の観光資源を「観る（見物）」ことです。優れた観光資源があってこそ、観光が成り立つわけです。ここでは、従来の観光資源を中心に検討します。

観光資源の種類には、①自然として、山（特に火山、付随して温泉）・滝・湖・岬・島といった、都会にはない美しい自然景観、②歴史として、遺跡・社寺・城・街並みといった、歴史の舞台、③文化として、祭り・踊り・食文化（グルメ）といった、独特の体験、④産業として、農漁業経験、工場見学といった、産業探訪、⑤人工施設として、動植物園・博物館や、レジャー施設などがあります。

(2) 自然①

「山」は、古来より現在に至るまで人気の観光資源です。「なぜ山に登るのか？ そこに山があるからだ！」という言葉もあり、山登りは人気の観光で、現在では道路やロープウエイで、簡単に、「山登り」ができるようになりました。

山の魅力には、①天に近い、信仰の対象としての山、②登るのが大変、達成感・連帯感を味わえる、③高さが高い、素晴らしい眺望が望める、④遠くからも見える、広範囲からの集客となる、などがあります。しかし、問題点としては、事故（冬山・火山）や環境破壊（ゴミなど）もあります。

(3) 自然②

「火山」は、日本に多く、美しさや特異な景観で、人気です。温泉と湖（火口湖・カルデラ湖）も併存、特に、世界遺産に登録された「富士山」は、最も代表的な「観光資源」「自然」「山」です。

日本で火山が多く分布する地域としては、北海道・東北・関東・中部・九州があります。北海道には、硫黄山・阿寒岳・大雪山・羊蹄山・有珠山など、東北には、恐山・八甲田山・岩手山・蔵王山・磐梯山など、関東

には、那須岳・男体山・白根山・浅間山・箱根山など、中部には、富士山・蓼科山・妙高山・乗鞍岳・御嶽山など、九州には、九重連山・阿蘇山・雲仙岳・霧島山・桜島などの火山があります。

（4）自然③

「温泉」は、日本に多く、古くから入浴文化があり、人気です。効能、温泉旅館の情緒、味覚・もてなしなどの魅力も多いのですが、交通や施設、知名度で盛衰があります。旅客が見込めることから、多くの温泉鉄道も開通しました。

北海道には、阿寒湖畔・定山渓・洞爺湖・登別・湯ノ川など、東北には、十和田・玉川・花巻・鳴子・蔵王・銀山・湯本など、関東には、塩原・湯西川・鬼怒川・草津・伊香保・箱根など、中部には、伊豆・加賀・湯田中・白骨・奥飛騨・下呂など、近畿には、湯村・有馬・白浜・龍神・川湯・南紀勝浦など、中国には、湯原・三朝・皆生・玉造・温泉津・湯田など、四国には、道後・鈍川・塩江・大歩危・松葉川・湯の浦など、九州には、武雄・別府・雲仙・阿蘇・黒川・霧島・指宿などの温泉があります。

（5）自然④

「自然景観（山・温泉以外）」には、岬・湖・滝・渓谷・鍾乳洞などがあり、雄大に対して「箱庭」景観も人気ですが、交通や展望施設、知名度で盛衰があります。

北海道には、知床半島・摩周湖・阿寒湖・支笏湖・洞爺湖・襟裳岬など、東北には、仏ケ浦・十和田湖・奥入瀬渓谷・男鹿半島・象潟・三陸海岸・龍泉洞・猊鼻渓・松島など、関東には、霞ヶ浦・中禅寺湖・華厳の滝・芦ノ湖・袋田の滝など、中部には、三保の松原・浜名湖・諏訪湖・白糸の滝・黒部峡谷など、近畿には、玄武洞・天橋立・琵琶湖・那智の滝・英虞湾など、中国には、瀬戸内海・鳥取砂丘・宍道湖・秋吉台・秋芳洞など、四国には、瀬戸内海・祖谷・室戸岬・足摺岬・龍河洞など、九州には、海ノ中道・平尾台・虹の松原・高千穂峡・青島・八代海・球泉洞などがあります。

（6）歴史①

「社寺」は、江戸期までは観光の中心で、非日常の代表であり、神社仏閣に参詣・参拝することが庶民の楽しみでありました。旅客が見込めることから、多くの参詣鉄道も開通しました。

神社仏閣の魅力には、①信仰、神・仏に接する、祈祷できる、②教えを具現化、見聞きの体感で実感できる、③鳥居前町・門前町、宿泊・食事・娯楽の提供を受ける、④お土産、お札から、地元の名産品まで入手できる、⑤日本独特、自己の信仰する宗教にかかわらず参詣・参拝できる（もっとも宗教施設の意識が希薄ではないか）、などがあります。

（7）歴史②

「神社」については、日本各地に、代表的な神社があり、戦前期、神道の国教化もありました。神社は、交通や関連施設、知名度で盛衰があります。

北海道には、北海道神宮など、東北には、塩釜神社・金華山黄金山神社・出羽三山神社など、関東には、鶴岡八幡宮・東照宮・明治神宮・水天宮など、中部には、熱田神宮・諏訪大社・武田神社・浅間大社・弥彦神社・秋葉神社など、近畿には、住吉大社・那智大社・京都奈良の神社・伊勢神宮など、中国には、出雲大社・厳島神社・吉備津神社・赤間神宮など、四国には、金刀比羅宮・大山祇（おおやまづみ）神社・石鎚神社・土佐神社など、九州には、太宰府天満宮・宗像大社・天岩戸神社・霧島神宮などの神社があります。

（8）歴史③

「寺院」については、日本各地に、代表的な寺院があり、明治期、廃仏毀釈もありました。寺院は、交通や関連施設、知名度で盛衰があります。

北海道には、西本願寺・東本願寺・北海寺など、東北には、恐山菩提寺・中尊寺・山寺（立石寺）・瑞巌寺など、関東には、川崎大師・成田山新勝寺・柴又帝釈天・西新井大師など、中部には、修善寺・身延山・善光寺・永平寺・鳳来寺・豊川稲荷など、近畿には、比叡山・四天王寺・高野山・中山寺・京都奈良の寺院など、中国には、三徳山三仏寺・大山寺・浄土寺・大願寺・瑠璃光寺など、四国には、八十八か所の善通寺・石手寺・竹林寺・志度寺

など、九州には、崇福寺・観世音寺・富貴寺・両子寺などの寺院があります。

（9）歴史④

「城」については、日本に多く、様々な遺構が残り、人気で、戦国時代から江戸、明治まで様々な時代に城が築かれました。城跡は、交通や関連施設、知名度で盛衰があります。

　北海道には、松前城・五稜郭など、東北には、青葉城（仙台）・弘前城・秋田城・胆沢城・若松城など、関東には、江戸城・小田原城・忍城（行田市）・沼田城など、中部には、高田城・浜松城・名古屋城・岡崎城・岐阜城・金沢城・松本城・上田城など、近畿には、彦根城・姫路城・福知山城・郡山城・竹田城・安土城・大坂城・和歌山城など、中国には、岡山城・津山城・広島城・福山城・松江城・萩城など、四国には、徳島城・高松城・松山城・大洲城・高知城・宇和島城など、九州には、小倉城・福岡城・熊本城・府内城・岡城・唐津城などの城跡があります。

（10）歴史⑤

「歴史遺跡（寺社・城以外）」は、各時代の歴史の舞台であった場所で、古代から近現代史まで、歴史に思いをはせることができます。歴史遺跡には、交通や関連施設、知名度で盛衰があります。

　北海道には、札幌・小樽・函館・江差など、明治期の名残があり、東北には、亀ヶ岡・三内丸山遺跡・酒田（江戸期の繁栄）・大内宿・白河関など、関東には、川越（小江戸）・富岡・岩宿・足利学校・浦賀・新橋駅など、中部には、尖石遺跡・登呂遺跡・韮山・下田・出雲崎・桶狭間・関ヶ原・一乗谷など、近畿には、平城京・平安京・古代古墳群・熊野古道など、中国には、閑谷学校・倉敷美観地区・鞆の浦・壇ノ浦など、四国には、脇町（うだつ）・屋島・内子など、九州には、志賀島・吉野ヶ里・王塚古墳・坊津・平戸・出島などの歴史遺跡があります。

（11）文化①

「祭り・踊り」は、古来より現在まで人気の観光資源で、「祭りが終わっ

たら、すぐに次の祭りの準備」とまでいわれます。祭りのシーズンは、地元人口を大幅に上まわる人々が来るところもあり、祭り・踊りのおかげで、町や観光が維持できるところもあります。

祭りの魅力には、①信仰、神仏のご加護を得ることができる、②準備や当日は大変だが、達成感・連帯感を味わうことができる、③出身者が里帰りにより、知り合いとの再会ができる、④広範囲からの集客で、町や観光の活性化となる、などがある。しかし、問題点としては、過疎化で担い手が不足していることや形骸化があります。

(12) 文化②

「祭り・踊り」については、日本各地に代表的な祭り・踊りがあるものの、伝統的な祭り・踊りで、伝統継承の困難化も生じています。祭り・踊りには、交通や観光客対応、知名度で盛衰があります。

北海道には、札幌雪まつり・オホーツク流氷祭り・YOSAKOIソーランなど、東北には、青森ねぶた・弘前ねぷた・仙台七夕・秋田竿灯・山形花笠など、関東には、水戸梅まつり・三社祭・横浜みなと祭り・箱根大名行列など、中部には、越中八尾おわら風の盆・高山祭・郡上おどり・諏訪大社御柱祭など、近畿には、葵祭・祇園祭・時代祭・天神祭・岸和田だんじり・お水取りなど、中国には、西大寺会陽・厳島神社管弦祭・津和野の鷺舞など、四国には、阿波踊り・高知よさこいまつり・新居浜太鼓祭りなど、九州には、小倉祇園太鼓・博多祇園山笠・博多どんたく・長崎くんちなど、沖縄には、エイサーまつり・那覇まつり・糸満ハーリー・豊年祭などの祭りや踊りがあります。

(13) 文化③

「食文化」としては、日本各地に代表的な食文化があり、伝統的食材の場合、入手が困難で、高価になることもあります。食文化は、知名度・好みの変化で盛衰があります。

北海道には、ジンギスカン・石狩鍋・三平汁・チャンチャン焼きなど、東北には、秋田きりたんぽ・秋田しょっつる・山形いも煮・青森ほたてな

ど、関東には、水戸納豆・宇都宮餃子・横浜しゅうまい・小田原蒲鉾など、中部には、伊豆わさび・山梨ほうとう・富山鱒ずし・浜松餃子など、近畿には、近江フナずし・湯豆腐・湯葉・かやく飯・明石タコなど、中国には、岡山祭りずし・広島かき・下関フグ・キビ団子など、四国には、鳴門鯛・高知皿鉢料理・鰹たたき・讃岐うどんなど、九州には、ちゃんぽん・馬刺し・鶏飯・カステラ・かるかんなど、沖縄には、沖縄そば・ラフテー・ティビチ・チャンプルー・山羊汁などの食文化があります。

（14）産業①

　「産業」では、戦前期から佐渡金山坑道見学があったように、鉱山が「非日常」で珍しいということで始まり、鉱山閉山後、様々な規模で、多くの鉱山観光があります。

　「工場見学」は、戦後期に興隆、特にビール会社が活用し、今日、様々な工業分野に拡大、工場の設計にも影響しました。工業地帯の夜景ツアーも人気となっています。「農林水産業」は、従事者の減少に伴い、これらの産業が「非日常」化、修学旅行の体験学習採用により、観光資源として注目されるようになりました。「キッザニア」など、子供の時から各種職業を体験する施設が、現在、人気で、「産業」は重要な観光資源となっています。

（15）産業②

　「鉱山観光」は、閉山後も維持管理が必要な場合も多いことから、観光活用（入場料徴収）で費用の一部捻出を目指していることもあります。

　「工場見学」は、製造現場を見ることで、安心感が増し、大きな宣伝効果があるとして、拡大しています。「農林水産業」は、模擬体験で終わらず、実地体験が多いため、大変さを実感することからか従事者拡大に結びつくことにはなっていない状況もあります。目的を再考し、適切なプログラムも必要となるでしょう。「各種職業体験施設」は、人気で、遊園地のアトラクションとして「よみうりランド」でも新設されました。第二次・第三次産業が体験の中心で、ゲーム感覚や受動的体験が多く、本当の意味での

職業選択につながらない懸念があります。

(16) 人工施設①
「海水浴場・スキー場・ゴルフ場」については、かつて、夏は海水浴、冬はスキー、休日はゴルフが、大都市住民の娯楽・観光の定番でステイタスでもありました。今日でも、人気はありますが、かつてほどの勢いはなくなっています。

「動物園・植物園・水族館・博物館・美術館」は、動向が二極化している業界で、特に地方で低迷しています。大都市や近郊で斬新さがある施設、新期投資と宣伝力がある施設が大きく集客しています。地方で有名な施設例は、長崎バイオパークの小動物を中心とした野外飼育があり、旭川の旭山動物園の行動展示など、動物の特性を考慮した展示がよく知られています。

(17) 人工施設②
「遊園地」については、かつては、代表的な観光施設として、日本各地に、様々な規模の遊園地ができました。しかし、テーマパークの出現など、求められるものが変化し、多くの遊園地が閉園となりました。新規投資の継続、独自工夫が必要となります。

代表的遊園地として、浅草花やしきは、小規模ですが都心でレトロ感が人気で、富士急ハイランドは、新たな絶叫マシンやお化け屋敷が有名、ナガシマスパーランドは、ジェットコースター・プールに宿泊ができ、アドベンチャーワールドは、サファリをベースに、パンダが人気、ひらかたパークは、関西に残った遊園地で、かつては菊人形、現在は、独自工夫で入園者を確保しています。

(18) 人工施設③
「テーマパーク」は、日本では、1980〜90年代に台頭、遊園地を閉園に追い込みましたが、テーマパーク自体も、閉園となったものも多い。遊園地は、レディメイド（一部、オーダーメイド）の遊具が中心、それに対して、

テーマパークは、オリジナルでオーダーメイドのアトラクションが中心、したがって初期投資が大きく、リピーター確保に継続投資が必要で、立地条件から、集客が見込めなければ、閉園や業態変更となることが多い。実際、開園当初と現在が大きく異なる「テーマパーク」も多いこととなっています。

「フードテーマパーク」は、一時期、登場の業態で、代表例は、「新横浜ラーメン博物館」です。

(19) 観光資源の魅力と盛衰①

伝統的観光地は、自然・歴史・文化が、現代的観光地は、産業・人工施設が観光資源の中心となっています。

「魅力」は、初回時と次回以降では異なり、また、時代とともに変化します。「自然・歴史・文化」は、初回時の感動は大きいのですが、次回以降では感動は小さくなる傾向があります。また、教育や生活水準変化の影響も大きい。すなわち、自然・歴史は知識が必要で、学力低下により、魅力が理解しにくいなどの影響もあります。また、生活水準の向上により、食生活が豊かとなり、特に食文化は、魅力が低下することもあります。

(20) 観光資源の魅力と盛衰②

伝統的観光地では、自然・歴史・文化の観光資源に、体験や名産品を導入するなど、地元産業を観光に活用することも求められます。地元解説施設として博物館を開設して魅力アピールの増加など、リピーター獲得の工夫が必要となります。

現代的観光地では、産業・人工施設の観光資源を常に更新、時代に合わせた魅力の継続が必要で、ハード（施設）のみならず、ソフト（工夫）も重要となります。

以上から、観光研究の成果を役立てるとともに、地元従事者だけでなく、外からの視点も常に大切となることを、繰り返し指摘する必要があります。

（21）観光資源と地域社会の相互関係は？

「観光」は「外から人が来ること」であり、「重要な視点」は、外からの視点で、観光資源として魅力があるか、その地域社会の人々で観光資源を考えるだけではなく、地方での成功例を見ると、「外から来た」、すなわち、「Ｕターン」「Ｉターン」の人々の果たす役割は大きいといえます。特に1990年代に移住した人々が、現在（20年の時を経て）、地域の中心を担い、活躍しています。地方では「一定期間住んでこそ！」といわれ、住んでいることに大きな意味があります。この話は、地域振興政策でも重要となります。

（22）観光資源　まとめと課題①

多様な観光資源、それをどう活用するかが、大きな課題となります。

観光に必要なのが、「リピーター」（繰り返し来る客）を確保することで、繰り返し来てもらうためには、魅力ある観光資源が必要であり、また、いかに多くの観光資源を提供できるか、常に、観光資源の質・量の充実が必要となります。

「何が、新たな観光資源となるのか？」「どうすれば観光資源の魅力が向上するのか？」「反対にどのような観光資源は衰退するのか？」を、常に検討する必要があります。

（23）観光資源　まとめと課題②

観光資源は、実はすべて人工のものという視点があります。

発想の転換で考えてみると、「自然」も「展望台設置」や「絶景となる瞬間」のアピールなど見せ方で変わり、「歴史」も、寺社・城など、もとは人工施設、「文化」も、人間の工夫が生み出したもの、「産業」も、観光と縁遠い存在を人が再活用したもので、「観光を考える」ことは「発想力」を高めることでもあります。

多くの地域が、観光振興へ向かい、地域間で競争が激化しており、衰退した観光地も多いのです。生き残るには何が必要か、どのような観光資源が必要か、常に、新たな視点、新たな発想が求められます。

「まとめ」：
　伝統的観光地の中心観光資源は何か。
　現代的観光地の中心観光資源は何か。
　観光資源の魅力とは何か。
「考察」：
　地域社会における観光資源の重要な視点は何か。
　リピーターを確保するために必要なことは何か。
　観光資源がすべて「人工のもの」とされる理由は何か。

写真4　五稜郭（北海道函館市）

表6：日本のおもな火山20選

地図中の位置	所在地方都道府県等	火山
1	北海道・道東	阿寒岳
2	北海道・道北	大雪山
3	北海道・道南	羊蹄山
4	北海道・道南	有珠山
5	東北・青森県	八甲田山
6	東北・岩手県	岩手山
7	東北・宮城県・山形県	蔵王山
8	東北・福島県	磐梯山
9	関東・栃木県	那須岳
10	関東・栃木県	男体山
11	関東・群馬県　中部・長野県	浅間山
12	関東・神奈川県	箱根山
13	中部・山梨県・静岡県	富士山
14	中部・新潟県	妙高山
15	中部・長野県・岐阜県	乗鞍岳
16	中部・長野県・岐阜県	御嶽山
17	九州・熊本県	阿蘇山
18	九州・長崎県	雲仙岳
19	九州・宮崎県・鹿児島県	霧島山
20	九州・鹿児島県	桜島

【3】観光地域と観光資源

分布図6：日本のおもな火山20選

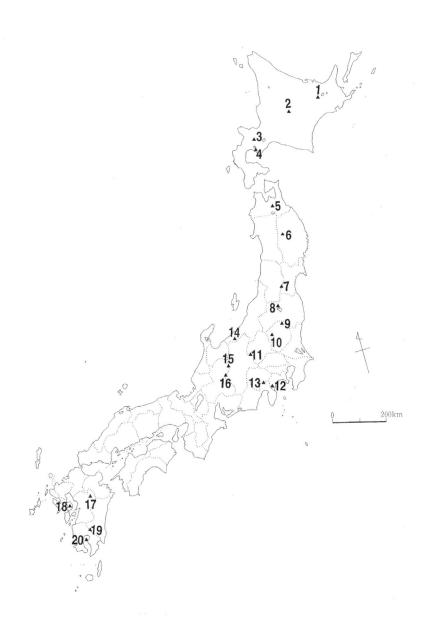

表7：日本のおもな温泉20選

地図中の位置	所在地方都道府県等	温泉
1	北海道・道央	定山渓温泉
2	北海道・道南	洞爺湖温泉
3	北海道・道南	登別温泉
4	東北・秋田県	玉川温泉
5	東北・岩手県	花巻温泉
6	東北・宮城県	鳴子温泉
7	関東・群馬県	草津温泉
8	関東・群馬県	伊香保温泉
9	関東・神奈川県	箱根温泉
10	中部・静岡県	伊豆温泉
11	中部・石川県	加賀温泉
12	中部・岐阜県	下呂温泉
13	近畿・兵庫県	有馬温泉
14	近畿・和歌山県	白浜温泉
15	中国・鳥取県	三朝温泉
16	中国・島根県	玉造温泉
17	四国・愛媛県	道後温泉
18	九州・佐賀県	武雄温泉
19	九州・大分県	別府温泉
20	九州・鹿児島県	指宿温泉

【3】観光地域と観光資源

分布図7：日本のおもな温泉20選

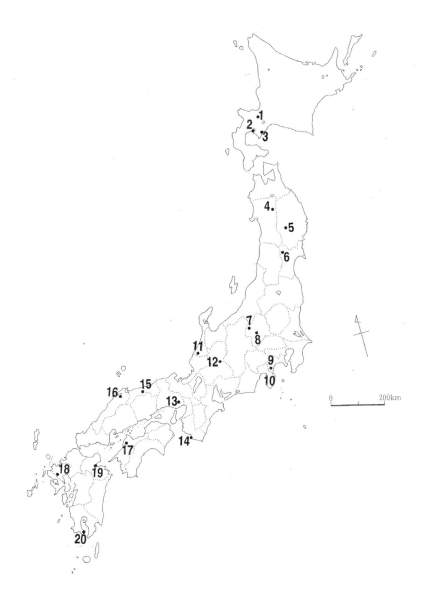

地形図7：5万分の1地形図「草津」昭和12年修正測図（0.9倍に縮小）
　　　　草津温泉・草軽電気鉄道・硫黄鉱石輸送索道　描図

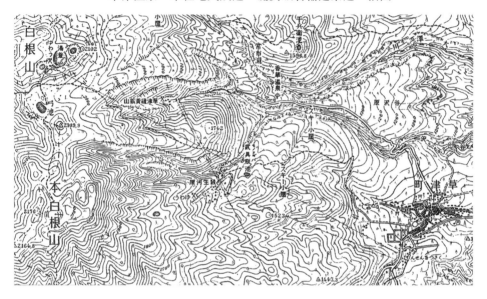

地形図8：2万5千分の1地形図「有馬」昭和7年要部修正
　　　　2万5千分の1地形図「寶塚」昭和7年要部修正
　　　　有馬温泉・国鉄（鉄道省）有馬線・神戸有馬電気鉄道　描図

【3】観光地域と観光資源

地形図9：5万分の1地形図「宇治山田」昭和5年鉄道補入（0.9倍に縮小）
　　　　5万分の1地形図「鳥羽」昭和4年鉄道補入
　　　　伊勢電気鉄道・合同電気神都線・朝熊鋼索鉄道　描図

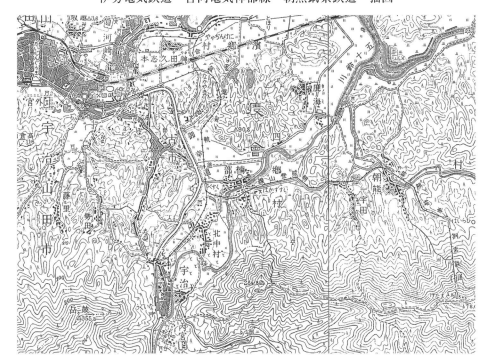

地形図10：5万分の1地形図「丸亀」昭和7年鉄道補入
　　　　　金刀比羅宮・琴平急行電鉄・琴平参宮電鉄・琴平電鉄　描図

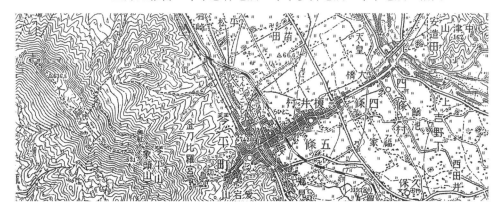

表8：日本のおもな神社20選

地図中の位置	所在地方都道府県等	神社
1	北海道・道央	北海道神宮
2	東北・山形県	出羽三山神社
3	東北・宮城県	金華山黄金山神社
4	関東・栃木県	東照宮
5	関東・東京都	明治神宮
6	関東・神奈川県	鶴岡八幡宮
7	中部・新潟県	弥彦神社
8	中部・長野県	諏訪大社
9	中部・愛知県	熱田神宮
10	近畿・三重県	伊勢神宮
11	近畿・和歌山県	那智大社
12	近畿・大阪府	住吉大社
13	中国・島根県	出雲大社
14	中国・広島県	厳島神社
15	四国・香川県	金刀比羅宮
16	四国・愛媛県	大山祇神社
17	九州・福岡県	宗像大社
18	九州・福岡県	太宰府天満宮
19	九州・宮崎県	天岩戸神社
20	九州・鹿児島県	霧島神宮

分布図8：日本のおもな神社20選

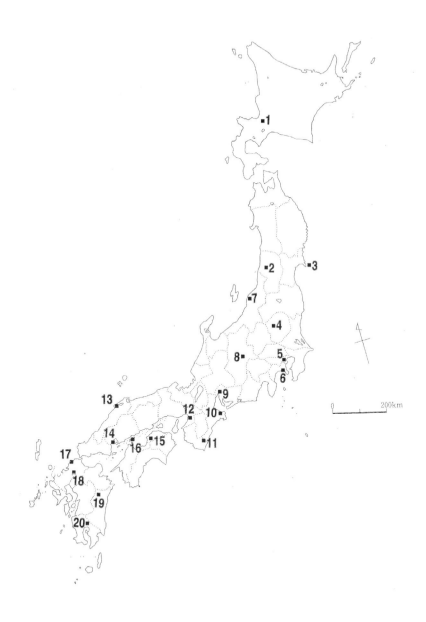

表9：日本のおもな寺院20選

地図中の位置	所在地方都道府県等	寺院
1	北海道・道央	西本願寺・東本願寺
2	東北・青森県	恐山菩提寺
3	東北・岩手県	中尊寺
4	東北・山形県	山寺（立石寺）
5	東北・宮城県	瑞巌寺
6	関東・神奈川県	川崎大師
7	関東・千葉県	成田山新勝寺
8	関東・東京都	柴又帝釈天
9	中部・山梨県	身延山久遠寺
10	中部・長野県	善光寺
11	中部・福井県	永平寺
12	中部・愛知県	豊川稲荷
13	近畿・滋賀県	比叡山延暦寺
14	近畿・大阪府	四天王寺
15	近畿・兵庫県	中山寺
16	近畿・和歌山県	高野山金剛峰寺
17	中国・鳥取県	三徳山三仏寺
18	四国・香川県	善通寺
19	四国・愛媛県	石手寺
20	九州・長崎県	崇福寺

【3】観光地域と観光資源

分布図9：日本のおもな寺院20選

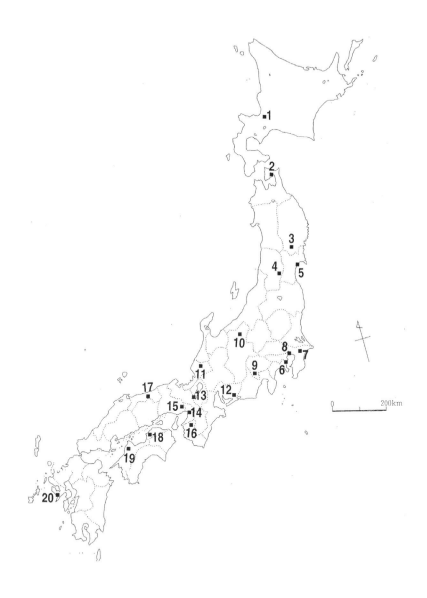

地形図11：2万5千分の1地形図「成田」昭和2年鉄道補入
　　　　成田山新勝寺・成宗電気軌道・京成電気軌道・多古鉄道　描図

地形図12：2万5千分の1地形図「永平寺」昭和5年測図
　　　　永平寺・永平寺鉄道　描図・2万5千分の1地形図最初の図

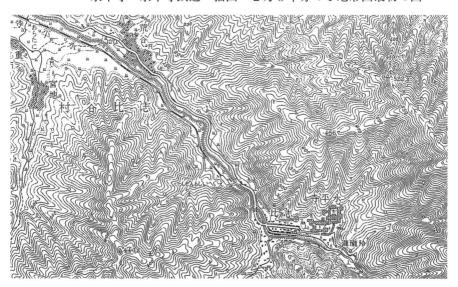

地形図13：2万5千分の1地形図「熊谷」昭和32年測量
　　　　　忍城・秩父鉄道　描図・2万5千分の1地形図最初の図

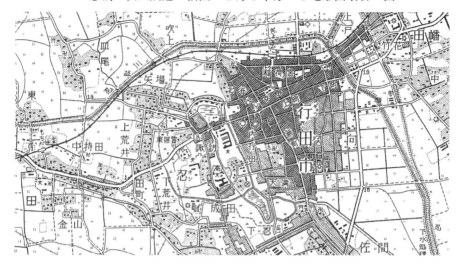

地形図14：2万5千分の1地形図「津山東部」昭和7年修正測図
　　　　　2万5千分の1地形図「津山西部」昭和7年要部修正
　　　　　津山城・衆楽園　描図

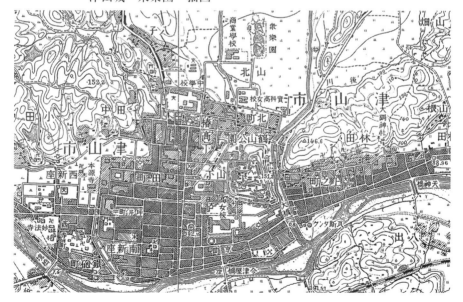

表10：日本のおもな城20選

地図中の位置	所在地方都道府県等	城
1	北海道・道南	五稜郭
2	北海道・道南	松前城
3	東北・青森県	弘前城
4	東北・福島県	若松城
5	関東・埼玉県	忍城
6	関東・神奈川県	小田原城
7	中部・新潟県	高田城
8	中部・長野県	松本城
9	中部・静岡県	浜松城
10	中部・愛知県	岡崎城
11	近畿・滋賀県	彦根城
12	近畿・奈良県	郡山城
13	近畿・兵庫県	姫路城
14	中国・岡山県	津山城
15	中国・広島県	福山城
16	中国・山口県	萩城
17	四国・愛媛県	宇和島城
18	九州・福岡県	小倉城
19	九州・大分県	岡城
20	九州・佐賀県	唐津城

注：都道府県庁所在地の城は除いた。各都道府県の都道府県庁所在地は、城下町であった都市が多い。城下町以外が都道府県庁所在地になった例は、札幌（計画都市、一部屯田兵村）、青森（港町）、新潟（港町）、横浜（港町）、長野（門前町）、神戸（港町）、長崎（港町）などがある。

分布図10：日本のおもな城20選

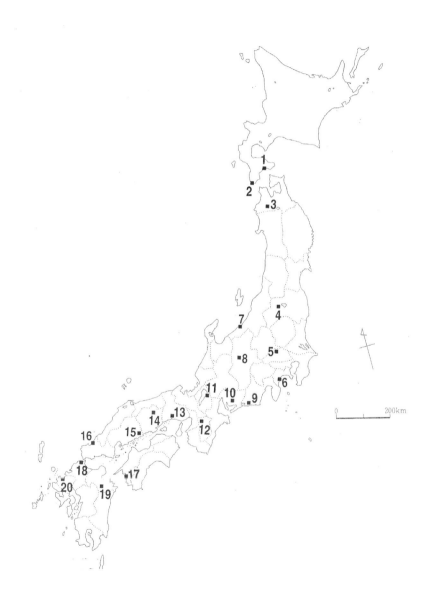

表11:日本のおもな祭り・踊り20選

地図中の位置	所在地方都道府県等	祭り・踊り
1	北海道・道南	札幌雪まつり
2	東北・青森県	青森ねぶた
3	東北・秋田県	秋田竿灯
4	東北・山形県	山形花笠
5	東北・宮城県	仙台七夕
6	関東・東京都	三社祭
7	関東・神奈川県	箱根大名行列
8	中部・長野県	諏訪大社御柱祭
9	中部・富山県	越中八尾おわら風の盆
10	中部・岐阜県	郡上おどり
11	近畿・京都府	葵祭・祇園祭・時代祭
12	近畿・奈良県	お水取り
13	近畿・大阪府	天神祭
14	中国・岡山県	西大寺会陽
15	中国・島根県	津和野の鷺舞
16	四国・徳島県	阿波踊り
17	四国・高知県	高知よさこいまつり
18	九州・福岡県	博多どんたく
19	九州・長崎県	長崎くんち
20	沖縄県	那覇まつり

【3】観光地域と観光資源

分布図11：日本のおもな祭り・踊り20選

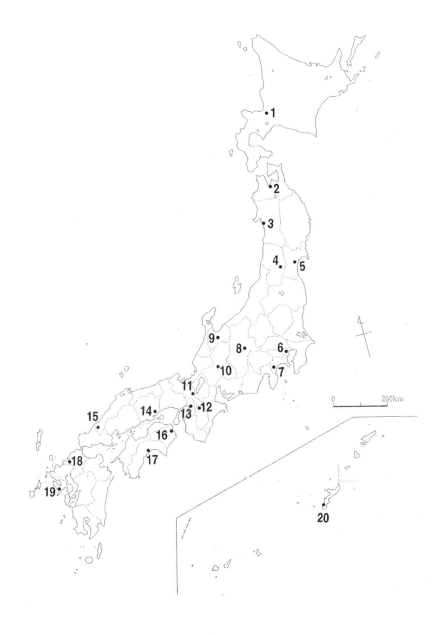

地形図15：2万5千分の1地形図「八尾」昭和43年改測
越中八尾町　描図

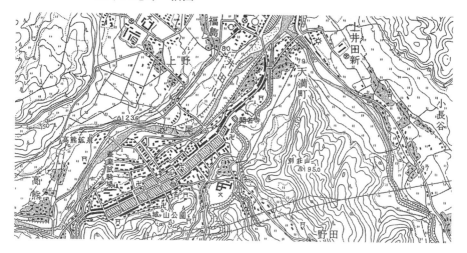

地形図16：2万5千分の1地形図「郡上八幡」昭和45年測量
2万5千分の1地形図「徳永」昭和45年測量
郡上八幡・八幡城　描図・2万5千分の1地形図最初の図

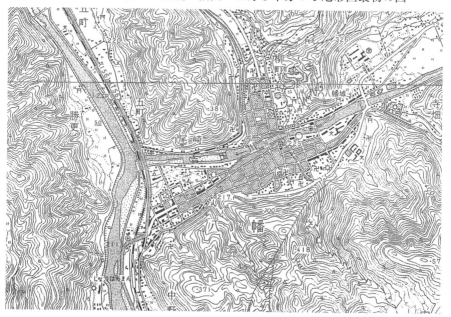

地形図17：2万5千分の1地形図「鳴海」昭和43年改測（0.9倍に縮小）
桶狭間古戦場伝説地・田楽坪　描図

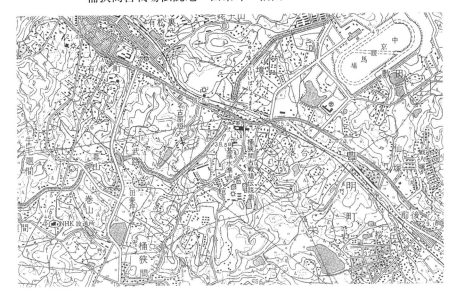

地形図18：2万5千分の1地形図「関ヶ原」昭和46年改測（0.9倍に縮小）
関ヶ原古戦場（徳川家康最初陣地・石田三成陣地・開戦地
・最後決戦地・最後陣地・東首塚・西首塚）　描図

表12：日本のおもな歴史的観光地20選

地図中の位置	所在都道府県市町村等	名称
1	北海道函館市	五稜郭・箱館奉行所・箱館戦争
2	青森県青森市	三内丸山遺跡
3	秋田県鹿角市	大湯環状列石
4	栃木県足利市	足利学校
5	群馬県みどり市	岩宿遺跡
6	群馬県富岡市	富岡製糸場
7	東京都文京区	弥生式土器出土地
8	神奈川県横須賀市	ペリー上陸地
9	神奈川県箱根町	箱根関跡
10	静岡県静岡市	登呂遺跡
11	長野県茅野市	尖石遺跡
12	愛知県豊明市	桶狭間古戦場
13	岐阜県関ヶ原町	関ヶ原古戦場
14	京都府京都市	平安京
15	奈良県奈良市	平城京
16	福岡県福岡市	志賀島金印出土地
17	佐賀県吉野ヶ里町	吉野ヶ里遺跡
18	長崎県平戸市	平戸遺跡
19	長崎県長崎市	出島遺跡
20	鹿児島県枕崎市	坊津

【3】観光地域と観光資源

分布図12：日本のおもな歴史的観光地20選

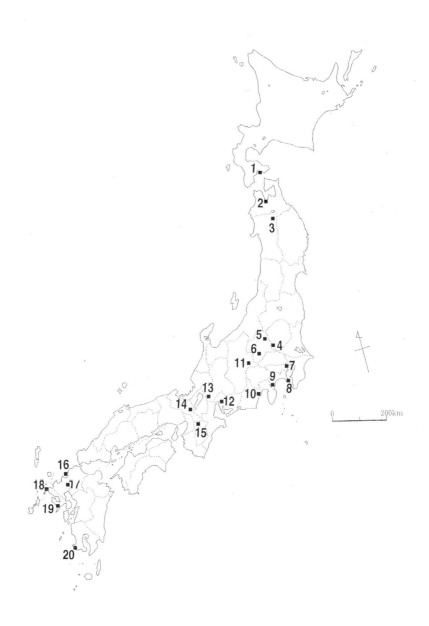

【4】地域振興政策と観光　その1

（1）地域振興政策とは何か①
　「地域」とは、一定の場所の意味だけでなく、「都市」に対する「地方」の意味で用いられます。「都市」は、人口が集中し、経済活動が活発でありますが、「地方」は、人口が減少し、経済活動が低調です。そのため、地域が衰退傾向にあり、行政などの地域振興政策が必要となります。
　地域振興政策の主体には、国・都道府県・市町村、民間企業（公共性の高い事業は赤字でも継続）、第3セクター（半官半民、自治体と民間の出資）の3者があります。

（2）地域振興政策とは何か②
　国・都道府県・市町村による地域振興政策では、法律・条例を制定、直接事業・補助事業を行います。例としては、国道・都道府県道・市町村道などの道路整備事業や、民間の事業に対し、費用の一部補助を行う事業があります。
　民間企業による地域振興政策では、公共性の高い事業の維持、事業地域の開発があります。例としては、交通企業の路線維持、沿線地域の開発があります。
　第3セクターによる地域振興政策では、地方自治体より自由度が高く、民間の活力を利用することが特色です。例としては、リゾート開発や、民間事業を継承して、第3セクターで事業を維持することがあります。

（3）地域振興政策の課題①
　国・都道府県・市町村による地域振興政策では、税金を投入したけれども大きな効果に至らない場合もあり、補助金受給目的で、事業が行われる場合も想定されます。
　民間企業による地域振興政策では、採算性を重視することから、公共性の高い事業からの撤退があり、少子高齢化・人口減少社会による地域開発の停滞につながることがあります。

第3セクターによる地域振興政策では、自由度の高さにより、大胆な投資が行われ、場合によっては大きな損失となる場合があります。また、民間事業の第3セクター化により、実質的には赤字補填の増大となることも考えられます。

（4）地域振興政策の課題②
　国・都道府県・市町村による地域振興政策では、政策を検証し、効果があったか、研究が必要となります。また、本来、国・都道府県・市町村がやることなのか、根本的な見直しが求められることもあります。
　民間企業による地域振興政策では、民間企業は「地域とともにある」、民間企業の発展には、地域連携が必要との認識が求められます。
　第3セクターによる地域振興政策では、前述の損出や赤字補填もあるため、外部の組織（融資している金融機関を含む）による検証、民間出身者主導による効果事例を検討することが、求められます。

（5）地域振興政策と観光
　地域振興政策には、定住促進や産業振興があります。しかし、従来の産業が衰退、仕事が減少、定住も大幅な増加が見込めないという、現状もあります。そこで観光振興による地域振興に期待が高まることになります。
　観光振興が期待される理由は、①観光は総合産業（六次産業）の発達につながる、すなわち食材（一次）・加工（二次）・流通（三次）と、幅広い産業と関係が深いために波及効果が大きいことです。いいかえれば、総合力のある地域が観光業に向き、観光で人を呼べる潜在力がある、ともいえます。②観光で交流人口が増加することによって、準定住効果があることです。少なくとも宿泊・交通機関・関連産業が僅かなりとも発達することとなります。勿論、観光振興には、観光関連産業だけでなく、観光資源も必要となります。

（6）地域振興政策と地域社会の相互関係は？①
　地域振興政策が効果を発揮すると、地域社会の活性化となり、地域社

会の活性化には、効果的な地域振興政策が必要となるという、どちらが先かという議論はあるものの、相互関係がそこにはあります。

近代社会では、都市への人口集中により、都市環境が悪化、都市から地方への移住であるIターン、労働人口が都市へ移動、定年後などに帰郷するというUターン、地方中心都市の環境の良さから、地方出身者が大都市を経て、出身地近くの地方中心都市へ移動するJターンがあり、一定数の地方移住が見られました。

現代社会では、少子高齢化によって、地方での子供の数が激減、地方での絶対数としての人口減少のみならず、年齢構成で高齢者比率が極めて高くなり、地方での高齢者の生活が困難になる事態が発生しています。

(7) 地域振興政策と地域社会の相互関係は？②

地域社会維持について、従来は、一定の循環で、地域社会が維持されました。現在は、地域振興政策なしには、維持できない状況となっています。早くに振興政策が必要であった場所が、早くに取り組まれたことにより、維持できる状況となった場所がある一方、従来は必要性が低かった場所で、取り組みが遅いこととなっている場合があります。

すなわち、地域社会の条件不利性程度の影響を考えるとき、条件が不利な地域が、早い対策で効果を発揮している場合がある一方で、条件の不利性が少なくても、対策が遅れて、一気に地域が衰退した事例もあります。

(8) 日本の変化、未来を考察

日本の各地域は、どのように変化してきたのでしょうか。日本の各地域は、未来、どのようになるのでしょうか。すなわち、「過去から現在」への変化を検討して、そこから、「現在から未来」への変化を「考察力」で予測します。その際、法則を学ぶ、自然法則だけでなく、社会法則を学ぶことが重要となります。

日本各地域の変化は「産業」と「交通」が大きな要因です。すなわち、「地域産業の発展・衰退」が、「地域の発展・衰退」につながり、「交通利便性向上・低下」が、「地域の利便性向上・低下」につながっています。した

がって、将来、各自が活躍するフィールド（地域）の変化と未来について考察する場合、産業と交通に、まず注目する必要があります。

　地域（地方）政策担当（公務）や地域展開企業（農業・製造・金融）では、都市部の若者に期待しており、将来、各自が活躍しようとするフィールド（地域）として、地域（地方）にも目を向け、進路で注目してみるのもいかがでしょうか。その際の基本的な視点として、考えておきたいところです。

（9）産業（鉱業）と交通（新幹線）の変化

　日本の産業の中で、短期間に最も減少した産業は、鉱業、次いで、林業です。鉱業は特有の技術があって技術継承が必要であり、林業は長期生成資源産業という特徴があって将来にも大きな影響を与えます。日本はかつて、世界に名だたる鉱業国（資源国）でした。鉱業が衰退した要因は、資源の枯渇だけではなく、輸入した方が圧倒的に安いことが理由であり、林業も同様です。

　日本の交通の中で、大きな影響を及ぼしたのは新幹線、次いで、航空の高速交通です。勿論、高速道路や高速船も含めた高速交通全体の果たした役割は大きい。日本は鉄道王国、特に新幹線立国で、産業・観光に大きく貢献しています。新幹線はスピードが速い以外に、輸送力の大きさが重要なポイントです。人を呼ぶのには輸送力と、他の高速交通との連携が必要となります。近年のクルーズ船は、乗船旅客数のみならず、航空機に比べて手荷物の制約が比較的少ないという、ひと・モノともに巨大な輸送力があり、「爆買い」と称される大量の品物購入と持ち帰りを可能としています。

（10）産業発展の社会法則（ペティ＝クラークの法則）

　産業発展の社会法則として、ペティ＝クラークの法則があります。社会の発展にともない、産業の中心は、第一次産業から第二次産業へ、第二次産業から第三次産業へと変化するという法則です。第一次産業（農業・林業・水産業）は「自然」が相手、第二次産業（鉱業・製造業・建設業）は「モノ」が相手、第三次産業（小売・金融・運輸・サービス・公務）は「ひと」が相手

の産業であるともいえます。先進国は産業の中心が第三次産業まで「先に進んだ国」で、第一次よりも第二次産業、第二次よりも第三次産業の収益率の高さがその変化要因です。ただし、競争も激しい。また、変化の時期も重要で、変化の機会を逃す国々もあります。それは、場所の条件や、人間の判断が影響します。すなわち、地理的条件、社会体制や指導者の判断が左右することとなります。

（11）先進国と日本の現状

　先進国では、生活費と教育養育費が高価となるため、出生率が低下し、人口停滞から人口減少社会へ移行、人口構成の相対的高齢化が進行します。また、第一・二次産業の海外依存が高まる傾向があるのは、人件費の高額化が影響しています。他の先進国（日本以外の先進国）では、結婚（率）は同様でも子供の数は少なく、移民の受入によって労働力を確保しており、ドイツは第二次世界大戦後すぐに移民を受け入れ（当時は、西ドイツ）、また、第一・二次産業の維持（マイスター制による）を行って比較的各産業の就業比率が高い。また、先進国では、人件費が二極化する傾向があります。

　日本の現状は、進学と仕事、収入と結婚、出生率が低い、という諸問題があります。すなわち、進学して仕事に就く場合に、学んだ内容が直接活用できる仕事に従事しているか、学習内容や就職希望先と実際の仕事内容や就職先のバランスが取れているか、いわゆる需給関係に整合性があるか、そして期待した収入があるか、それによって経済的に結婚できるか、そこから結婚率の低下が出生率の低下につながっています。その結果、他の先進国以上に、人口減少・高齢化が加速しており、第一・二次産業の海外依存率が高く、人件費の二極化が激しいこととなっています。特に、他の先進国との差異として、大学進学率が低いこと、特に実学志向が低いことから、短期就労で離職するなどの実質的就職率が低く、正規と非正規などの人件費の二極化により、収入が低い状況の発生によって婚姻率が低くなり、出生率が低くなります。

(12) 日本における産業衰退の要因

絶対的要因（競争以前の問題）としては、気候・地形から適さないという自然要因（立地条件の困難）、人口減少・高齢化で担い手がないという人手不足要因、地元養成や移住促進が行われないという人材養成要因などがあります。

相対的要因（他の国との競争にかかわる問題）としては、輸入したほうが価格・数量ともに有利という輸入要因、原料費・加工費が安くても人件費が高いという人件費要因などがあります。

認識不足としては、国内生産有利でも取り組まれないことがあり、研究と実践によって、産業発展の余地はあります。ただし、多くはなく、高度（総合）・長期の研究と実践が必要となります。

(13) 日本と世界、日本の都市と地方

日本では、人口減少・高齢化・人手不足（特定分野に人材が集中）がみられる一方、世界では、人口急増・若年化・人手過剰、さらに移動活発・競争激化がみられます。

日本の都市では、人口減少緩い・高齢化緩い・危機意識少ない一方で、地方では、人口減少急速・高齢化急速・対応が遅れる状況がみられます。市町村の広域合併促進で、同一行政区域内に「都市」と「地方」の異なる地域が併存することになって二極化が同居、対策も異なる二方向が必要となります。対応できる人材がいるのか、すぐできるのか、人材とスピードが求められます。その際、行政区域全体の数値で見ると、判断を誤ることとなります。したがって、地域を見る目として「地理」、対策の根拠となる「法律」、正確な数値の把握と分析として「統計」、この3点を学ぶ必要があります。

(14) 急速に進行する日本の変化と対応

人口減少・高齢化に対して、移住促進である、Uターン・Iターンがありますが、定着に差異があり、交流促進のOターンも求められます。

インフラ（道路・橋などの社会資本）の劣化進行に対して、コンパクト化、

集住化によるインフラ整備の集中投資が考えられます。「大きいこと」がプラス価値からマイナス価値になるということでもあります。

　地方での不動産暴落・放棄化に対して、個人資産への行政関与、格安賃貸・販売化があり、広報活動・影響対策・産業化も求められます。

　各自治体等の地域振興政策の競合化に対して、他の自治体が実施した対策をあとから追随することは効果が少なくなるという認識が必要であり、より高度、より先を見た長期的視点の対策が必要となります。

　若者の意見を聞く、学者の意見を聞くといった、若者・学問取り込みによる地域振興政策は、経験や認識不足、「研究」不足により、一時的・部分的効果に終わることもあるとの認識も必要です。年齢構成・学問構成の吟味が必要で、取り込みによる対費用効果も考える必要があります。

　進路選択の乖離については、学習と仕事の需給ずれ、長期非正規労働の増大が特に懸念されます。大学における、人文・教育系の再編、理系学問の社会との整合性等、広く「社会情勢」を学ぶ姿勢が求められると考えられます。

（15）日本の農業・林業・鉱業の成功例

　農業では、特産品、ブランド農産物など、高価で販売して利益を増やすことや、加工・販売まで手掛けて付加価値をつける、機械化で省力と経費節減を行うことが成功例として取り上げられています。林業では、間伐材の活用、例えば割り箸、集成材、発電燃料に利用すること、ブランド家具の現地生産などの高価でも売れる木工製品作り、加工・販売との連携により付加価値をつける、機械化で省力と経費節減を行うことが成功例として取り上げられています。

　鉱業では、石灰石が埋蔵量膨大、自給可能、輸出可能資源であり、石炭は露天掘りで、海外炭と価格差縮小により発電燃料として利用されており、天然ガスはパイプライン輸送（輸送費安い）で利用されていることが成功例として取り上げられています。

　これらは、高度のノウハウが必要で、必ずしも単純ではありません。長期間実績のある「プロ」との連携による導入、長期間継続可能な体制作

り、継続的人材養成までが必要となります。

(16) 交通の立地条件
　鉄道では、自然条件として、地形、特に勾配・河川・山地・海が線路付設の自然的障害となりますが、技術の進歩でかなり克服されています。社会条件として、起点終点や沿線の人口、資本と用地買収、利用人口（観光客数を加えて）があり、高齢化によって、自動車利用が減少、鉄道の必要性が増加しています。
　航空では、自然条件として、地形、特に空港敷地の確保、気流の安定、山地が迫らないことがあり、安全には、一定の自然的条件が必要となります。社会条件としては、空港の後背地人口、利用人口（観光客数も）、さらに資本と用地買収、騒音問題もあり、国際化によって海外との交流が地方からも活発化、地方空港の国際化が進んでいます。

(17) 交通発展の社会法則
　「低速交通から高速交通へ」「独占から競争、連携へ」が交通発展の方向です。しかし、社会資本状況により、発達程度が異なります。場所により、必要または求められる交通が異なります。
　陸上では、先進国は新幹線に対して、発展途上国は中速交通が重要です。海上では、先進国は高速船に対して、発展途上国は中速船舶が重要です。大陸欧米の発想・法則では、大陸内・大陸間交通を前提としていますが、島国日本の発想・法則では、島嶼内・島嶼間交通が前提となります。
　以上から、欧米の学問を日本に適用しても、有用ではない場合があり、日本で、日本に適した学問体系を構築する必要があります。

(18) 日本の新幹線の開通と今後の予定
　東海道新幹線は、1964年（昭和39年）東京〜新大阪間開通、山陽新幹線は、1972年（昭和47年）岡山まで、1975年（昭和50年）博多まで開通しました。九州新幹線は、2004年（平成16年）新八代〜鹿児島中央間が、2011年（平成23年）全通しました。東北新幹線は、1982年（昭和57年）大宮〜盛岡間、

1985年（昭和60年）上野まで、1991年（平成3年）東京まで、2002年（平成14年）八戸まで、2010年（平成22年）新青森まで開通しました。上越新幹線は、1982年（昭和57年）新潟まで、北陸新幹線は、1997年（平成9年）長野まで、2015年（平成27年）金沢まで開通しました。

　山形新幹線は、ミニ方式（在来線の軌間を改軌）で、1992年（平成4年）福島〜山形間、1999年（平成11年）新庄まで開通、秋田新幹線もミニ方式で、1997年（平成9年）盛岡〜秋田間が開通、いずれも1990年代の開通で、1990年以前および2000年以降のミニ方式の開通はありません。

　北海道新幹線は、2016年（平成28年）新函館北斗まで開通、2030年札幌開通に向けて建設中です。北陸新幹線も、2022年敦賀開通に向けて建設中で、敦賀から先は未着工となっています。長崎新幹線は、2022年より早くを目標に、武雄温泉〜長崎間が建設中、中央新幹線（リニア新幹線）は、2027年品川〜名古屋間、2045年名古屋〜新大阪間の開通が予定されています。

（19）新幹線開通による駅の地位変化

　県庁所在地や在来線中心駅に新幹線駅ができなかった事例と、新幹線駅設置で乗り換えなどの交通の要衝になった事例として、以下があります。

　東海道新幹線では岐阜と米原（北陸方面乗換駅）、山陽新幹線では尾道と三原（四国今治への乗換駅）、東北新幹線では花巻と八戸（一時、終点で乗換駅）、上越新幹線では前橋と越後湯沢（北陸方面乗換駅）、北陸新幹線では直江津と上越妙高（新潟県内乗換駅）、九州新幹線では阿久根と川内（鹿児島方面との在来線もJRで存続）があります。

　山形新幹線では、在来線広軌化で、在来線主要駅が新幹線駅となりました。秋田新幹線も同様の在来線広軌化ではありますが、盛岡経由で盛岡中心の交通体系となり、秋田県の岩手県化が進むとともに、新幹線駅は県央のみで、県南の横手・湯沢へは新幹線は未開通です。北上から分岐していれば、横手に新幹線駅ができ、県南にも恩恵がありました。

　北海道新幹線では、新函館北斗・木古内（北海道）と新青森が乗換駅になりました。鉄道草創期に「鉄道忌避」と「我田引鉄」がありましたが、

現代も新幹線駅で同様の状況がみられます。

(20) 東北地方での新幹線

　東北新幹線は、1982年（昭和57年）盛岡開通により、盛岡は北東北の拠点となり、2002年（平成14年）八戸開通により、八戸は青森県の拠点となりました。2010年（平成22年）新青森まで開通しましたが、駅は郊外に開設されました。山形新幹線は、1992年（平成4年）山形まで開通、1999年（平成11年）新庄まで開通、ミニ方式ながら東京直通が実現しました。秋田新幹線は、1997年（平成9年）秋田まで開通、ミニ方式で東京直通ではあります。

　現代においては、東北新幹線開通後、新幹線で東京駅（東京）と結びつくこととなりましたが、太平洋側と日本海側の差、同一県でも新幹線通過地域と未通過地域の差が顕著となりました。

　東北新幹線（フル規格）通過地域は、福島県（中通）・宮城県・岩手県（内陸）・青森県（南部・津軽）であり、東北新幹線未通過地域（山形・秋田新幹線はミニ方式）は、福島県（浜通・会津）・岩手県（沿岸）・山形県・秋田県で、山形県は東京に近いが、秋田県は遠方で、未通過の影響が大きい。

(21) 東北地方での航空交通

　仙台空港は1957年（昭和32年）東京線開設・1985年（昭和60年）東京線休止、秋田空港は1962年（昭和37年）東京線開設・1981年（昭和56年）新空港へ移転、山形空港は1964年（昭和39年）東京線開設、花巻空港は1965年（昭和40年）東京線開設・1985年（昭和60年）東京線休止、仙台に次ぎ、秋田に航空路が開設され、秋田が日本海側の中心になりました。

　しかし、1982年（昭和57年）の東北新幹線盛岡開通により、一部路線休止など東京線に影響しました。新幹線はスピードだけでなく輸送量が多いことにより、交流が増大、東北新幹線沿線とそれ以外の地域との格差が大きくなりました。東北新幹線沿線以外の地域である秋田では、秋田新幹線が在来線と同じスピードで恩恵は比較的少なく、空港が秋田市から遠い郊外に移転して航空交通は不便になり、東北で、最も高速交通（新幹線・

航空) から取り残されることとなりました。

(22) 地域内交通の諸問題

　地域間交通は、高速交通（航空・新幹線・高速道路・高速船）の時代となりましたが、地域内交通は、どのような問題があり、どのように対応すべきでしょうか。地域内交通とは、空港・新幹線駅・高速バスターミナル・高速船港からの交通で、在来線・バス・タクシーなどの公共交通機関と自家用車が担っています。高速交通が発達しても、その先の地域内交通が不便では、高速交通の恩恵は限定的となります。

　地域内交通の諸問題として、高齢化と過疎化があり、高齢化により、自家用車運転困難になって、自家用車利用不可が進行、過疎化により、公共交通機関の利用者が減少、不採算路線になり、路線廃止が出現、交通不便により過疎化が加速、更なる廃止の悪循環となっています。

(23) 地域内交通の対応策

　地域内交通の対応策として、交通機関の特性を考慮した適正化と集住化があります。適正化とは、従来の定期大型バス使用から、マイクロバス化、ディマンドバス化、時差利用、タクシー混乗などがあります。集住化とは、一定の場所に集中して住み、その場所の公共交通機関を確保する方法です。

　根本的には、高齢化対策と過疎化対策が、地域内交通対策に有効となります。高齢化対策である若年者の居住促進としては、安価な住居提供による若年者の居住を促進し、さらに居住した若年者によって交通や地域維持の担い手を確保する方策が考えられ、過疎化対策である交流人口増加としては、観光などの来訪者を増加させることによって交通需要を創造し、交通機関を確保することにつなげるものです。

「まとめ」：
　産業と交通の変化で大きいのは何か。
　産業発展の社会法則は何か。
　他の先進国と日本の現状で異なる点は何か。

【4】地域振興政策と観光　その1

「考察」：
　地域振興政策で観光が期待される理由は何か。
　日本における産業衰退の要因は何か。
　地域内交通の対応策は何か。

写真5　山形新幹線新庄駅（山形県新庄市）

写真6　山形新幹線と仙山線の平面交差
　　　（羽前千歳駅〜北山形駅間、山形県山形市）

表13：東北地方のおもな新幹線駅と空港20選

地図中の位置	新幹線駅・空港	おもな就航航空企業・新幹線
1	新青森駅	東北・北海道新幹線
2	青森空港	日本航空・全日本空輸
3	三沢空港	日本航空
4	八戸駅	東北新幹線
5	大館能代空港	全日本空輸
6	秋田駅	秋田新幹線
7	秋田空港	日本航空・全日本空輸
8	大曲駅	秋田新幹線
9	盛岡駅	東北・秋田新幹線
10	花巻空港	日本航空
11	北上駅	東北新幹線
12	仙台駅	東北新幹線
13	仙台空港	日本航空・全日本空輸など
14	庄内空港	全日本空輸
15	新庄駅	山形新幹線
16	山形空港	日本航空
17	山形駅	山形新幹線
18	福島駅	東北・山形新幹線
19	郡山駅	東北新幹線
20	福島空港	全日本空輸・IBEXエアラインズ

【4】地域振興政策と観光 その1

分布図13：東北地方のおもな新幹線駅と空港20選

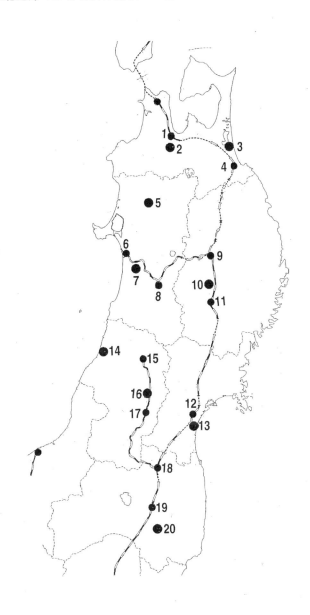

地形図 19：2 万 5 千分の 1 地形図「秋田西部」昭和 46 年改測（0.9 倍に縮小）
　　　　　旧・秋田空港（雄物川河口北側の海岸砂丘上）　描図

地形図 20：2 万 5 千分の 1 地形図「寒河江」昭和 45 年改測（0.9 倍に縮小）
　　　　　2 万 5 千分の 1 地形図「天童」昭和 45 年改測
　　　　　　山形空港（開港時、1,200 m 滑走路）　描図

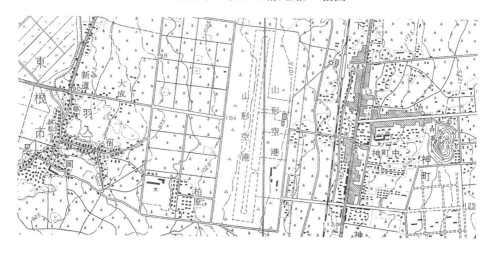

【5】地域振興政策と観光　その2

（1）地域振興政策のポイント

　地域振興政策には、T・L・K（Timing・Location・Knowledge）、天・地・人、すなわち、タイミング（天の時）・ロケーション（地の利）・知識（人の知）の3点が重要です。

　タイミングとは、物事には時期が重要で、いかに大切でも、早すぎたり、遅すぎたり、してはいけない。適事適時です。ロケーションとは、物事には場所が重要で、いかにいい物（材）でも、場所が悪ければ、効果は出ない。適材適所です。知識とは、「天の時」＜本来、歴史学で学ぶ＞・「地の利」＜本来、地理学で学ぶ＞両者の有用な「知識」を学んだ人が、適切な判断をする必要があることです。決め手は「人」、最後は「人」が重要となります。特に、一人で総合的な知識を持つことです。ちなみに、「人の和」の「和」ではなく、「人の知」の「知」です。

（2）地域振興政策の事例①

　戦後すぐの、宮崎の交通による観光振興の事例を取り上げます。まだ、戦後の復興期に、「これからの産業は観光だ」と、「地域の産業を観光」とし、いち早く観光振興を行いました。

　具体策としては、戦後復興期、まだ、海外旅行は「夢の夢の時代」、ヤシの木の並木道を主要道路沿いに整備して「南国情緒」を演出、交通・宿泊などの受け入れ態勢を整えました。戦時中に関門鉄道トンネルが開通しており、東京からの直通列車を運転、鉄道に輸送力がある点に着目、多くの観光客が訪れることができました。

　しかし、当時の鉄道は、東京・大阪から長時間を要しました。そこで、「これからの交通は航空だ」と、特に早さと輸送力から「ジェット機だ」と判断、宮崎空港のジェット化に取り組み、ローカル空港初のジェット化を実現しました。

（3）地域振興政策の事例②
　長崎県のテーマパークブーム期の開設事業の事例を取り上げます。歴史都市長崎だけで、観光客は引き続き来るのか、これからの時代はと考え、自然・歴史・文化の観光資源から、魅力ある人工施設を開設することとしました。
　具体策としては、観光県長崎県といっても、観光客は長崎県南部の県庁所在地長崎市に集中していたことから、長崎県北部の中心都市佐世保周辺にも観光客を誘致する必要を検討しました。それは、佐世保は軍港・造船工業都市であったのですが、平和と造船不況などで、地域経済が停滞していました。まず、1980年（昭和55年）に自然動物公園「長崎バイオパーク」を開園、その成功から、1983年（昭和58年）のテーマパーク元年に「長崎オランダ村」を開園、1987年（昭和62年）にJR九州発足（民営化）、観光輸送から当時としては画期的な民間施設名を使用した「オランダ村特急」を新設・運行しました。オランダ村の成功から、1992年（平成4年）に「ハウステンボス」を開園、バブル経済崩壊の直前でありました。まさしく、代表的なテーマパークは、このときだからこそできたといえます。

（4）地域振興政策の事例③
　山形新幹線の事例を取り上げます。山形新幹線は、山形県の多くの都市に新幹線駅があります。すなわち、在来線の主要駅が、そのまま新幹線駅となりました。東京への直通新幹線が必要との認識はありましたが、しかしフル方式は不可能という状況がありました。
　具体策としては、フル方式は需要から可能性が低く、早期実現困難と判断、ミニ方式が早期実現の可能性が高い、すなわち、在来線の改軌で工事費がフル方式に比べて格段に安く、工事期間が短く、したがってこの方式が採用される可能性が高いこととなります。そのルートですが、仙台駅からの仙山線ルートは、短距離ではあるが、恩恵は山形市のみとなるとともに、より一層、仙台の影響が大きくなることから、避けることとし、福島駅から奥羽線ルートとしました。山形県南部などの多くの都市に恩恵があり、福島市は県庁所在地ながら人口は福島県第三位で、福島市の影響力は

小さく、山形県の独自性維持につながりました。こうして、初のミニ方式新幹線が開通、新庄まで延伸、同一県最多の10駅の従来線ホームから東京への直通新幹線が開通・運行され、産業発展・観光発展に大きく貢献しています。

(5) 地域振興政策の事例④

　観光県沖縄県、離島観光、交通対策の事例を取り上げます。すなわち、地の「有利」「不利」で、有利を活かし、不利を克服するわけです。

　具体策としては、「有利」として、豊かで美しい自然、暖かい気候、北海道と異なり、通年観光が可能であり、「不利」として、海で隔たる遠隔地、台風襲来地、離島交通が不便であることです。本土復帰後に観光地化が進みましたが、当初の宿泊水準は本土と異なる面がありました。そこで、早くに高速交通（航空・高速船）を導入、それも沖縄本島だけでなく、沖縄離島にもジェット化など、最適な機材を導入しました。また、本土観光資本を早期に導入、離島にも、早期に進出しました。初代沖縄開発庁長官が山中貞則氏で、まさしく「天の時」「地の利」に、「人の知」である、氏の功績は大きい。

(6) 地域振興政策の事例⑤

　宮崎県のその後、秋田県の交通の事例を取り上げます。すなわち、高速交通は航空交通だけでなく、輸送力のある新幹線が必要です。

　具体例として、宮崎県では、新幹線誘致や計画は具体的になく、在来線では所要時間が長時間で、鉄道旅客数は減少、その結果、公共交通利用率の低さで全国第一位となっています。宮崎空港は、ジェット化は早かったにもかかわらずその後の大規模な拡張や移転が行われなかったため、大型化に対応しておらず、輸送力に限界があります。秋田県は新幹線がミニ方式で、スピードが遅く、盛岡経由で遠回り、県央の一部都市のみに新幹線駅設置で、分岐点である盛岡の影響が強くなり、恩恵は一部の都市のみとなっています。秋田空港は、遠方移転で、秋田市から遠く不便で、高速交通（航空・新幹線）の利便性が低く、産業・観光は、比較的停滞気味となっ

ています。その結果、人口減少率は全国第一位となっています。

（7）地域振興政策の事例⑥

　宮崎県の過去、秋田県の産業の事例を取り上げる。すなわち、過去の繁栄は、その後にどのような影響を与えるかです。同じ地方内の他の県と比較して、問題点を考えてみるのも参考となります。

　具体例として、宮崎県は、過去、観光で繁栄しました。その後、海外旅行自由化、他の地域での交通改善、新たな観光資源の出現があり、例として、長崎県は在来線の高速化とハウステンボス開設がありました。秋田県は、過去、鉱業・林業で栄えました。その後、鉱業・林業の衰退、他の地域での交通改善、新たな観光資源の出現があり、例として、青森県はフル方式の新幹線にこだわり開通へ、岩手県は平泉・釜石と二つの世界文化遺産登録となりました。過去に繁栄した地域は、その後、有効な対策が遅れることがあります。

（8）日本の「地域」と地域振興政策

　「地域」とは、「都市」に対する「地方」の意味で使用され、「地域」は「農村（または漁村）」「山村」「離島」に分かれます。「農村」では、都市隣接による都市化で、一時的に変貌している地域もあります。その結果、都市に産業と交通を依存することができ、他の分野に投資が可能で、それが目立つこととなり、注目された事例があります。「農村」のままで現在は人口減少率が低くても、一時的効果が一巡し、未来はどうなるかを考えてみることも重要です。人口については人口数の「量」だけ見るのではなく、内容の「質」にも注目する必要があります。

　過疎化は「山村」と「離島」で顕著にみられ、無住化などもあり、特に「山村」が著しい。本来なら、陸続きの「山村」のほうが有利で、海を渡る「離島」のほうが不利ではと思われますが、「山村」で過疎化が顕著です。繁栄とまではいかなくても、有効な対策の遅れの影響が懸念されます。「都市」でも人口減少が進行、「いつやるの」と問われる状況となっています。

（9）離島振興政策の成功要因

　特定地域振興法としては、1953年（昭和28年）離島振興法、1965年（昭和40年）山村振興法、1985年（昭和60年）半島振興法があり、法律として、離島振興法が戦後復興期で極めて早い。離島振興法の前年の1952年（昭和27年）に離島航路整備法が制定されており、早期に交通・法律・統計の重要性を認識していた。それは、地理学者が振興政策にかかわっており、宮本常一氏の功績が大きい。地理と立法・行政が結びついた事例で、実際に役に立つことを意識しているといえます。長期の振興政策で、適確な効果があり、離島統計を毎年作成するなど、数値的な検討も行われています。但し、離島により、格差があるのも事実で、多様性を示すものでもあります。

　日本島嶼学会が設立され、継続して離島研究に取り組んでおり、会員は研究者・自治体関係者のみならず島民会員も多く、離島現地で年次大会を開催しており、肩書・形式だけではなく、実質・担い手を重視する姿勢がみられます。

（10）北海道の地域振興政策、鉄道交通から

　北海道の鉄道交通は、まず、炭鉱から積み出し港まで開通しました。幌内炭鉱～岩見沢～札幌～小樽港（函館本線に）、夕張炭鉱～苫小牧～室蘭港（室蘭本線に）、深川～留萌港（留萌本線に）と、炭鉱が鉄道発展につながりました。

　現在の札幌からの特急〔行き先と名称〕は、稚内〔宗谷〕・網走〔オホーツク〕・釧路〔おおぞら〕・帯広〔とかち〕・東室蘭〔すずらん〕・函館〔北斗〕と各方面へ向かっていますが、東室蘭・函館へは千歳線経由、釧路・帯広へは石勝線経由と、本線と支線の地位が逆転しており、鉄道路線体系の大きな変化が読み取れます。また、北海道新幹線の函館北斗駅まで開通により、再び函館からが注目されます。

（11）北海道の地域振興政策、航空交通から

　千歳空港は1951年（昭和26年）開港・同年東京線開設、丘珠空港は1956年（昭和26年）開港・1965年（昭和40年）東京線開設（のち休止）、中

標津空港は 1959 年（昭和 34 年）開港・1990 年（平成 2 年）東京線開設、稚内空港は 1960 年（昭和 35 年）開港・1987 年（昭和 62 年）東京線開設、函館空港は 1961 年（昭和 36 年）開港・同年東京線開設、釧路空港は 1961 年（昭和 36 年）開港・1967 年（昭和 42 年）東京線開設、女満別空港は 1963 年（昭和 38 年）開港・1980 年（昭和 55 年）東京線開設、帯広空港は 1964 年（昭和 39 年）開港・1965 年（昭和 40 年）東京線開設、旭川空港は 1966 年（昭和 41 年）開港・1969 年（昭和 44 年）東京線開設、紋別空港は 1966 年（昭和 41 年）開港・2000 年（平成 12 年）東京線開設されました。

空港開港は 1950～60 年代と早く（離島空港は除く）、東京線開設は 1950～60 年代と 1980 年以降に二分されます。

（12）北海道の地域振興政策の問題点

交通問題では、北海道は東京・大阪から遠く、道内交通も不便で、航空交通の発達が必要となります。道内交通も、航空・鉄道・バス交通とも必要ではありますが、採算が取れない問題があります。

気候問題では、冬季の低温と積雪が大きく影響し、居住・産業の制約になることから居住地域や立地産業が限られます。夏季や冬季など、短期間で採算が取れる産業を育成する必要があります。

基幹産業では、かつては石炭産出の鉱業が基幹産業で、現代では、農業と観光が基幹産業になっています。そこから、キャッチフレーズとして、「炭鉱（たんこう）から観光（かんこう）へ」があります。

（13）北海道の地域振興政策　対策と対応

交通対策では、空港整備は勿論、大阪・名古屋等の東京以外への直行便路線開設、高速道路整備・各方面への直行高速バス路線開設が必要となります。ただし、JR 北海道の対策が遅れている点が、特に懸念されます。

気候問題では、積雪を利雪に（雪を活用した観光）、良質の雪質をアピール（本土との差異）する、季節が逆の南半球の国にアピールする、雪のない東南アジア方面観光客にアピールすることが行われています。

基幹産業では、衰退した産業遺構を遺産として活用する、特に、鉱業

などの産業遺産の保存と活用が求められます。
　以上は、当然、十分な検討と、実践が必要となるでしょう。

(14) 北海道の観光による地域振興政策と事例
　道北宗谷地方の歌登（枝幸町）では、うたのぼりグリーンパークホテルが有名となっています。すなわち、寒い・何もないという状況から、寒さを利用・なんでもあり（北海道にこだわらず、外国人が求める日本文化を提供）、外国人に人気の日本文化紹介・体験で、タイ人に特に人気となっています。
　道南後志地方のニセコでは、オーストラリア人に人気のパウダースノーのスキー場があって、多くの外国人観光客が来訪、現地ではオーストラリア人を採用、人口増加に転じています。
　札幌に近い小樽では、町が急速に衰退し、廃墟が多数出現しました。小樽運河の埋め立て計画が出た際に見直したことを契機に、小樽運河に遊歩道を設置して観光客が増加、倉庫など廃墟の建物の再活用も観光資源となっています。ただし、札幌からの日帰り観光客がほとんどで、小樽での宿泊が少ないのが問題点です。

(15) 東北の地域振興政策の問題点
　格差問題としては、新幹線開通地域と未開通地域、太平洋側と日本海側、北東北と南東北の格差があります。
　新幹線格差としては、フル規格とミニ規格、開通地域と未開通地域で、フル規格の東北新幹線（福島・宮城・岩手・青森）とミニ規格の山形新幹線（山形）・秋田新幹線（秋田）、未開通の会津・いわき・酒田・横手・大館・弘前などの格差問題があります。
　気候格差としては、積雪地域（日本海側）と非積雪地域（太平洋側）で、特に北東北で日本海側の秋田県が、早期に人口減少、人口減少率は全国最高率であることから、早期に強力な地域振興政策が必要でした。

(16) 東北の地域振興政策、対策と対応
　交通対策としては、東北新幹線は高速ながら雪に強いのが特色で、そ

の結果、東北新幹線駅周辺は便利ですが、それ以外は積雪で不便となることから、対策が必要です。

自然災害としては、日本海・太平洋側とも過去に地震・津波が発生しており、九州とともに自然災害リスクが高い地域です。

基幹産業としては、フル規格新幹線沿線の製造業が活発である以外は、林業・鉱業は衰退、観光は他の地域と比べると、盛んとは言い難い状況です。背景として、東京は東北出身者が多いため、観光地のイメージが少なく、比較的観光化が遅れたといえます。北海道より歴史があり、ドラマや文学作品の地でもあるところから、遺産活用や早期の独自観光対策に、活路を見出したいところです。

(17) 東北の観光による地域振興と事例

岩手県久慈は、連ドラ「あまちゃん」で人気となり、三陸鉄道も有名となりました。岩手県遠野は、民話のふるさとして知られています。民話、特に河童伝説、「遠野物語」の舞台として知られています。岩手県花巻は、宮沢賢治ゆかりの地、作品の舞台で、記念館を開設してファンを集めています。山形県銀山温泉は、大正時代建築の木造旅館が「おしん」に登場し、人気の温泉地です。福島県浜通りのいわきは、常磐炭鉱の鉱業都市でありましたが、炭鉱が閉山して観光へと方向転換、スパリゾート・ハワイアンズが開設され、フラガールの町になりました。福島県会津の喜多方は、水力発電を利用したアルミニウム工業都市でありましたが、アルミニウム工場が閉鎖となり、蔵とラーメンを街の観光に生かして、観光地となりました。福島県南会津の大内宿（下郷町）は、江戸時代に街道宿場町として栄えましたが、鉄道が来なかったため、旧街道が衰退、しかしその結果、古い街並みが残ることとなり、それを活用することによって人気が出ました。

(18) 関東・中部の地域振興政策の問題点

実感問題として、基本的に、地域振興政策の必要性を実感しているかという状況があります。特に、北関東と南関東、北陸・甲信越・東海の格差が考えられます。観光格差として、大都市に近いため、観光振興の取り

組みに格差があります。すなわち、観光振興の必要性を実感しているかということになります。

　気候格差として、中部は北陸・甲信越・東海の地域差異が大きい。気候の影響を受けて、関東・中部でも、過疎地域は出現しており、早期の地域振興政策、特に観光振興が必要でありました。鉄道資本による観光開発事例はありますが、地元の独自性がある観光振興は比較的少なく、今後に期待されます。

(19) 関東・中部の地域振興政策　対策と対応

　鉄道による観光振興の事例として、以下があります。

　京成電鉄は成田とTDL、京浜急行は三浦半島、東武鉄道は日光・鬼怒川、秩父鉄道は長瀞・三峰山、西武鉄道は狭山丘陵・秩父、京王帝都は高尾山、小田急電鉄は箱根・江ノ島、関東鉄道は筑波山、小湊鉄道は養老渓谷、銚子電鉄は犬吠埼、伊豆箱根鉄道（西武系）は中・西伊豆・箱根、伊豆急（東急系）は東伊豆、富士急は富士山麓、名鉄は犬山・知多半島、大井川鉄道は大井川流域、長野電鉄は志賀高原、松本電鉄は上高地、富山地方鉄道は立山・黒部の観光地開発を行いました。

(20) 関東・中部の観光による地域振興と事例

　神奈川県鎌倉は鎌倉幕府の歴史都市、古刹、土産に恵まれ、埼玉県行田は忍城で、映画「のぼうの城」で有名となり、埼玉県川越は小江戸として、街並みと情緒で人気があります。群馬県伊香保は戦国時代に計画的な階段状の温泉町が形成され、群馬県草津は豊富な湯量があり、かつて周辺に硫黄鉱山が立地しました。

　新潟県糸魚川はフォッサマグナ（大地溝帯）通過地として知られ、山梨県富士吉田は富士山観光の拠点で吉田のうどんが有名であり、静岡県熱川にはバナナ・ワニ園があります。岐阜県白川郷・富山県五箇山は合掌造りの家屋があり、富山県八尾町は越中八尾おわら風の盆で、岐阜県郡上八幡は郡上踊りと食品サンプルで知られる城下町、長野県阿智村は日本一星空が美しいとの評判です。長野県小布施は北斎ゆかりの地で、北斎館がある

とともに栗菓子なども有名です。

(21) 中国・四国・九州の地域振興政策の問題点
　まとまり問題として、中国・四国・九州が地域振興政策、特に観光政策でまとまっているかと指摘されることがあります。やはり、歴史があり、独自性が強い側面があります。観光格差では、観光振興に早くに取り組んだ地域と、他の地域との格差が大きいといえるでしょう。
　気候格差として、山陰・瀬戸内海・太平洋側などの地域差異が大きい。高度経済成長期（1960年代）に、中国・四国・九州地方で、急速に過疎地域が出現しており、早期の地域振興政策、特に観光振興が必要でありました。近年では、JR九州の観光列車の取り組みが有名です。

(22) 近畿・中国・四国・九州の地域振興政策　対策と対応
　鉄道・交通資本による観光振興の事例として、以下があります。
　近鉄は伊勢志摩・吉野山、南海は高野山、阪急は箕面・有馬・宝塚・丹後（京都府）・鳴門、京阪は琵琶湖、下津井電鉄は鷲羽山、広島電鉄は宮島、伊予鉄道は道後や四国八十八か所、琴電は琴平、一畑電鉄は一畑薬師・出雲大社、関西汽船は別府、瀬戸内海汽船は瀬戸内海、九州商船は五島・種子島・屋久島、西鉄は太宰府天満宮、宮崎交通は日南海岸、宇部市交通局・船木鉄道バスは産業観光、九州産交は別府～阿蘇～熊本（やまなみハイウェー）の観光開発を行いました。

(23) 近畿・中国・四国・九州の観光による地域振興の事例
　近畿地方では、三重県答志島において島の旅社による島内散策と海女小屋体験が行われ、中国地方では、広島県呉において大和ミュージアムと鉄のくじら館が新たな観光施設となっています。山口県宇部市と美祢市は、石灰鉱山や炭鉱跡などを活用した産業観光を推進しています。
　四国地方では、徳島県脇町がうだつのあがる町並みで知られ、愛媛県松山道後は温泉とともに、「ぼっちゃん」・「坂の上の雲」ゆかりの地を活用、高知県土佐山田にはアンパンマンミュージアムがあり、高知県大月町

の柏島には黒潮実感センターがあり、ダイビングなど黒潮が実感できます。

　九州地方では、福岡県飯塚が連ドラ「花子とアン」で有名となった伊藤伝右衛門邸があり、大分県豊後高田は昭和の町並みが残るのを活用しています。大分県由布院は街並みの景観保全で知られ、熊本県黒川温泉は共通景観創出と入浴手形で人気となり、長崎県島原は火山・温泉・火砕流が観光資源となっています。沖縄では、小浜島・久米島・慶良間諸島が海洋リゾートとして有名となりました。

「まとめ」：
　北海道の地域振興の問題点は何か。
　東北の地域振興の問題点は何か。
　中国・四国・九州の地域振興の問題点は何か。
「考察」：
　北海道の地域振興の対策と対応には何があるか
　東北の地域振興の対策と対応には何があるか。
　離島振興政策の成功要因は何か。

写真7　三陸鉄道久慈駅（岩手県久慈市）

表14：日本のおもな観光による地域振興事例20選

地図中の位置	所在道府県市町村	内容
1	北海道枝幸町歌登	うたのぼりグリーンパークホテル
2	北海道ニセコ町	ニセコスキー場
3	北海道小樽市	小樽運河
4	岩手県久慈市	連ドラ「あまちゃん」・三陸鉄道
5	岩手県花巻市	宮沢賢治ゆかりの地
6	山形県尾花沢市	銀山温泉
7	福島県いわき市	スパリゾート・ハワイアンズ
8	福島県喜多方市	蔵とラーメンの街
9	福島県下郷町	大内宿
10	静岡県東伊豆町	熱川バナナ・ワニ園
11	長野県小布施町	北斎館・栗菓子
12	長野県阿智村	日本一星空が美しい
13	三重県鳥羽市	答志島・島の旅社
14	広島県呉市	大和ミュージアムと鉄のくじら館
15	山口県宇部・美祢市	産業観光
16	徳島県美馬市脇町	うだつのあがる町並み
17	高知県大月町	黒潮実感センター
18	大分県豊後高田市	昭和の町並み
19	大分県由布市	街並みの景観保全
20	熊本県小国町	黒川温泉

【5】地域振興政策と観光 その2

分布図14：日本のおもな観光による地域振興事例20選

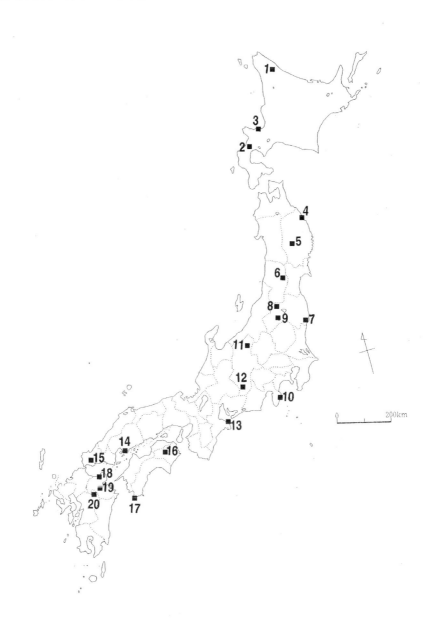

地形図21：2万5千分の1地形図「磐城泉」昭和46年測量
　　　　常磐ハワイアンセンター描図・2万5千分の1地形図最初の図

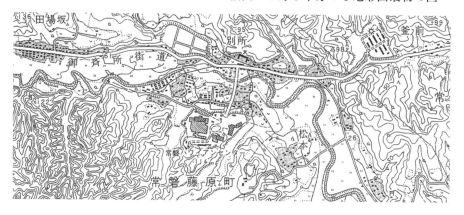

地形図22：5万分の1地形図「宇佐」昭和26年応急修正
　　　　豊後高田・宇佐参宮線　描図

【5】地域振興政策と観光 その2

写真8　伊佐石灰鉱山（山口県美祢市）

写真9　黒潮実感センター（高知県大月町）

表15:北海道の空港と道内航空路線20選

地図中の位置	空港・道内航空路線	おもな就航航空企業
1	礼文空港	現在、定期航空路無
2	利尻空港	日本航空
3	稚内空港	全日本空輸
4	旭川空港	日本航空・AIR Do
5	紋別空港	全日本空輸
6	女満別空港	日本航空・全日本空輸など
7	中標津空港	全日本空輸
8	釧路空港	日本航空・全日本空輸など
9	帯広空港	日本航空・AIR Do
10	新千歳空港	日本航空・全日本空輸など
11	丘珠空港	日本航空
12	函館空港	全日本空輸・日本航空など
13	奥尻空港	日本航空
14	新千歳・丘珠〜利尻線	日本航空・全日本空輸
15	新千歳〜稚内線	全日本空輸
16	新千歳〜女満別線	日本航空・全日本空輸
17	新千歳〜中標津線	全日本空輸
18	新千歳・丘珠〜釧路線	全日本空輸・日本航空
19	新千歳・丘珠〜函館線	全日本空輸・日本航空
20	函館〜奥尻線	日本航空

分布図15：北海道の空港と道内航空路線20選

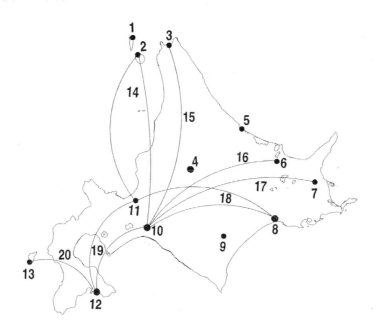

写真10　丘珠空港（北海道札幌市）

【6】鉄道資本と観光地域

(1) 日本における鉄道の発達と観光①

　明治新政府は、財政難から、幹線は官鉄、他は私鉄で建設とするとの方針を決定、東海道線（1889年・明治22年全通）は官鉄、北海道・東北・山陽・九州地方の鉄道は私鉄で建設されました。

　私鉄の日本鉄道は、上野から青森への東北本線を開通（1891年・明治24年全通）させましたが、その資金源は、当時の華族・士族の出資でした。秩禄処分などで定期収入が途絶え、新たな収入源の必要性からの投資でもあったのです。観光地への路線である日光線（1890年・明治23年開通）も開設、大成功となりました。その結果、日本各地で、鉄道投資・開設ブームが起き、庶民の小口投資を含む、一大投資ブームが到来です。

　しかし、日清（1894年・明治27年開戦）・日露（1904年・明治37年開戦）戦争により、軍事上、一貫輸送が必要であることとなり、全国の主要路線の国有化を実施するため、鉄道国有法（1906年・明治39年）が発布・施行されました。

(2) 日本における鉄道の発達と観光②

　鉄道国有化後の私鉄は、以下のような扱いとなりました。

　「官鉄と接続する路線」は、「地方鉄道法」で開設、すなわち、主要路線ではない国有化されなかった路線や、国有化後に開通の鉄道路線は官鉄と接続が義務づけられ、官鉄駅で分岐、多くは軌間1067mmの蒸気鉄道でした。

　「官鉄と競合しない路線」は、「軌道法」で開設、すなわち、「軌道」は「鉄道」ではない、競合しないとの理屈で、官鉄との並行路線が「軌道」で開通することになりました。「軌道法」路線は、路面電車が基本で、路面区間や道路沿いの曲線に線路が敷設され、官鉄駅隣接の「接続」はなく（義務とはならず）、都市間の多くは軌間1435mmの電気軌道でした。

　今日、私鉄で軌間が異なるのは、このことが主要な理由です。ただし、その後の開通の場合は、接続・延伸の影響などがあります。

(3) 日本における鉄道の発達と観光③

軌道法で開設された「鉄道」の例としては、以下があります。

関西では、阪神・京阪・兵庫電軌（山陽）・大軌（近鉄）・箕面有馬電軌と阪神急行（阪急）があり、それぞれ、官鉄の東海道本線・山陽本線・関西本線・福知山線との並行路線です。

関東では、京浜・京王・京成があり、それぞれ、官鉄の東海道本線・中央線・総武線との並行路線です。

「競合しない」条件から、「大阪」と「梅田」というように、近接しても異なる駅名となり、かつては、官鉄線乗り換えの案内放送はありませんでした。

(4) 日本における鉄道の発達と観光④

「軌道法路線」は、路面区間があり、また道路並行の曲線区間ができるため、速度が遅く、単行（一両）中心で、輸送量が少ないこととなりました。そのため、開通後、専用軌道化・直線化（短絡線開設）を行い、両数増加によって、「軌道」の「鉄道」化が進みました。

「地方鉄道法路線」は、主要路線でない「枝葉」路線で、輸送量が少ないことから、採算が取れないこととなりました。そのため、官鉄の並行路線（競合路線）開設へと動き、官鉄並行、直線状の電気鉄道が昭和初期に認可されることとなりました。新京阪（阪急京都線）・参宮急行（近鉄大阪線）・奈良電（近鉄京都線）・関西急行（近鉄名古屋線）・愛知電（名鉄本線）・小田急・東武日光線などがその例です。

(5) 日本における鉄道の発達と観光⑤

鉄道の開通に伴って、従来の海上輸送や街道輸送から鉄道輸送に転換がすすみ、鉄道は大量・高速輸送（当時の水準で）を実施し、交通の中心になりました。当初、大都市内は旅客輸送が中心、都市～地方間は貨物輸送が中心でしたが、一定の収益はあるものの、発展性は乏しい状況でした。

そこで、旅客の獲得として、都市内環境の悪化と郊外住宅化、学校の郊外移転により、大都市と郊外との通勤通学輸送体制を整えました。しかしながら、通勤通学は定期運賃割引を実施することとなり、混雑時に合わ

せた投資に対して収益は比較的低く、混雑も朝夕のみとなります。そこから、昼間の旅客輸送と正規料金・特別料金徴収の観光輸送に着目し、収益向上のために、観光列車の運行と観光開発へ向かうこととなりました。

(6) 観光鉄道：寺社参詣鉄道

寺社参詣を目的とした鉄道として、以下の路線が開通しました。

短距離路線では、京急大師線（川崎大師）空港線（穴守稲荷）、京成金町線（帝釈天）、東武大師線（西新井大師）、名鉄豊川線（豊川稲荷）谷汲線（廃止・谷汲山）、近江鉄道多賀線（多賀神社）、一畑電鉄（一畑薬師・出雲大社）、広島電鉄（宮島）、西鉄大宰府線（天満宮）宮地嶽線（一部廃止・宮地嶽神社）、叡山電鉄（鞍馬寺）、京福永平寺線（廃止・永平寺）、JR土讃線・琴電、琴参・琴急（廃止・金毘羅宮）などです。

長距離路線としては、東武日光線（日光東照宮）、京成本線（成田山）、近鉄大阪・山田線・伊勢電（伊勢神宮）、南海高野線（高野山）などです。

(7) 観光鉄道：温泉鉄道

温泉への旅客輸送を目的とした鉄道として、以下の路線が開通しました。

短距離路線では、弘前電鉄（大鰐）、福島交通（飯坂）、伊豆箱根鉄道（修善寺）、上田交通（別所）、長野電鉄（湯田中）、えちぜん鉄道（芦原）、富山地鉄（宇奈月）、近鉄湯の山線（湯の山）、神戸電鉄（有馬）、伊予鉄道（道後）、定山渓鉄道（廃止・定山渓）、花巻電鉄（廃止・花巻・鉛）、庄内交通（廃止・湯野浜）、東武伊香保線（廃止・伊香保）、草軽電鉄（廃止・草津）、北陸鉄道（廃止・山代・山中）などです。

長距離路線では、小田急本線・箱根登山鉄道（箱根）、東武日光・鬼怒川線（鬼怒川）などです。

(8) 阪急電鉄で考える鉄道と観光

阪急電鉄創始者小林一三（山梨県・慶応義塾出身）は、阪鶴鉄道の監査役に就任しましたが、阪鶴鉄道は国有化されました。そこで、国有化後の福知山線（旧・阪鶴鉄道）の並行路線である箕面有馬電軌（現・阪急宝塚線・箕

面線)を開設しました。しかし、他の軌道線と異なり、都市内や都市間路線ではなく、温泉地有馬までも開通できず、やむなく旅客を「創造」することが迫られました。

そこでまず、郊外住宅地を開発分譲し、通勤客を生みだすこととしましたが、朝夕一方向のみの旅客でした。ついで、朝夕反対方向への通学客を生みだすために学校を誘致(関西学院大学など)、また昼間の客を生み出すために、有馬温泉の代わりに、宝塚に宝塚新温泉で温水プールを開設、さらに三越少年音楽隊をヒントに宝塚少女歌劇団を創設しました。このように、阪急と宝塚はすばやい転換から生まれたもので、すぐの対応が成功のもとの典型例であります。

(9) 東武鉄道による日光鬼怒川観光開発①

1927年(昭和2年)に東武鉄道は下野電気鐵道(現・東武鬼怒川線)を傘下におさめ、東武鉄道は鬼怒川・川治温泉の開発に着手、大滝駅を鬼怒川温泉駅に改称、大正期までわずかな宿だけの下瀧温泉を鬼怒川温泉と改称しました。1929年(昭和4年)に東武日光線が全通、下今市駅で下野電気鐵道と接続しました。

1931年(昭和6年)に東武鉄道の電車が下野電気鐵道に乗り入れ開始、東武鉄道は鬼怒川温泉で鬼怒川温泉ホテル建設するとともに、旅館用地を分譲、鬼怒川渓流沿いに多くのホテル・旅館が開設され、土産物屋・遊技場もある温泉街が誕生、1935年(昭和10年)に東武浅草駅から鬼怒川温泉駅まで直通特急の運転が開始されました。

(10) 東武鉄道による日光鬼怒川観光開発②

1943年(昭和18年)に下野電気鐵道は買収により、東武鉄道の鬼怒川線となり、1951年(昭和26年)に流線形特急電車5700系が就役、1956年(昭和31年)に軽量高性能特急電車1700系が登場、1960年(昭和35年)にデラックスロマンスカー1720系が登場、1964年(昭和39年)に鬼怒川温泉駅が移転、現・鬼怒川温泉駅の駅前に新興旅館街が発達、高度経済成長期、東京からの一泊の団体旅行の定番に発展しました。

1984年（昭和59年）に「ウェスタン村」誕生（鬼怒川ファミリー牧場から）、1986年（昭和61年）に「日光江戸村」が開園、1990年（平成2年）に特急スペーシアが登場、1993年（平成5年）に「東武ワールドスクエア」が開園、2006年（平成18年）に日光・鬼怒川へJR直通特急が運転開始と、観光施設の充実と特急の快適性・利便性が向上、2017年（平成29年）に東武鬼怒川線東武ワールドスクエア前駅が開業、SL列車も運転開始となりました。

(11) 西武鉄道による狭山丘陵・秩父観光開発①
　狭山丘陵（東京・埼玉）は、都心から手軽で人気の観光地であり、昭和初期、下記の三つの鉄道が開通し、熾烈な競争が行われました。
　1929年（昭和4年）武蔵野鉄道村山公園駅開業（現・西武鉄道狭山線西武球場前駅）、1930年（昭和5年）西武鉄道村山貯水池駅開業（現・西武鉄道西武園線西武園駅）、1936年（昭和11年）多摩湖鉄道村山貯水池駅開業（現・西武鉄道多摩湖線西武遊園地駅）で、戦後、西武鉄道が狭山丘陵を観光開発、ユネスコ村・西武園ゆうえんち・西武園競輪場・西武球場など、多様な観光施設が開設されました。

(12) 西武鉄道による狭山丘陵・秩父観光開発②
　秩父（埼玉県）は山間部の景勝地、石灰石の産地で、高崎線熊谷駅から秩父鉄道が開通していました。
　1969年（昭和44年）に西武鉄道が吾野から秩父までの秩父線を開通させ、特急レッドアロー号の運転が開始されました。時は1960年代高度経済期から1970年代安定成長期に変わる時期で、同年、三菱セメント（現・三菱マテリアル）横瀬工場開設、秩父線は秩父の観光開発目的とともに、セメント輸送とセメント工場関係者輸送も重要でした。1996年（平成8年）3月末にセメント等の貨物輸送は廃止、大きな需要を失い、比較的新しい路線にもかかわらず、秩父線は存続が論議されることもありました。

(13) 西武と東急による伊豆・箱根観光開発
　1919年（大正8年）に箱根登山鉄道が強羅駅まで開業、1924年（大正13

年）に駿豆鉄道（現・伊豆箱根鉄道）が修善寺駅まで開業、1961年（昭和36年）に伊豆急行が下田駅まで開業しました。なお、小田急が1927年（昭和2年）に小田原まで開通、1950年（昭和25年）に箱根登山鉄道の箱根湯本まで乗り入れています。

　伊豆では西武グループの伊豆箱根鉄道と東急グループの伊豆急行、箱根では西武グループの伊豆箱根鉄道と東急グループ（当時・現在は小田急グループ）の箱根登山鉄道といったように、伊豆・箱根で西武と東急が開発を行い、両者は競合することとなり、バス・船などの交通ネットワークも、別々で構築されました。2003年（平成15年）になって、箱根で小田急グループ（箱根登山鉄道）と西武グループが業務を提携しました。

（14）名古屋鉄道による犬山観光開発

　1949年（昭和24年）に名鉄犬山橋駅が犬山遊園駅に改称、犬山遊園は犬山ホテル彩雲閣前にあった公園でした。1960年（昭和35年）に犬山ラインパークが開園、1962年（昭和37年）に犬山ラインパークに至るモノレール線が開業、1965年（昭和40年）に野外博物館明治村が開園、1980年（昭和55年）に犬山ラインパークは日本モンキーパークに改称、1983年（昭和58年）に野外博物館リトルワールドが開園と、観光開発が行われました。

　2008年（平成20年）にモノレール線は廃止、2014年（平成26年）に日本モンキーパークを動物園と遊園地に分離、入園料を別々にすることとしました。

（15）近畿日本鉄道による伊勢志摩観光開発

　1931年（昭和6年）に参宮急行（現・近鉄）が宇治山田駅まで開通（現・近鉄宇治山田駅）、1959年（昭和34年）に名古屋線を改軌して山田線直通となり、1961年（昭和36年）に宇治山田駅ホームで、特急列車と賢島行き特急バスと接続運行（ホーム上に転車台）、1962年（昭和37年）に修学旅行用あおぞら号が登場、1970年（昭和45年）に近鉄鳥羽線が開通して志摩線を経由し、賢島まで直通となり、特急列車が運転開始となりました。

　1993年（平成5年）に伊勢戦国時代村が開園、1994年（平成6年）に志摩

スペイン村が開園、2013年（平成25年）に特急しまかぜが登場しました。

（16）中小鉄道と観光①

　北近畿タンゴ鉄道は、1988年（昭和63年）に宮福鉄道として宮津〜福知山が開業、1989年（平成元年）にJR宮津線を継承して北近畿タンゴ鉄道に改称、1991年（平成3年）に舞鶴自動車道が舞鶴西まで開通して大きな影響を受けました。1996年（平成8年）にようやく天橋立駅まで電化を行い、JR電車特急の乗り入れができるようになりました。しかし、経営難が継続、2015年（平成27年）に高速バス事業のWILLERの子会社に鉄道運行事業を移譲して、京都丹後鉄道となりました。

　北近畿タンゴ鉄道（現・京都丹後鉄道）の鉄道と観光の問題点は、①鉄道発足後、すぐに高速道路が開通、②特急電車化や観光列車運行などの対策の遅れ、③地域の一部の宿泊施設が直行バスを運行、④伝統的観光資源依存、一部の宿泊施設の対応遅れなどがあります。

　近畿地方の鉄道では、和歌山県の和歌山電鐵が猫のたま駅長で有名であるとともに、いちご電車・おもちゃ電車・たま電車・梅干し電車など多彩な電車が走り、人気です。

（17）中小鉄道と観光②

　江ノ電・小湊鉄道・いすみ鉄道と観光については、以下のようにテレビ登場やCM登場の影響が大きい。

　江ノ島電鉄は、1902年（明治35年）藤沢〜鎌倉間開通、昭和40年代には廃止も検討されましたが、昭和50年代にテレビに頻繁に登場、一躍有名になりました。なお江の島へは、小田急江ノ島線が1929年（昭和4年）に開通しました。小湊鉄道は、1928年（昭和5年）五井〜上総中野間開通、合理化が徹底され、施設・車両は古いのですが、CMによく登場、沿線に養老渓谷などの景勝地があり、バス事業が収益に貢献しています。いすみ鉄道は、1988年（昭和63年）JR木原線を継承、2009年（平成21年）公募で鳥塚氏が社長になり、2013年（平成25年）国鉄急行型車両を導入、様々なアイデアでテレビに登場、有名になりました。

(18) 中小鉄道と観光③

　富士急行は、1926年（昭和元年）に富士山麓電気鉄道として設立、1929年（昭和4年）に富士電気軌道を譲り受けて大月〜富士吉田間の営業開始、1950年（昭和25年）に河口湖まで延伸、1969年（昭和44年）富士急ハイランドグランドオープン、富士急ハイランドは1990年代から積極的に絶叫マシンを導入、2002年（平成14年）に「フジサン特急」運転開始、2011年（平成23年）に富士吉田駅を富士山駅に改称、一貫して、富士山麓における観光開発と観光客輸送に取り組んでいます。

　大井川鉄道は、1959年（昭和34年）井川線開業（ダム建設鉄道転換）、1976年（昭和51年）蒸気機関車（SL）動態保存・運転、1990年（平成2年）井川線にアプト式区間が開設され、人工湖の湖上の秘境駅誕生、2013年（平成25年）高速バスの規制から東京からの日帰り客が激減、赤字で運転本数削減、2014年（平成26年）蒸気機関車トーマス号運転開始、2015年（平成27年）株式譲渡により名鉄グループから離脱しました。

　大井川鉄道の特色は、①典型的観光鉄道で、収益の約9割がSL急行の観光客利用である、②SL急行以外は、旧・近鉄特急、南海急行、東急通勤車両を使用する、③トーマス号を運行、近年はトーマス号人気で、SL急行、アプト式や湖上の秘境駅など、観光鉄道として工夫を行っている典型例です。

(19) 中小鉄道と観光④

　長野電鉄・アルピコ交通・富山地鉄では、以下のように、車両や連携輸送の取り組みを行っています。

　長野電鉄は、選択と集中の典型例で、木島線・屋代線と路線距離で半分以上を廃止し、湯田中線のみに集中させ、旧・小田急の展望ロマンスカーやJR成田エクスプレス車両を特急に導入して人気となっています。

　アルピコ交通（松本電鉄）は、バスとの連携輸送を実施して鉄道を存続、終着駅新島々駅から上高地・白骨温泉へバスを運行しています。

　富山地方鉄道は、富山地方の鉄道を統合し、特急運転や他社線連携などの、観光輸送のネットワークを形成、車両は、旧・京阪特急や旧・西武

特急車両を導入しました。富山～宇奈月温泉直通、宇奈月で黒部峡谷鉄道連絡、富山～立山、立山から長野県大町へのアルペンルートと、観光連携輸送を行っています。

(20) 中小鉄道と観光⑤
　広島電鉄・一畑電鉄・伊予鉄道は、以下のように観光輸送に取り組んでいます。
　広島電鉄は、広島市内線で路面電車優先の運行、広島駅から路面電車の市内線を経由して鉄道線の宮島口まで直通電車を運行、利便性向上で通勤通学・観光客に好評です。
　一畑電鉄は、一時期、存亡の危機に陥りました。旧・京王や南海の車両導入による体質改善、駅舎の改善、出雲大社への路線をアピールといったように、外部の専門家の意見を取り入れて、危機から復活しました。
　伊予鉄道は、松山市内線の路面電車区間に特別料金の「ぼっちゃん列車」を導入、観光客に人気となっています。

(21) 大手鉄道資本の観光関連事業①
　大手鉄道資本の交通事業関連については、以下の事業があります。
　鉄道事業では、自社線以外に、接続線や同一地方路線、観光地路線のグループ化で連携輸送を行っています。
　バス事業では、鉄道接続バス路線、高速バス事業にも参入しています。
　航空事業では、日本航空に経営統合される前、東急と近鉄が東亜国内航空・日本エアシステムの大株主でありました。
　船舶事業では、観光地での遊覧船事業があり、名鉄が河和～篠島・日間賀島航路を運航、富士急行が熱海～初島航路を運航、かつて、阪急内海汽船が徳島・鳴門航路を運航していました。
　現在は、撤退や分社化が進行、第3セクター化もあります。

(22) 大手鉄道資本の観光関連事業②
　旅行業では、大手3社の内、JTBはJR東日本・JR東海、日本旅行は

JR 西日本と、JR 本州 3 社が大株主です。近畿日本ツーリストは近鉄グループで、他に鉄道系旅行社は、東武トップツアーズ、小田急トラベル、南海国際旅行、名鉄観光、阪急交通社等があり、再編・統廃合が進行しています。

宿泊業では、西武のプリンスホテル、東急の東急ホテルを代表として、都市型ホテル・ビジネスホテル、観光地でのリゾートホテルを多く経営していますが、再編・統廃合も進行しています。

観光施設業では、かつて多くの鉄道が遊園地を経営していましたが、廃園となった例もあり、テーマパーク事業にも参入しています。

全般的に、採算性を重視する傾向があり、関連事業からの撤退も多い。

(23) JR 九州の観光列車・高速船

1987 年（昭和 62 年）九州旅客鉄道（国鉄分割民営化）発足、1989 年（平成元年）「ゆふいんの森」「オランダ村特急」運転開始、1990 年（平成 2 年）高速船「ビートル」オランダ村就航、1992 年（平成 4 年）「ハウステンボス」運転開始、高速船「ビートル」もハウステンボスへ就航、「つばめ」（鹿児島本線特急）運転開始、1995 年（平成 7 年）「ソニック」（日豊本線特急）、1996 年（平成 8 年）「いさぶろう」「しんぺい」（肥薩線）、2000 年（平成 12 年）「かもめ」（長崎本線特急）、2009 年（平成 21 年）「海幸山幸」（日南線）、2011 年（平成 23 年）「A 列車で行こう」（三角線）・「指宿のたまて箱」（指宿枕崎線）、2013 年（平成 25 年）「ななつ星 in 九州」豪華列車運転開始と、積極的に観光列車を運転しています。

「まとめ」：
　鉄道国有化後、官鉄との関係から私鉄はどうなったか。
　寺社参詣鉄道には何があるか。
　大手鉄道資本の観光関連事業は何があるか。
「考察」：
　鉄道が観光開発を行う理由は何か。
　阪急電鉄が宝塚開発を行った理由は何か。
　大井川鉄道が典型的な観光鉄道である理由は何か。

表 16：日本のおもな私鉄と観光地 20 選

地図中の位置	鉄道	観光地
1	東武鉄道	日光鬼怒川
2	西武鉄道	狭山丘陵
3	秩父鉄道・西武鉄道	秩父
4	小湊鉄道・いすみ鉄道	房総半島上総
5	江ノ島電鉄・小田急電鉄	江の島
6	小田急電鉄・箱根登山鉄道	箱根
7	伊豆箱根鉄道	修善寺・箱根
8	伊豆急行	東伊豆
9	富士急行	富士山麓
10	大井川鉄道	大井川流域
11	長野電鉄	志賀高原
12	アルピコ交通	上高地・白骨温泉
13	富山地方鉄道	黒部・立山
14	名古屋鉄道	犬山
15	京都丹後鉄道	丹後
16	近畿日本鉄道	伊勢志摩
17	阪急電鉄	宝塚
18	一畑電鉄	松江温泉・出雲大社
19	広島電鉄	宮島
20	伊予鉄道	道後温泉

【6】鉄道資本と観光地域

分布図 16：日本のおもな私鉄と観光地 20 選

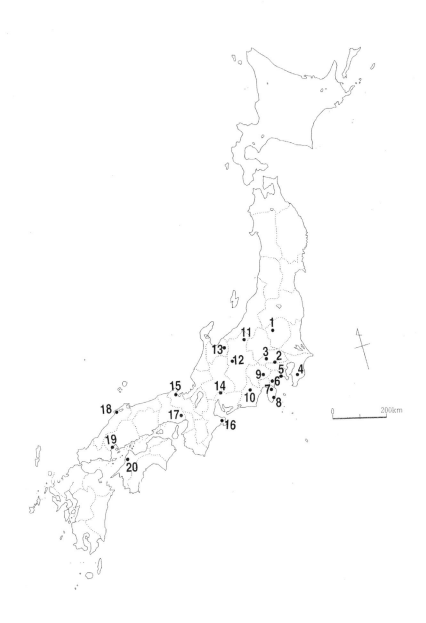

地形図23：5万分の1地形図「青梅」昭和34年部分修正
狭山丘陵・西武狭山・多摩湖・西武園線・オトギ電車　描図

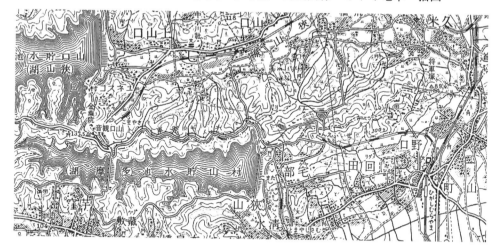

地形図24：2万5千分の1地形図「大社」昭和9年修正測図
出雲大社・一畑電気鉄道・国鉄（鉄道省）大社線　描図

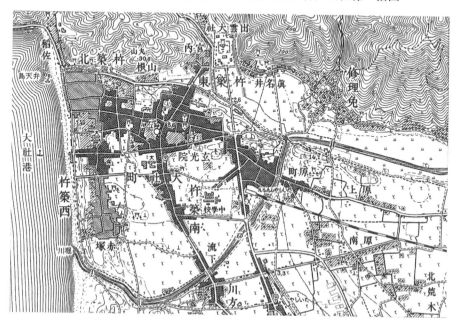

【7】船会社と観光地域

（1）戦前期における船会社と観光①　大阪商船

　明治期の鉄道開通前においては、海運が大きな輸送手段で、特に貨物輸送は海運が中心でした。明治期以降の鉄道開通後、船会社は鉄道未整備の港へと航路の重点を移動させ、また、旅客輸送を重視へと変化しました。

　1884年（明治17年）に大阪商船が発足（現・商船三井）、1901年（明治34年）に山陽鉄道が馬関（下関）まで開通、1912年（明治45年）に「紅丸」が大阪〜別府航路に就航、1921年（大正10年）に「紫丸」が大阪〜別府航路に就航、大阪〜別府間は2日間を要しましたが、一等は寝台付き、二等は絨毯敷き、三等は畳敷き、「船室にいながら瀬戸内海の風景が楽しめる」と大好評で、1924年（大正13年）には、二代目「紅丸」が就航、到着地の別府温泉も、おおいに賑わいました。

（2）戦前期における船会社と観光②　東京湾汽船

　1927年（昭和2年）に東京湾汽船（現・東海汽船）は、経営危機で「貨主客従」から「客主貨従」へと方向転換しました。1929年（昭和4年）に「菊丸」が東京〜伊豆大島〜下田間就航、1933年（昭和8年）に「葵丸」が就航、1934年（昭和9年）に伊豆大島旅客数は21万2千人と、戦後バブル期である1988年（昭和63年）の22万3千人に匹敵しました。1935年（昭和10年）に「橘丸」が就航、その旅客定員1,230人は画期的な大型船でありました。東京湾汽船は、三原山登山観光客自動車輸送を始め、大島観光ホテルを開業と、伊豆大島の観光化を推進しました。

　このように、明治・大正期は、わずかな三原山登山客のみだったのが、昭和初期に「観光島」へと大変貌、三原山登山に「ラクダ」も登場しました。

（3）戦前期における船会社と観光③　佐渡汽船

　1928年（昭和3年）に民謡「佐渡おけさ」が大ヒット、1931年（昭和6年）に上越線の開通（清水トンネル開通）で、新潟が東京と近くなりました。

　1932年（昭和7年）に佐渡汽船が誕生、佐渡航路就航3社が統合したも

ので、新潟県も出資の「半官半民」となり、経営方針に「観光佐渡」を掲げました。同年に初代「おけさ丸」が就航、画期的快速船で、戦後の所要時間とそん色がないスピードでありました。佐渡金山は、明治期から、有料で坑内見学を実施、昭和初期に「観光島」へと大変貌、1935 年（昭和 10 年）には川端康成が「雪国」を発表して、新潟観光に注目が集まりました。

（4）関西汽船の別府航路と瀬戸内海観光

1942 年（昭和 17 年）に関西汽船が設立（大阪商船より分離）され、1960 年（昭和 35 年）に「くれない丸」「むらさき丸」が就航、1962 年（昭和 37 年）に修学旅行専用船「わかば丸」が就航、1967 年（昭和 42 年）に「あいぼり丸」「こばると丸」が就航、1971 年（昭和 46 年）にフェリー「ゆふ」「まや」が就航、この時期が別府航路の最盛期でした。しかし、1975 年（昭和 50 年）に山陽新幹線が博多まで開通して、その影響を大きく受け、別府航路は衰退しました。

1980 年（昭和 55 年）に本格的フェリー化を進め、貨主客従に転換、1984 年（昭和 59 年）にフェリー「さんふらわあ」が就航、2009 年（平成 21 年）に商船三井は 100％子会社の「株式会社フェリーさんふらわあ」を設立、2011 年（平成 23 年）に「株式会社フェリーさんふらわあ」は子会社のダイヤモンドフェリーと関西汽船を吸収合併しました。

（5）瀬戸内海汽船と瀬戸内海観光

かつて、瀬戸内海航路の王者「関西汽船」、瀬戸内海航路の覇者「瀬戸内海汽船」と称されました。

1945 年（昭和 20 年）に瀬戸内海汽船設立、1962 年（昭和 37 年）に双胴船観光フェリー「シーパレス」が STS ライン（素敵な旅、瀬戸内海）就航、1964 年（昭和 39 年）に水中翼船が尾道〜今治航路就航、1969 年（昭和 44 年）に水中翼船が広島〜松山航路就航、1976 年（昭和 51 年）に STS ライン宮島〜広島〜大三島〜瀬戸田、双胴観光船「シーパレス」から水中翼船に変更、1986 年（昭和 61 年）に瀬戸内海高速クルーズ運航開始と、瀬戸内海観光に大きく貢献しました。

1999年（平成11年）しまなみ海道（西瀬戸自動車道）、さらに、2008年（平成20年）とびしま海道開通の影響を受けて、航路を大幅縮小し、現在は、広島～松山の高速船・フェリー航路を中心に運航しています。

（6）佐渡汽船と佐渡島（新潟県）観光

1967年（昭和42年）に佐渡航路初のカーフェリー「さど丸」が就航、1977年（昭和52年）に日本初・超高速船ジェットフォイル「おけさ」ボーイング社製が就航、1983年（昭和58年）に大型フェリー「こさど丸」が就航、1989年（平成元年）に超高速船ジェットフォイルが4隻体制になり、1993年（平成5年）に離島航路最大船「おけさ丸」が就航と、この時期、すなわちバブル期が、超高速船ジェットフォイル・フェリーともに、最多・最大の輸送体制になりました。

2003年（平成15年）にジェットフォイルが3隻体制に減船され、2015年（平成27年）に新型カーフェリー「あかね」オーストラリア製が就航しました。佐渡では人口減少・観光客減少にともない、旅客数が減少、しかし、新たな船を導入するという進取の気風は健在です。

（7）東海汽船と伊豆諸島（東京都）観光

1964年（昭和39年）に旅客船「さくら丸」が就航、1973年（昭和48年）に旅客船「さるびあ丸」が就航、この年が離島ブームで観光客数のピークでした。1972年（昭和47年）沖縄本土復帰、1975年（昭和50年）沖縄海洋博覧会開催、離島ブームが沖縄ブームへと変わりました。

1977年（昭和52年）に高速船「シーホーク」が熱海航路に就航、1981年（昭和56年）に高速船「シーガル」が熱海航路に就航、熱海からの高速化・快適化によって観光客誘致を目指しました。1986年（昭和61年）に伊豆大島三原山噴火により全島民が避難、バブル期でしたが、三原山火口登山禁止で観光客が減少しました。

1996年（平成8年）に伊豆大島三原山火口登山がようやく解禁となり、2002年（平成14年）に超高速船ジェットフォイルが3隻同時就航、東京から伊豆大島・利島・新島・式根島・神津島航路で、従来の在来船東京発夜

行便から超高速船昼行便が中心となり、特に、伊豆大島は、東京から日帰りが可能になりました。

なお、熱海港からは伊豆大島航路以外に、初島航路もあります。

(8) 種子屋久高速船と種子島・屋久島（鹿児島県）観光

1971 年（昭和 46 年）にフェリー「屋久島」が鹿児島～屋久島航路就航、1987 年（昭和 52 年）にフェリー「出島」が鹿児島～種子島航路就航、1989 年（平成元年）に超高速船ジェットフォイル「トッピー」が鹿児島～種子島・屋久島航路就航、離島では佐渡に次ぐ就航となりました。

1992 年（平成 4 年）にジェットフォイル 2 隻目が就航、1993 年（平成 5 年）に屋久島が世界遺産に登録、2004 年（平成 16 年）にジェットフォイル「ロケット」が就航、2009 年（平成 21 年）にジェットフォイル「トッピー」と「ロケット」が共同運航、2012 年（平成 24 年）に種子屋久高速船に航路が統合され、ジェットフォイルが 6 隻運航と国内最多就航航路となりました。ジェットフォイル利用で鹿児島から日帰りも可能であり、特に、屋久島観光に大きく貢献しています。

(9) 九州商船と五島（長崎県）観光

1990 年（平成 2 年）にジェットフォイル「ぺがさす」が下五島航路に就航、1993 年（平成 5 年）に高速船「しーぐれいす」が上五島航路に就航、1997 年（平成 9 年）にジェットフォイル 2 隻目が就航、1998 年（平成 10 年）に高速船「えれがんと 1 号」が就航、超高速船ジェットフォイルは長崎～福江～奈良尾～長崎の運航で、福江島と中通島の奈良尾に寄港します。奈良尾は中通島の南端で、中通島の他の場所からは不便な位置にあります。

中通島の中心地である有川や、宇久島・小値賀島へは佐世保からの通常型高速船で、乗り心地は悪い。長崎～中通島鯛之浦航路も通常型高速船で、長崎～中通島有川航路も通常型高速船です。このように、ジェットフォイル就航島・港と未就航島・港の格差が大きい。

【7】船会社と観光地域

(10) 九州郵船と壱岐島・対馬島（長崎県）観光

1972年（昭和47年）にフェリー「つしま」が就航、1975年（昭和50年）にフェリー「はかた」が就航、1991年（平成3年）にジェットフォイル「ヴィーナス」が就航、2000年（平成12年）にジェットフォイル2隻目が就航、壱岐島は、ジェットフォイル就航によって、福岡～壱岐の航空路が廃止となりました。対馬島は、ジェットフォイルが壱岐経由であることと、便数が少ないため、福岡～対馬の航空路と共存関係にあります。

なお壱岐島・対馬島ともに長崎県のため、長崎空港との航空路が一定の需要があります。また、対馬島は韓国から最も手ごろな海外観光地で、韓国の釜山から対馬島へ、高速船が就航しています。

(11) 隠岐汽船と隠岐諸島（島根県）観光

1972年（昭和47年）にフェリー「くにが」が就航、1984年（昭和59年）に高速船「マリンスター」が就航、1993年（平成5年）に高速船「レインボー」が就航、1995年（平成7年）にフェリー「しらしま」が就航、1998年（平成10年）に高速船「レインボー」2隻目が就航、1999年（平成11年）にフェリー「くにが」（2代目）が就航、2004年（平成16年）にフェリー「おき」（2代目）が就航、2014年（平成26年）に超高速船ジェットフォイルがようやく就航しました。

波の荒い日本海側にもかかわらず、超高速船ジェットフォイルの導入が遅れ、ジェットフォイル就航後も、1隻で隠岐の島後と島前を航行するため、利便性が低い。観光客が大幅に減少しており、盛り返しは大変です。

(12) 名鉄海上観光船と篠島・日間賀島（愛知県）観光

1937年（昭和12年）に愛知商船の全株式を名鉄が取得、1963年（昭和38年）に名鉄海上観光船に社名を変更、名古屋鉄道の100％子会社で、名鉄河和線終点河和駅から発着しています。河和～篠島・日間賀島～師崎・伊良湖の離島航路で、大手私鉄直接の子会社で定期航路運営は珍しい。

三河湾の篠島・日間賀島は、漁業の島です。かつて日帰りの「駆け足」による寺院巡りで知られていました。現在は、海の幸が堪能できると、宿

泊観光客が増加しました。特に、日間賀島はタコの島として有名で、地元産業の漁業を観光に活用した、観光離島の代表例です。航路が比較的便利で、都市からの観光客のニーズに対応して成功しました。

(13) ハートランドフェリーと利尻島・礼文島・奥尻島（北海道）観光

1937年（昭和12年）に稚内利礼運輸となり、1970年（昭和45年）にフェリー「第一宗谷丸」が就航、1972年（昭和47年）に東日本海フェリーとなり、1993年（平成5年）に北海道南西沖地震で奥尻島に津波が押し寄せました。

1999年（平成11年）に利尻空港ジェット化で新千歳空港直行便開設、2003年（平成15年）に利尻～新千歳直行便通年運航、2008年（平成20年）にハートランドフェリーとなり、2013年（平成25年）に旅客減少で利尻礼文航路は夏季減便となりました。

利尻島観光が航空便に移行し、礼文島が航空路廃止で観光客が減少、奥尻島が航空便1便に減便で航路が中心となりました。気象の影響で、観光は夏季に集中します。

(14) 羽幌沿海フェリーと天売島・焼尻島（北海道）観光

1935年（昭和10年）に苫前両島定期航路が設立され、1942年（昭和17年）に両島運輸に社名変更、1987年（昭和62年）に国鉄羽幌線が廃止、1989年（平成元年）にフェリー就航、1991年（平成3年）に高速船就航、1992年（平成4年）に羽幌沿海フェリーに社名変更となりました。

北海道離島の天売島・焼尻島は利尻島・礼文島とともに観光客に人気の離島でした。国鉄線の廃止もあって発着港の羽幌までの交通が不便となり観光客が減少、フェリー・高速船も就航しましたが、鉄道廃止後で対応が遅いこととなりました。日本海の厳しい海象から観光シーズンが夏に集中し、観光客は減少傾向にあります。

(15) 粟島汽船と粟島（新潟県）観光

1953年（昭和28年）に運航開始で粟島浦村村長が代表を務めます。1979年（昭和54年）に高速船「いわゆり」が就航、1983年（昭和58年）にフェ

リー「みゆき丸」が就航、1989年（平成元年）に高速船「あすか」が就航、1992年（平成4年）にフェリー「あわしま」が就航、2011年（平成23年）に双胴高速船「きらら」が就航しました。

　島の規模に対して、比較的大型の船が就航、波の荒い日本海側の気象を考慮しています。また、早期に高速船を導入、最新の双胴高速船「きらら」も好評です。対照的なのが、近くの飛島（山形県）で、就航船舶が比較的小型で欠航率が高く、人口減少率も高い。

（16）甑島商船と甑島諸島（鹿児島県）観光

　1977年（昭和52年）に甑島商船設立、九州商船の運航からの変更、1980年（昭和55年）に高速船「シーホーク」初代が就航、1987年（昭和62年）にフェリー「こしき」が就航、1990年（平成2年）に高速船「シーホーク」2代目が就航、2002年（平成14年）にフェリー「ニューこしき」が就航、2014年（平成26年）に高速船「甑島」が就航しました。

　高速船が比較的早くに就航しましたが、その後も従来型で単胴型の船型が継続しています。フェリー就航は比較的遅く、観光化は進まず、人口減少率が高く、観光客数も減少傾向です。本土側発着港の交通の便、甑島島内の道路事情など観光客増加に様々な克服すべき課題があります。

（17）マリックスラインと奄美群島（鹿児島県）・沖縄（沖縄県）観光

　1953年（昭和28年）に照国海運は鹿児島～奄美航路を開設、1959年（昭和34年）に照国郵船は鹿児島～奄美航路を継承、1972年（昭和47年）に豪華フェリー「クイーンコーラル」が就航、同年に鹿児島～奄美航路を那覇まで延長、1975年（昭和50年）に会社更生法による更生手続きとなり、1990年（平成2年）にマリックスラインに変更、更生は終結しました。

　沖縄本土復帰と、沖縄海洋博覧会での旅客増を期待、豪華フェリーを就航させましたが、旅客利用は伸びませんでした。その後、貨物主体のフェリーを導入、鹿児島～奄美～那覇航路で、マルエーフェリーと相互利用可能になり、マルエーフェリー同様、旅客は島民利用が比較的多い。

(18) マルエーフェリーと奄美群島（鹿児島県）観光

1953年（昭和28年）に大島運輸設立、1957年（昭和32年）に鹿児島〜奄美〜那覇航路開設、1963年（昭和38年）に東京〜奄美〜那覇航路開設、1972年（昭和47年）に神戸〜奄美〜那覇航路開設、2005年（平成17年）にマルエーフェリーに改称、2014年（平成26年）に東京〜志布志〜奄美大島〜那覇航路は貨物航路化、2017年（平成29年）に神戸〜奄美〜那覇航路も貨物航路化されました。

鹿児島航路は、奄美各島の島民および親戚等の利用が比較的多く、帰省時や団体客利用時は、事前の予約がない場合、乗船できないことがある。観光客は、航空に移行しているが、航空路の輸送力が比較的少なく、奄美観光に影響しています。

(19) 琉球海運と沖縄（沖縄県）観光

1950年（昭和25年）に琉球海運設立、1952年（昭和27年）に鹿児島〜名瀬〜那覇航路開設、1959年（昭和34年）に那覇〜宮古〜石垣航路開設、1967年（昭和42年）に東京〜那覇航路開設、1975年（昭和50年）に博多〜那覇航路開設、1978年（昭和53年）に会社更生法を適用、1995年（平成7年）に更生手続き完了、同年から、貨物航路化を進め、旅客輸送の撤退を開始した。

2006年（平成18年）に旅客輸送はすべて休止となり、旅客の航空への完全移行により、那覇〜宮古〜石垣航路は旅客の船便はなくなりました。ただし、例外輸送はあります。

(20) 座間味村・渡嘉敷村と慶良間諸島（沖縄県）観光

1972年（昭和47年）に国立青年の家が渡嘉敷村に開設され、1983年（昭和58年）に那覇〜慶良間間航空路開設、1991年（平成3年）に高速船が座間味村航路に就航、2000年（平成12年）に高速船が渡嘉敷村航路に就航、2002年（平成14年）に二代目の高速船が座間味村航路に就航しました。

沖縄本土復帰直後から、座間味村と渡嘉敷村は観光振興に力を入れ、特に美しい海から、マリンレジャーが魅力となっています。1980年代に

ダイビング観光が発達し、1990年代に「Ｉターン」（都会から地方への移住）が増加、観光関係に従事して観光客のニーズをつかみ、那覇から高速船で1時間未満と便利で観光客を増加させています。

(21) 久米商船と久米島（沖縄県）観光

1965年（昭和40年）に那覇～久米島航空路開設、1987年（昭和62年）に高速船就航、1997年（平成9年）に久米島空港ジェット化、2004年（平成16年）に高速船が廃止となりました。

沖縄本土復帰前から久米島へは航空路があり、その利用が多い。フェリーや高速船も就航しましたが、島の規模に対して比較的小型の船舶でした。航空路もジェット化されましたが、ジェット便は少ない。このような交通状況から、観光客数は横ばいが継続、農業と漁業も盛んで、「手堅く」行う傾向があります。沖縄離島では宮古・石垣が観光では有名なため、ねらい目の観光地ともいえます。

(22) 八重山観光フェリーと八重山（沖縄県）観光

1971年（昭和46年）に八重山観光フェリー設立、1972年（昭和47年）に石垣～竹富・小浜・西表航路にホーバークラフト就航、1982年（昭和57年）にホーバークラフト運航終了、1990年（平成2年）に西表観光海運を合併、平田観光の航路運営の委譲を受けました。

石垣島から、石垣島周辺離島の竹富島・小浜島・黒島・西表島・鳩間島へ、高速船とフェリーを運航しています。高速船は、19トンの小型船以外に、旅客定員100名以上の比較的大型の高速船も運航しています。石垣島周辺離島の生活航路であるとともに、団体観光客の利用も多い。特に、修学旅行生等で、石垣島からの日帰り離島めぐりツアーにも利用されます。

(23) 安栄観光と八重山（沖縄県）観光

1970年（昭和45年）に安栄観光創業、石垣島から、石垣島周辺離島の竹富島・小浜島・黒島・西表島へ、高速船とフェリーを運航しています。石垣島周辺離島の生活航路であるとともに、観光客の利用も多い。特に、

石垣島からの日帰り離島めぐりツアーに利用されます。八重山観光フェリーとの航路の違いは、波照間島航路を運航していることです。2007年(平成19年)に初の大型船が就航しましたが、それまでは小型船が中心でした。

石垣島周辺航路は、かつて多数の業者が航路を運航、高速小型船を使用、柔軟な航路運営で業績を拡大しました。しかし、安栄観光と、八重山観光フェリーに、航路が集約されることとなりました。

「まとめ」：
　昭和初期に、観光島に大変貌したのはどこか。
　1970年代、佐渡島と伊豆大島に就航したのは、どのような船か。
　戦前期・戦後期に別府航路を運航した船会社は何か。
「考察」：
　粟島と飛島の差異が生じた理由は何か。
　世界遺産屋久島の観光に貢献しているのは何か。
　琉球海運が強く影響を受けたのは何か。

写真11　隠岐汽船マリンスター（過去に就航した高速船）

【7】船会社と観光地域

写真12 東海汽船シーガル（過去に就航した高速船）

写真13 東海汽船シーガル2（過去に就航した高速船）

表17：日本のおもな船会社と離島観光地20選

地図中の位置	船会社	観光地
1	ハートランドフェリー	利尻島・礼文島
2	羽幌沿海フェリー	天売島・焼尻島
3	ハートランドフェリー	奥尻島
4	粟島汽船	粟島
5	佐渡汽船	佐渡島
6	隠岐汽船	隠岐諸島
7	富士急マリンリゾート	初島
8	東海汽船	伊豆諸島
9	名鉄海上観光船	日間賀島・篠島
10	関西汽船	瀬戸内海
11	瀬戸内海汽船	瀬戸内海
12	九州郵船	壱岐島・対馬島
13	九州商船	五島
14	甑島商船	甑島
15	種子屋久高速船	種子島・屋久島
16	マリックスライン・マルエーフェリー	奄美群島
17	座間味村・渡嘉敷村	座間味・渡嘉敷島
18	久米島商船	久米島
19	八重山観光フェリー	八重山諸島
20	安永観光	八重山諸島

【7】船会社と観光地域

分布図17：日本のおもな船会社と離島観光地20選

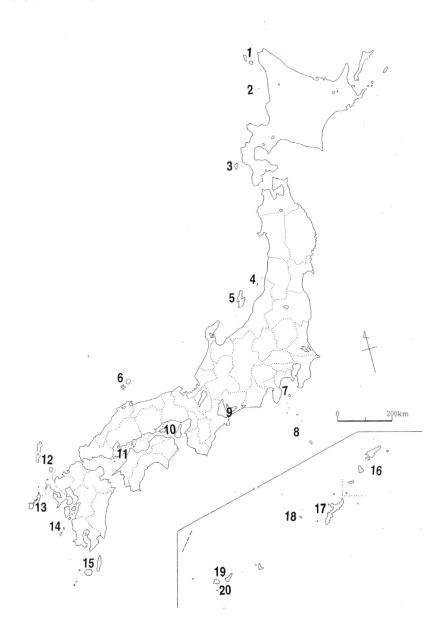

地形図25：2万5千分の1地形図「初島」昭和49年修正測量 （0.9倍に縮小）
　　　　　初島バケーションランド　描図

地形図26：2万5千分の1地形図「竹富島」昭和53年測量 （0.9倍に縮小）
　　　　　竹富島　描図・2万5千分の1地形図最初の図

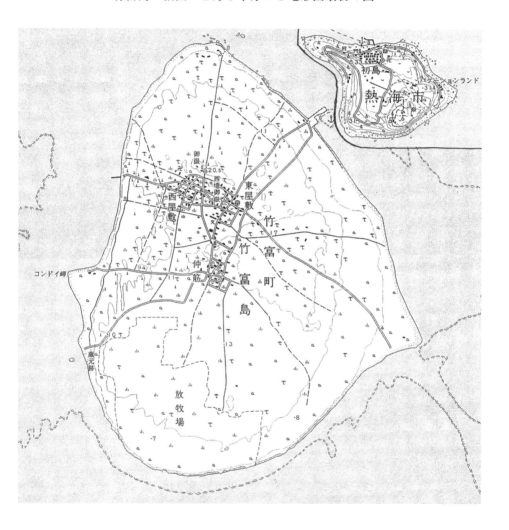

【7】船会社と観光地域

写真14　竹富島（沖縄県竹富町）　空撮

写真15　竹富島（沖縄県竹富町）　集落

【8】航空企業と観光地域

(1) 戦前期における航空企業と観光①

揺籃期（1922～28年・大正11年～昭和3年）においては、郵便・貨物が中心で、旅客は同乗扱い、日本航空輸送研究所の大阪～瀬戸内海沿岸都市路線、東西定期航空会の東京～大阪、東京～仙台路線、日本航空（川西）の大阪～九州路線、安藤飛行機研究所の名古屋～伊勢湾沿岸方面路線がありました。

過渡期（1929～33年・昭和4～8年）においては、本格的な旅客航空輸送が行われ、日本航空輸送の東京～大阪～福岡間の幹線輸送、東京航空輸送の東京～下田～清水、日本海航空の城崎～鳥取・松江～隠岐がありました。

最盛期（1934～38年・昭和9～13年）においては、日本航空輸送がローカル線も開設しましたが、終焉期（1939～45年・昭和14～20年）においては、大日本航空の外地連絡輸送が中心となりました。

(2) 戦前期における航空企業と観光②

西南日本方面では、水上機路線が多く、発着場所は瀬戸内海・河口・湖面・内湾で、観光利用で水上機発着の温泉地（別府・城崎・白浜）がありました。米子・福岡には陸上飛行場が開場、外地（大陸方面）連絡路線開設に際し、米子・福岡飛行場経由が外地連絡の重要なルートになりました。

東北日本方面では、陸上機路線で、発着場所は地元の熱意もあって新潟・富山・青森・札幌に飛行場が建設されました。しかし、内地ローカル線は欠航が多く、観光利用が中心で、特に、東京～富山間は山岳景観が人気でした。

(3) 戦前期と戦後期の飛行場

戦前期に民間航空使用飛行場で、戦後期も継続使用しているのは、羽田（翼は羽田と共にと読める）・伊丹・新潟・那覇の4例です。

戦前期に民間航空使用飛行場で、戦後期に他の飛行場を使用しているのは、札幌・青森・仙台・富山・金沢・名古屋・米子・福岡の8例です。

戦前期に民間航空の水上機発着地で、戦後期に陸上機で陸上飛行場使用（戦後期、一時期水上機発着を含む）となったのは、高松・徳島・松山・高知の4例で、この四国四空港は軍用飛行場を活用しました。

　戦前期に民間航空が開設されず、戦後期早くに民間航空が開設されたのは、女満別・中標津・帯広・山形・大島・八丈島・北九州・長崎・大分・熊本・宮崎・鹿児島・喜界・南大東・宮古・石垣・与那国で、これらは軍用飛行場を戦後に民間飛行場に活用したものです。

　以上のように、1950年代開設空港（離島を除く）は、戦前期の飛行場を活用しています。したがって、1950年代に空港が開設できたかは、軍用飛行場を含む、戦前期の飛行場を活用できたかが、大きな要因となりました。これ以外の新たに開設された空港は離島のみで、したがって、離島における空港開設の必要性と熱意が大きな要因であることも指摘できます。

（4）戦後期の航空企業の変遷①

　日本航空は1951年（昭和26年）に東京～大阪～福岡線を開設、極東航空は1952年（昭和27年）に大阪を拠点として路線開設、日本ヘリコプター輸送は1954年（昭和29年）に東京を拠点として路線開設、全日本空輸は1958年（昭和33年）に極東航空と日本ヘリコプター輸送が合併して誕生しました。

　東亜航空は1956年（昭和31年）に広島を拠点として路線開設、日東航空は1955年（昭和30年）に水上機路線を開設、富士航空は1956年（昭和31年）に鹿児島～種子島線を開設、北日本航空は1957年（昭和32年）に札幌を拠点として路線を開設しました。

　日本国内航空は1964年（昭和39年）に日東航空・富士航空・北日本航空が合併して誕生、東亜国内航空は1971年（昭和46年）に東亜航空と日本国内航空が合併して誕生、のちに日本エアシステムに社名変更、日本航空は2004年（平成16年）に日本エアシステム便を統合しました。

（5）戦後期の航空企業の変遷②

　1950年代設立航空会社では、半官半民であったのが日本航空で幹線を

運航、他の航空会社はローカル線を運航、この時期の航空会社は戦前期の航空関係者（事業家・パイロット）が設立・運航に多く携わりました。

ローカル線は、気象により欠航が多く、便数も少ない状況でした。中心路線は、観光路線と離島などの海越え路線で、日本ヘリコプター輸送は東京〜大島・八丈島線、極東航空は大阪〜四国線、東亜航空は鹿児島〜薩南諸島、広島〜四国線、日東航空は大阪〜白浜・四国線、富士航空は鹿児島〜薩南諸島、北日本航空は札幌〜女満別・西春別の路線を運航しました。

（6）戦後期の航空企業の変遷③

当時の航空企業は経営が苦しく、合併が進められました。1958年（昭和33年）に極東と日本ヘリコプター輸送が合併して全日本空輸となり、1964年（昭和39年）に日東・富士・北日本が合併して日本国内航空となりました。

この後、日本航空と日本国内航空が合併、日本航空と全日本空輸の2大航空企業体制が予定されていました。しかし、高度経済成長で航空需要が拡大、方針が変更となり、1971年（昭和46年）に東亜航空と日本国内航空が合併して東亜国内航空となりました。

三大航空企業体制となり、日本航空は国内幹線と国際線、全日本空輸は国内幹線と国内ローカル線、東亜国内航空は国内準幹線と国内ローカル線と、新たな路線のすみ分けが行われました。

（7）日本航空

1951年（昭和26年）に日本航空設立、1961年（昭和36年）にコンベア880ジェット機国内線就航、1972年（昭和47年）に連続事故、1985年（昭和60年）にジャンボジェット機墜落、1986年（昭和61年）にローカル線にも就航しましたが他の航空会社との競争が激化、1987年（昭和62年）に完全民営化が行われたものの、1992年（平成4年）に経営不振により、資産売却・契約制客室乗務員採用となりました。

2002年（平成14年）に日本エアシステムと経営統合、2010年（平成22年）に会社更生法適用を申請、破産、整理解雇を実施、2011年（平成23年）に会社更生が終了しました。

（8）全日本空輸

　1952年（昭和27年）に日本ヘリコプター輸送設立、1960年（昭和35年）にバイカウント744就航、1961年（昭和36年）にフレンドシップＦ－27就航、1964年（昭和39年）にボーイング727就航（3発ジェット）、コンピューター予約開始、1965年（昭和40年）にオリンピアYS－11就航、1969年（昭和44年）にボーイング737就航（2発）、1974年（昭和49年）にロッキード・トライスター就航（3発）、1979年（昭和54年）にボーイング747就航（ジャンボ）、1987年（昭和62年）にボーイング767就航（2発・中型）、1995年（平成7年）にボーイング777就航、2011年（平成23年）にボーイング787就航となりました。

　以上のように、時代と路線に合わせて適切な機材を採用、特にボーイング社を中心に採用して、経費節減ともなっています。

（9）日本トランスオーシャン航空

　主要株主は、日本航空・沖縄県で、本社は那覇市です。「沖縄の翼」として、沖縄県民からの信頼が厚い。那覇〜羽田・小松・中部・関西・岡山・福岡、那覇〜久米島・宮古・石垣などに就航しています。

　1967年（昭和42年）に南西航空設立、沖縄離島路線開設、1968年（昭和43年）にYS－11が就航、1978年（昭和53年）にB737ジェット機が就航、1986年（昭和61年）に那覇〜松山線開設（初の本土路線開設）、1993年（平成5年）に日本トランスオーシャン航空と社名変更しました。

（10）日本エアーコミューター

　主要株主は日本航空・鹿児島県・奄美群島市町村で、本社は鹿児島市、伊丹〜山陰、福岡〜九州・四国、鹿児島〜薩南・奄美群島、奄美群島内路線に就航しています。

　1983年（昭和58年）に奄美群島内路線で運航を開始、1988年（昭和63年）に鹿児島〜沖永良部線就航、YS－11就航、1992年（平成4年）にサーブ就航、1994年（平成6年）に伊丹〜但馬線就航（離島外初路線）、2003年（平成15年）にDHC－8－Q400就航、2006年（平成18年）にYS－11最終

運航となりました。

(11) ジェイ・エア

　主要株主は日本航空（100%）で、本社は大阪市、日本航空系で小型ジェット機を運航、伊丹～東北路線・九州路線に就航しています。

　1991年（平成3年）にJALフライトアカデミー発足、1996年（平成8年）にジェイ・エアとなり、2005年（平成17年）に拠点を広島西から小牧へ移転、2009年（平成21年）に小牧～福岡・松山線E170機就航、2010年（平成22年）に伊丹からの運航を開始して拠点を伊丹とし、2011年（平成23年）に小牧空港から撤退、小牧からの路線はフジドリームエアラインズが継承、2015年（平成27年）に国産ジェット機MRJを発注しました。

(12) ANAウイングス

　主要株主はANAホールディングス（100%）で、本社は東京都、全日本空輸系で、比較的小型の機体を運航しています。

　1974年（昭和49年）に日本近距離航空設立・離島路線開設、1983年（昭和58年）にB737就航・ジェット機路線運航開始、1987年（昭和62年）にエアーニッポンに社名変更、2001年（平成13年）にエアーニッポンネットワーク設立、DHC－8－300就航、エアーニッポンより北海道路線継承、伊丹～四国路線就航、2003年（平成15年）にYS－11運航終了、2010年（平成22年）にANAウイングスになり、北海道で丘珠発着を新千歳発着に変更しました。

(13) スカイマーク

　主要株主はインテグラルとANAホールディングスで、羽田～新千歳・福岡・鹿児島などに就航しています。1996年（平成8年）にHIS社長（当時）澤田氏らの出資で、規制緩和政策による新規参入航空会社第一号として参入しました。

　1998年（平成10年）に羽田～福岡線就航、2006年（平成18年）にスカイマークエアラインズからスカイマークに変更、従来の航空会社より低価格で参

入したものの、より低価格の航空会社であるLCC（ロー・コスト・キャリア）の登場で経営危機に陥りました。2015年（平成27年）に民事再生法適用を申請、ANAホールディングスの支援を受けることとなり、2016年（平成28年）に民事再生手続きの終結となりました。

(14) エア・ドゥ（AIRDO）

主要株主は全日本空輸・北洋銀行・石屋製菓で、本社は札幌市、羽田～北海道線および北海道～本州線が中心となっています。「北海道の翼」として参入、羽田～新千歳・旭川・女満別・帯広・函館・釧路、新千歳～仙台、函館～中部に就航しています。

1998年（平成10年）に羽田～新千歳就航、2002年（平成14年）に民事再生手続き、2003年（平成15年）に全日本空輸が再生スポンサーに、2005年（平成17年）に民事再生終了、2012年（平成24年）に北海道国際航空からAIRDOに社名を変更しました。

(15) ソラシドエア

主要株主は日本政策投資銀行・宮交エアグランドサービスで、本社は宮崎市、羽田～九州線および那覇～九州線が中心となっています。「九州・宮崎の翼」として参入、羽田～長崎・熊本・大分・宮崎・鹿児島、那覇～中部・神戸・宮崎・鹿児島・石垣などに就航しています。

2002年（平成14年）に羽田～宮崎線就航、2004年（平成16年）に産業再生機構の経営支援を受けることとなりました。2009年（平成21年）に那覇～長崎・熊本・宮崎・鹿児島線就航、2011年（平成23年）にスカイネットアジアからソラシドエアに社名を変更しました。

(16) アイベックスエアラインズとスターフライヤー

アイベックスエアラインズは、小型ジェット機を使用、主要株主は日本デジタル研究所で、仙台～小松・中部・伊丹・広島・福岡、伊丹～福島・新潟、成田～小松・広島に就航しています。2000年（平成12年）に運航開始、2004年（平成16年）にアイベックスエアラインズとなりました。

スターフライヤーは、新北九州空港開港にともない就航、主要株主は全日本空輸などで、羽田〜北九州・関西・宇部・福岡などに就航しています。2006年（平成18年）に羽田〜北九州線就航、2007年（平成19年）に全日本空輸とコードシェア、2012年（平成24年）に全日本空輸が筆頭株主になりました。

（17）フジドリームエアラインズ

　主要株主は鈴与（100％）で、静岡県の大手物流関連企業です。静岡〜新千歳・丘珠・福岡・鹿児島、小牧〜青森・花巻・山形・高知・福岡・熊本、松本〜新千歳・福岡、福岡〜新潟などに就航しています。

　2009年（平成21年）に静岡〜小松・熊本・鹿児島線就航、2010年（平成22年）に松本〜新千歳・福岡線就航、小牧〜福岡線就航、2011年（平成23年）に小牧〜熊本・花巻・青森線就航、2016年（平成28年）に静岡〜丘珠線就航、静岡空港開港にともない就航、小牧空港に進出、ジェイ・エア撤退路線を継承、小牧が中心になりつつあります。

（18）ジェットスター・ジャパンと春秋航空日本

　ジェットスター・ジャパン（日本航空系のLCC）は、主要株主がカンタス航空・日本航空で、新千歳〜成田・中部・関西などに就航しています。2012年（平成24年）に運航開始、カンタス航空はオーストラリアの航空会社、北海道はオーストラリア人に人気の観光地で、オーストラリア人を中心とした外国人観光客を北海道（新千歳）へ運ぶ役割も担っています。

　春秋航空日本（中国の春秋航空系のLCC）は、主要株主が春秋航空で、成田〜広島・佐賀に就航、2014年（平成26年）に運航開始で、外国人観光客の日本国内移動の役割も担っています。

（19）ピーチ・アビエーションとバニラ・エア

　ピーチ・アビエーション（LCC）は、主要株主がANAホールディングスなどで、成田〜新千歳・福岡・那覇、関西〜新千歳・仙台、那覇〜福岡などに就航、2012年（平成24年）に運航開始です。

バニラ・エア（全日本空輸系のLCC）は、主要株主がANAホールディングスで、成田～新千歳・那覇・奄美に就航、2012年（平成24年）に運航開始（当時はエアアジア・ジャパン）、2013年（平成25年）にバニラ・エアになりました。

(20) 北海道エアシステム
主要株主は日本航空、丘珠～利尻・釧路・函館・三沢、函館～奥尻・三沢に就航、北海道のコミューター航空です。

1998年（平成10年）に運航開始、サーブ機就航、2003年（平成15年）に丘珠空港乗り入れ、2006年（平成18年）にエアー北海道から奥尻線継承、2011年（平成23年）に新千歳空港から丘珠空港へ拠点を移転、2013年（平成25年）に日本航空とコードシェアを導入、丘珠～三沢線就航、丘珠～函館～三沢線に就航しました。

(21) 新中央航空と天草エアライン
新中央航空は、主要株主が川田工業（100％）、調布～大島・新島・神津島・三宅島に就航、伊豆諸島のコミューター航空です。1979年（昭和54年）に調布～新島就航、1984年（昭和59年）に調布～大島就航、1992年（平成4年）に調布～神津島就航、2014年（平成26年）に調布～三宅島に就航しました。

天草エアラインは、主要株主が熊本県・天草郡2市1町、天草～福岡、天草～熊本～大阪に就航、天草のコミューター航空です。2000年（平成12年）に天草～福岡・熊本線就航、2008年（平成20年）に熊本～神戸線就航、2010年（平成22年）に熊本～大阪線就航（神戸を大阪に）、2016年（平成28年）に使用機材をDHC－8からATR42に変更しました。

(22) オリエンタルエアブリッジ
主要株主は、長崎空港ビル・長崎県、長崎～福江・壱岐・対馬、福江～福岡に就航、長崎のコミューター航空です。

1961年（昭和36年）に長崎航空設立、1967年（昭和42年）に旅客輸送

から一旦撤退、1980年（昭和55年）に長崎〜壱岐線就航、旅客輸送再開、2001年（平成13年）にオリエンタルエアブリッジへ社名変更、離島路線以外にも進出、2006年（平成18年）に長崎・福岡〜小値賀・上五島線廃止、2009年（平成21年）に全日本空輸とのコードシェア便を運航、長崎の離島（五島・壱岐・対馬）を中心とした運航を行っています。

(23) 琉球エアーコミューター

主要株主は日本トランスオーシャン航空、那覇〜奄美・与論・久米島・北大東・南大東・宮古・与那国・新石垣、新石垣〜宮古・与那国、宮古〜多良間、南大東〜北大東に就航、沖縄のコミューター航空です。

1987年（昭和62年）に那覇〜慶良間線開設、1992年（平成4年）に南西航空からDHC−6就航路線の那覇〜南大東・北大東・粟国、石垣〜波照間、宮古〜多良間〜石垣の各線を継承した。1997年（平成9年）にDHC−8−Q100就航、2009年（平成21年）に慶良間・粟国・波照間から撤退、沖縄の離島を中心とした運航を行っています。ただし、不採算路線からは撤退しています。

「まとめ」：
　戦前期の航空企業には何があるか。
　戦後の1950年代の航空企業には何があるか。
　日本の国内線に就航しているLCCには何があるか。
「考察」：
　1970年代に三大航空企業体制になった理由は何か。
　日本航空が経営不振に陥った理由は何か。
　全日本空輸が継続して発展した理由は何か。

【8】航空企業と観光地域

写真 16　三宅島空港（東京都三宅村）

写真 17　与論空港（鹿児島県与論町）

表18：関東・中部・近畿地方の空港20選

地図中の位置	空港	おもな就航航空企業
1	成田国際空港	日本航空・全日本空輸など
2	東京国際空港	日本航空・全日本空輸など
3	大島空港	新中央航空
4	三宅島空港	新中央航空
5	新島空港	新中央航空
6	神津島空港	新中央航空
7	八丈島空港	全日本空輸
8	新潟空港	日本航空・全日本空輸など
9	松本空港	フジドリームエアラインズ
10	静岡空港	フジドリームエアラインズ
11	富山空港	全日本空輸
12	能登空港	全日本空輸
13	小松空港	日本航空・全日本空輸
14	小牧空港	フジドリームエアラインズ
15	中部国際空港	全日本空輸・スターフライヤー
16	南紀白浜空港	日本航空
17	関西国際空港	日本航空・全日本空輸など
18	大阪国際空港	日本航空・全日本空輸など
19	神戸空港	全日本空輸・スカイマーク
20	但馬空港	日本エアーコミューター

注：他に、調布飛行場（場外離着陸場）、福井空港（現在、定期航空路無）、八尾空港（現在、定期航空路無）などがある。

【8】航空企業と観光地域

分布図 18：関東・中部・近畿地方の空港 20 選

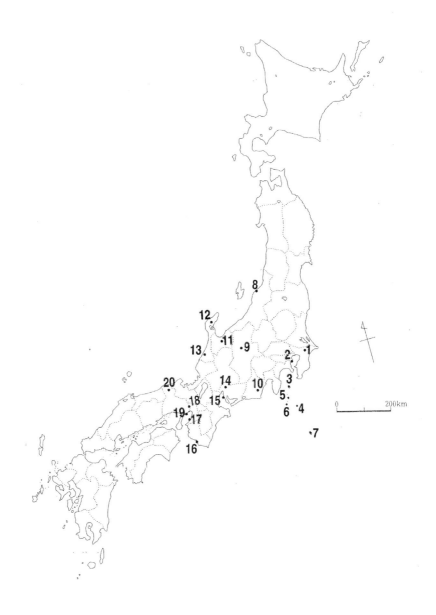

表 19：中国・四国・九州地方の空港 20 選

地図中の位置	空港	おもな就航航空企業
1	岡山空港	日本航空・全日本空輸など
2	広島空港	日本航空・全日本空輸など
3	鳥取空港	全日本空輸
4	米子空港	全日本空輸
5	出雲空港	日本航空・日本エアーコミューター
6	萩・石見空港	全日本空輸
7	山口宇部空港	日本航空・全日本空輸など
8	徳島空港	日本航空・全日本空輸など
9	高松空港	日本航空・全日本空輸など
10	高知空港	日本航空・全日本空輸など
11	松山空港	日本航空・全日本空輸など
12	北九州空港	日本航空・スターフライヤー
13	福岡空港	日本航空・全日本空輸など
14	佐賀空港	全日本空輸・春秋航空
15	長崎空港	日本航空・全日本空輸など
16	大分空港	日本航空・全日本空輸など
17	熊本空港	日本航空・全日本空輸など
18	天草空港	天草エアライン
19	宮崎空港	日本航空・全日本空輸など
20	鹿児島空港	日本航空・全日本空輸など

注：離島空港は除いた。天草空港は、天草下島にあるが、架橋島なので離島空港とはしなかった。

【8】航空企業と観光地域

分布図19：中国・四国・九州地方の空港20選

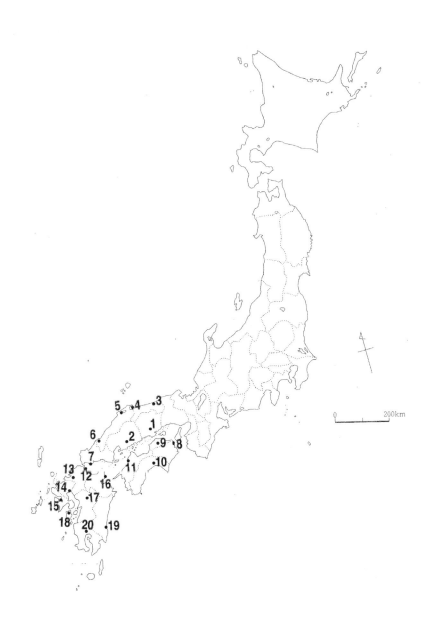

表20：日本の離島空港20選

地図中の位置	離島空港	おもな就航航空企業
1	調布飛行場	新中央航空
2	大島空港	新中央航空
3	新島空港	新中央航空
4	神津島空港	新中央航空
5	三宅島空港	新中央航空
6	八丈島空港	全日本空輸
7	佐渡空港	現在、定期航空路無
8	隠岐空港	日本エアーコミューター
9	対馬空港	全日本空輸・オリエンタルエアブリッジ
10	壱岐空港	オリエンタルエアブリッジ
11	小値賀空港	現在、定期航空路無
12	上五島空港	現在、定期航空路無
13	福江空港	オリエンタルエアブリッジ
14	種子島空港	日本エアーコミューター
15	屋久島空港	日本エアーコミューター
16	奄美空港	日本航空・バニラエア
17	喜界空港	日本エアーコミューター
18	徳之島空港	日本航空・日本エアーコミューター
19	沖永良部空港	日本エアーコミューター
20	与論空港	日本エアーコミューター

注：北海道・沖縄離島は除いた。調布飛行場（場外離着陸場）は、伊豆諸島への航空路があるので、ここに含めた。

【8】航空企業と観光地域

分布図 20：日本の離島空港 20 選

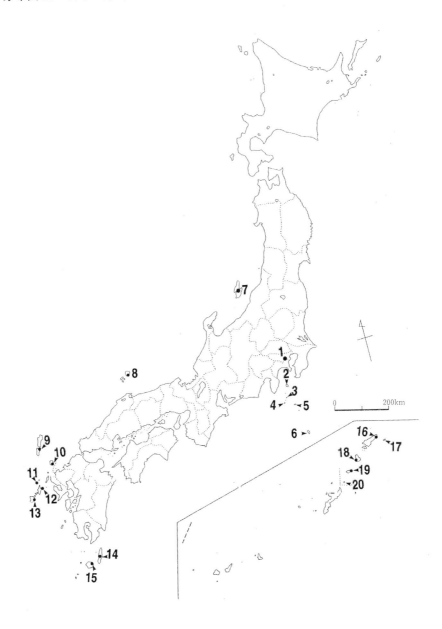

地形図27: 2万5千分の1地形図「大隅野間」昭和45年測量
　　　　旧・種子島空港　描図・2万5千分の1地形図最初の図

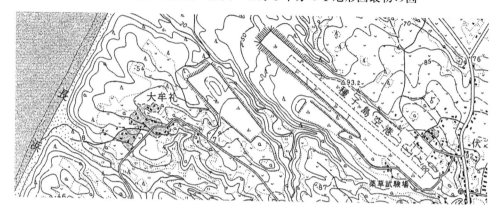

地形図28: 2万5千分の1地形図「赤木名」昭和59年改測
　　　　2万5千分の1地形図「赤尾木」昭和59年改測
　　　　旧・奄美空港　描図・新奄美空港工事開始

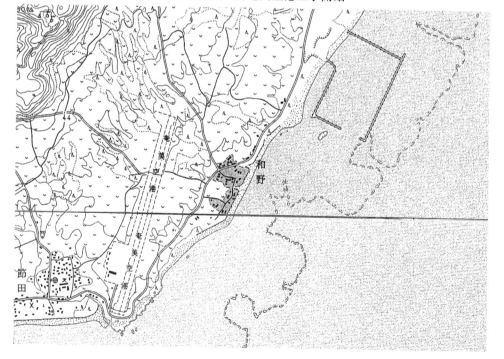

【9】観光業界と地域社会、宿泊業界を中心として

(1) 観光業界・観光関連業界とは?

　観光業界・観光関連業界とは、①観光施設を運営する業界(テーマパークなど)、②観光地に展開する業界(旅館・土産物屋など)、③観光地に向かわせる業界(交通業・旅行業・出版業)、④観光業界に納入・融資する業界(物品納入・資金融資)、⑤直接ではなくても他者を介して観光業界と関わる業界(農業・林業・水産業・工業・建設業・教育・公務)で、極めてすそ野が広く、広範囲の業界と関係があります。

　したがって、各種産業と関係があり、他の業界に従事していても、観光業界を学ぶ必要性が高いこととなります。ちなみに「観光業は平和産業」といわれます。それは、平和だからできる、平和が必要であり、平和が求められる産業です。そのため、観光業を発展させるためには、安心・安全といった広い意味での「平和」の維持が重要となります。

(2) 「爆買い」に見る、観光産業・観光関連産業

　ゴールデンルートと称される、訪日外国人団体観光客に人気の観光ルートがあります。関西空港から入国、大阪で買い物、新大阪〜京都間新幹線に乗車、京都を見学、富士山遠望、東京見物、成田空港から帰国するものです。

　大阪心斎橋の「ドンキ」や「ドラッグストア」で買い物、そこではお菓子の「キットカット(抹茶)」や「神薬」の「龍角散」が超人気となっており、お菓子メーカー・薬メーカーが大増産を行うこととなりました。また、大阪・東京のビジネスホテルが超満員になり、その影響を受けて時期によっては僅かな空き部屋が1泊2万円になることもあります。

　新大阪駅まで地下鉄・バス移動となることから、地下鉄・バスが黒字に転換、京都〜東京は貸し切りバスで移動、貸し切りバスが不足になる場合、岐阜羽島駅から貸し切りバス移動(岐阜県のバス使用可)も生じます。特に、中国人観光客に人気のゴールデンルート、富士山遠望は静岡県を通らず、中央道で山梨県側からとなります。

(3)「日本で買わなければいけない12の神薬」

「日本で買わなければいけない12の神薬」とは、中国のウェブサイトで紹介されて、「爆買」につながったものです。

具体的には、目薬「サンテボーティエ」参天製薬、消炎鎮痛剤「アンメルツヨコヨコ」小林製薬、液体絆創膏「サカムケア」小林製薬、冷却剤「熱さまシート」小林製薬、頭痛薬「イブクイック」エスエス製薬、消炎鎮痛剤「サロンパス」久光製薬、外皮用薬「ニノキュア」小林製薬、Ｌ－システイン製剤「ハイチオールＣ」エスエス製薬、便秘薬「ビューラックＡ」皇漢堂製薬、口内炎治療薬「口内炎パッチ大正Ａ」大正製薬、女性保健薬「命の母Ａ」小林製薬、のど薬「龍角散」龍角散です。特に、小林製薬は５薬とダントツ（「命の母Ａ」は笹岡薬品製造、2005年より小林製薬が独占販売）で、一時、経営危機にあった「龍角散」は生産設備を倍増することとなりました。

(4) 関西・中部・関東でのインバウンド観光　効果と課題

インバウンド観光では、大阪市営交通やバス会社は潤うこととなりましたが、大阪・京都と東京（浅草・秋葉原）以外は、わずかな立ち寄りの通過型観光で、恩恵は限定的です。

大阪・京都・奈良・東京で、ビジネスホテルが満室になりました。京都・奈良は、修学旅行団体対応の旅館が多く残り、古都の建築規制で、外国人観光客向けホテルが少ないことも、満室となった要因として大きい。

東京は、東京一極集中でビジネス需要が多く、東京都心の地価が高いため、都心駅前ビジネスホテル立地は困難で、郊外や駅から離れた立地が、過去は多く見られました。しかし、企業の業績不振から資産処分に動き、好立地で比較的安い土地が出現、高需要が期待できる都心駅前ビジネスホテルが急増しましたが、それでも多客時、満室続出となることがあります。

(5) 関西でのインバウンド観光　人気の場所と施設

関西では、三重県伊賀と滋賀県甲賀が、外国人観光客に人気の「忍術」体験施設があるところです。

伊賀流忍術博物館（三重県伊賀市上野丸の内、伊賀上野城の公園）は、最寄り駅は伊賀鉄道＜旧・近鉄＞上野市駅で、忍者屋敷・忍術体験館・忍者伝承館と、手裏剣打ち体験ができます。他に、伊賀上野城の公園内には、上野城・松尾芭蕉の俳聖殿があり、春には、伊賀上野 NINJA フェスタが開催されます。
　甲賀の里忍術村（滋賀県甲賀市甲賀町隠岐）は、最寄り駅が JR 草津線甲賀駅で、からくり屋敷・忍者博物館・手裏剣道場・薬草園と、ちびっこ忍者道場で忍者体験、貸し黒装束があります。

（6）関東でのインバウンド観光　人気の場所

　関東では、秋葉原（東京都千代田区秋葉原）が人気の場所となっています。
　秋葉原は、1949 年に秋葉原ラジオストアーが開館（駅高架下）、1960 年代の高度経済成長期、テレビ・洗濯機・冷蔵庫の家電量販店が中心となりました。1970 年代にマイコン用電子部品、ステレオ音楽専門店が増加、1980 年代にファミコンゲーム・音楽 CD 専門店が増加、1990 年代に家電量販店が減少、パソコン専門店が増加、特に 1993 年（平成 5 年）のバブル崩壊で、中堅家電量販店の廃業が相次ぎ、一挙に店舗が激変、1994 年（平成 6 年）に自作 PC パーツ専門店が増加、パソコン中心の街になりました。ところが、さらなる変化が起き、1990 年代後半にアニメゲームソフト、サブカルチャーが広がり、2000 年代にアニメ・ゲーム・音楽などのソフト専門店が急増と、時代を反映するとともに、変化の先端を行くことで人気となり、常に賑わう街となっています。
　2005 年（平成 17 年）につくばエクスプレスの秋葉原駅が開業、ヨドバシカメラが開店．ドンキホーテ秋葉原店 AKB48 劇場で AKB48 がデビューと、話題の街でもあります。

（7）観光施設を運営する業界：「加森観光」を事例として

　加森観光は、1958 年（昭和 33 年）に登別でクマ牧場（北海道登別市）を開園、1981 年（昭和 56 年）にルスツリゾート（北海道留寿都村）運営に乗り出し、1998 年（平成 10 年）にアルファリゾートトマム（北海道占冠村）運営に、

1999年(平成11年)にサホロリゾート(北海道新得町)運営に、2001年(平成13年)に登別マリンパークニクス運営に、2005年(平成17年)にスペースワールド運営に、トマムは星野リゾートに譲渡、2007年(平成19年)に夕張市施設運営を受託しました。

リゾートで、ホテル・スキー場・遊園地・ゴルフ場を運営、特に、経営が破たんした観光施設を運営し、再生、但し、営業権譲渡、施設売却、撤退閉鎖もあり、国土交通省から、「観光カリスマ」に選定されています。

(8) 観光地に向かわせる業界①：旅行業界を事例として

旅行業界とは、個人や学校・会社などの団体旅行の手配(宿泊・交通機関の予約)、企画旅行(個人・団体ツアー)の募集・実施を行う業界で、企画内容が極めて重要であり、行き先・時期の判断も集客や顧客満足度を大きく左右することとなります。宿泊・交通の仕入れ(ネット手配が急増)を行いますが、海外との交渉では、留学生の採用や自動翻訳を活用しています。

パンフレット作成・新聞広告・店頭販売で予約を受付(ネット予約が急増)、旅行につきそう添乗(修学旅行などでは交渉者の添乗が基本)業務がありますが、海外団体旅行では、現地通訳ガイド手配が基本となり、したがって、必ずしも現地語会話の必要性があるとは限りません。

(9) 観光地に向かわせる業界②：旅行業界の資格

旅行業務取扱管理者は、国内と総合(海外旅行実務追加)があり、試験内容は法規・運賃計算・観光地理です。試験対策は、観光地理、特に国内観光地理の難易度が高い。したがって、国内観光地理が合否を大きく左右することとなります。国内観光地理の日本観光地誌や、観光地とその観光資源である年中行事など、詳細に詳しく学ぶ必要があります。

通訳案内士は、外国観光客対象のプロ観光ガイド資格で、試験内容は外国語、日本地理・歴史の筆記と口述です。試験対策は、旅行業務取扱管理者試験合格者や地理能力検定日本地理2級以上などは、一部科目が免除(合格扱い)となることを活用するのも一つの方法です。

注意としては、制度変更の可能性があり、最新情報を常に入手するこ

とが必要となります。

(10) 観光地に向かわせる業界③：「HIS」を事例として

　HISは、1980年（昭和55年）に秀インターナショナルサービス（Hide International Service）として設立、1990年（平成2年）にエイチ・アイ・エス（HIS）に変更、ちなみに社長の名前は澤田秀雄氏（Hideo Sawada）です。1996年（平成8年）にスカイマークを設立（現・グループ外）して航空業界に進出、2010年（平成22年）にハウステンボスを子会社化してテーマパーク業界に進出、2012年（平成24年）に九州産業交通を子会社化してバス業界に進出しました。2014年（平成26年）にラグーナテンボスを設立（ラグーナ蒲郡）、ハウステンボスの姉妹施設としました。

　「航空券の単体販売」「航空券と宿泊セット」「ホテル単体で販売」「ホテルのランクアップやアレンジ可」など、従来、海外団体旅行は添乗員同行ですべてがセットであったのを「自由旅行」と称し、単体格安販売として人気を得ました。国内旅行は航空とバスのセット旅行です。ハワイや沖縄に特化した販売店舗を展開しています。

(11) 観光地に向かわせる業界④：「クラブツーリズム」を事例として

　クラブツーリズムは、1980年（昭和55年）に近畿日本ツーリスト内のベンチャービジネスとして発足、1993年（平成5年）に旅の友ミリオナーズクラブを設立、1996年（平成8年）に株式会社クラブツーリズムとなり、2008年（平成20年）に近畿日本鉄道の子会社になりました。

　新聞広告や会員情報誌「旅の友」で旅行商品を提供、「旅の友」は会員配達員によって会員に配布され、会員が旅行を企画・実施・添乗することもあります。「仲間が広がる、旅が深まる」のキャッチフレーズで、「おひとりさま参加限定の旅」から「テーマのある旅」と特色ある旅を提供、特に中高年団体ツアーが人気となっています。

(12) 観光業界に納入・融資する業界：金融を事例として

　足利銀行は、地方銀行で、1895年（明治28年）に創設、地元密着・堅

実経営で知られていました。1985年（昭和60年）～1995年（平成7年）のバブル期に貸出金は倍増、鬼怒川温泉や那須の旅館・観光施設など観光関連業に過剰融資を行いました。しかし、当時は「地銀の雄」と称されていました。2003年（平成15年）に会社更生法を申請、地方銀行で唯一破綻しました。2008年（平成20年）に破綻処理は完了した。

新潟中央銀行は、旧・相互銀行で、相互銀行が普通銀行に転換しました。1942年（昭和17年）に新潟無尽株式会社設立、1951年（昭和26年）に株式会社新潟相互銀行に、1989年（平成元年）に普通銀行の新潟中央銀行に転換（第二地銀）、バブル期に、テーマパーク（新潟ロシア村・柏崎トルコ文化村）やゴルフ場等に過剰融資、不良債権が急増しました。1999年（平成11年）に金融再生法による破綻処理を申請、2000年（平成12年）に営業終了・第二地銀破綻5行目となりました。

（13）宿泊業界

宿泊業界は、「宿泊に特化」と「宿泊以外も行う」の二極化と、チェーン展開が進んでいます。宿泊に特化は、ビジネスホテル・旅館（1泊朝食付）が代表例で、特に特化したのが宿泊のみ（素泊まりのみ）です。宿泊以外も行うのは、シティホテル・リゾートホテルで、レストランを併設し、朝食・夕食等の食事を提供するとともに、店舗を設置し、土産物を中心に物品を販売、クリーニングやエステのサービス提供もあり、会議場・宴会場での場所提供と飲食提供を行います。シティホテルやリゾートホテルなどでは、宿泊以外での収益が経営を大きく左右することとなります。

一方、伝統的旅館や単独運営ホテルは、全体的に衰退傾向にあります。

（14）宿泊業界の工夫例①

ビジネスホテルの工夫例としては、徹底した合理化があります。

まず、無駄な空間を作らないことで、レストランを併設しないで、1階に居酒屋・コンビニを入居させ、食事はそこで提供・調達とする、あるいは、ロビー空間で、パンとコーヒーを無料提供するなどが代表例です。

ついで、人件費の削減を図ることで、室内清掃の時間短縮にベッドを

固定し、床との間の隙間を作らない、共同浴場を設置し、部屋の風呂使用を減らすことがあります。

　さらに、宿泊の快適化追求として、従来は部屋設置の物品を選択可にすることで、枕・パジャマなどをロビーで選択して部屋へ持参するシステムを導入、もし自分に合ったものを必要としない場合、持参しない・使用しないので、その分は経費節減になります。

（15）宿泊業界の工夫例②

　シティホテルの工夫例としては、徹底した収益向上があります。

　まず、大卒の採用で、多様な業務内容を一人でこなす、すなわち、フロント業務は勿論、施設維持、宴会対応、ブライダル、企画運営など、柔軟・万能が必要となります。

　ついで、宴会の積極的誘致で、宴会はホテルの収益の中心です。飲料はコップ・グラスで提供することによって、銘柄不表示による安価な銘柄を使用でき、また、瓶で提供する場合と異なって飲み残しの無駄が少ないという利点があります。食事はボリューム感を出し、満腹・満足感を生むことを心掛け、顧客満足度と収益率の向上の両立を目指しています。

　さらに、専門分化で、高度な技能が必要な分野は専門家にまかせ、レストラン部門では、高額に見合う内容を提供する、クリーニングで有名なホテルなど、特色を出すことによって、高収益を確保することがあります。

（16）ホテル・旅館の立地

　ホテル・旅館の立地は、従来、観光地では、景勝地や温泉噴出地に、当初は立地しました。その結果、鉄道の駅から離れている場合も、勿論、ありました。都市部では、地価と静寂を考慮して、当初は立地しました。すなわち、鉄道の駅から離れている場合も、勿論、ありました。

　近年の立地動向では、観光地では、駅近立地と駐車場確保重視の立地になり、都市部では、駅前立地と地下・立体駐車場を併設することが当然となっています。

　ホテル・旅館は、稼働率を上げるために、リピーター客もしくは幅広

い客層を確保する必要があり、利用交通機関から、立地場所が極めて重要となります。観光施設との位置や交通関係、宿泊地の知名度、都市部ではその都市の集客力も影響します。今後は、高齢者や外国人観光客といった客層への対応が、ホテル・旅館の集客に影響を与えることも考える必要があります。

(17) ホテルの分類と事例

　ホテルを分類し、それぞれの事例を示しますと、次のようになります。
　有名伝統ホテルでは、帝国ホテル・ホテルオークラ・ナゴヤキャッスルなどがあります。交通系ホテルでは、航空・JR・民鉄の系列ホテルがあり、JALホテルズ・ANAホテルズ・JRホテルズ・名鉄ホテルなどがあります。シティホテルは、都市に立地、オリエンタルホテル・名古屋観光ホテルなどがあります。外資系・不動産系ホテルは、都市・リゾートに展開、不動産系では、住友・三井・三菱などがホテルを展開しています。リゾートホテルは、リゾート地で展開、星野リゾート・ヤマハリゾート・ハウステンボスなどがあります。ビジネスホテルは、ビジネス宿泊に特化、民鉄系では、名鉄イン・西鉄イン・三交インなどがあります。

(18) 星野リゾート：注目のリゾートホテル

　1914年（大正3年）に星野温泉旅館（長野県軽井沢町）を開業、1995年（平成7年）に株式会社星野リゾートとなりました。2001年（平成13年）にリゾナーレ小淵沢（山梨県小淵沢町）を開設（現・リゾナーレ八ヶ岳）、2004年（平成16年）にアルファリゾートトマムの運営を開始しました。
　各施設のコンセプトを明確にしており、その名称と内容、事例では、「星のや」は和のリゾートホテルで、軽井沢（長野県軽井沢町）・京都（京都府京都市）・竹富島（沖縄県竹富町）・富士（山梨県富士河口湖町）に展開、「界」は小規模温泉和風旅館で、津軽・日光・川治・鬼怒川・箱根・伊東・熱海・松本・遠州・加賀・出雲・阿蘇に展開、「リゾナーレ」はリゾートホテルで、トマム（北海道占冠村）・八ヶ岳（山梨県小淵沢町）・熱海（静岡県熱海市）・小浜島（沖縄県竹富町）に展開、また星野リゾート青森屋（青森県三沢市）な

どを運営しています。
　リゾート運営会社や経営不振のリゾート施設・旅館を再生する事業と、自社新設展開事業を行っています。

(19) 東横イン：注目のビジネスホテル
　1986年（昭和61年）に設立、本社は東京都大田区新蒲田、宿泊価格の安さが特徴で、宿泊特化型ビジネスホテルの代表です。
　予約はインターネット、設備は客室がホテルのほとんどを占め、レストランはなく、朝食はロビーでパン・おにぎり・コーヒーを提供、カレー等の夕食を提供する場合もあり、いずれも宿泊代に含まれます。客室は必要最小限・簡素・統一規格で、土地は建物も含め、地権者所有で借り上げ運営、業界団体にも加盟せず、経費節減を徹底、価格の安さと食事提供などコストパフォーマンスの高さから稼働率が高く、満室の場合、近接ホテルの紹介を行う場合もあります。

(20) スーパーホテル：注目のビジネスホテル
　1989年（平成元年）に設立、本社は大阪市西区西本町、宿泊価格の安さが特徴で、宿泊特化型ビジネスホテルの代表です。
　フロントは、直営社員・夫婦で経営、そのため居住スペースを完備、対応は7〜10時、15〜24時のみに限定、パジャマと快眠枕を用意、選択持ち上がりとし、自動支払機で事前清算、レシートに暗証番号が掲載されます。客室は暗証番号式オートロックで、ベッドに足がありません。朝食は食事スペースで、パン・おにぎり・コーヒー・サラダ等を提供、宿泊代に含まれます。価格の安さと朝食提供を含むなど、コストパフォーマンス（価格に対する内容）の高さから稼働率が高い状況です。

(21) アパホテル：注目のホテルグループ
　1971年（昭和46年）に信金開発を設立（石川県小松市）、1984年（昭和59年）にアパホテル金沢片町開設（第1号）、1987年（昭和62年）にJR民営化・北陸各駅前にホテル開業、1997年（平成9年）にアパホテル東京板橋

開設（東京進出）、2008年（平成20年）にリーマンショックによる優良物件の企業放出を活用して、積極的に不動産取得へ動きました。

　アパグループは都市開発事業を併営して分譲で自己資金を獲得、現金調達で都心駅前など好立地物件を安く取得、駅前立地でJR民営化時に駅の遊休地でホテルを開業、大浴場を設置して部屋の風呂清掃簡略化を図り、近年は露天風呂も設置、集客状況により宿泊料金価格を大幅に変動させています。新規開業・既存ホテル買収で、急速にホテル数が増大しています。

(22) 旅館に見る旅行の変化と課題

　旅行形態が、団体旅行から個人旅行へ変化している状況に対して、従来型の旅館においては、その対応が不十分で、大部屋・宴会場での食事スタイルや、1泊2食の基本設定に課題があると指摘されています。予約が直接の電話や旅行社経由の予約システムが中心の場合があり、インターネット予約の対応不足や取次手数料の上乗せの問題があります。経営と投資では、個人経営が多く、大規模投資がしにくい、特に、社会変化への対応や、設備の近代化が遅れることがあります。人材養成では、人材採用は縁故が中心で、人材不足もあり、継続・発展のための人材養成システムが必要となります。近年は、このような旅館を支援する業務を展開する企業も出現しました。

　旅館は、高度経済成長期、団体旅行で発展しました。和室宿泊、露天風呂などの共同浴室、食事のサービス、温泉旅館街の情緒など、「旅館の良さ」アピールも、あわせて必要となります。

(23) 訪日外国人観光客に人気の旅館・ホテル

　澤の屋旅館（東京都台東区谷中）は、館主の澤功氏が「観光カリスマ」です。1949年（昭和24年）に開業、当初は商用客・修学旅行客が中心でした。1982年（昭和57年）に従来の客が減少したため、外国人客の受け入れを開始、現在では、宿泊客の9割が外国人で、客室稼働率は90％以上となりました。ホームページ開設・eメール予約受付・クレジットカード早期導入使用可としたことが、その増加要因です。また、東京の下町である谷中

根津にあり、英語の地図を作成、地元行事参加も可能にしているのも人気の大きな理由となっています。

　道頓堀ホテル（大阪市中央区道頓堀）は、外国人客が中心で、客室稼働率が高い。ロビーで日本文化体験イベント開催、ラーメン・ドリンク無料、国際電話5分間無料、パソコン使用無料、ロビー24時間開放とし、ターゲットは香港・台湾・韓国などの東アジアの個人客で、東アジア現地の旅行社と直接契約による集客を行っています。

「まとめ」：
　観光業界・観光関連業界には具体的に何があるか。
　旅行業界の資格には何があるか。
　旅行業界で、どのようなツアーが人気であるか。
「考察」：
　足利銀行・新潟中央銀行が破綻した理由は何か。
　ホテル・旅館の立地が変化した理由は何か。
　訪日外国人観光客に人気の旅館・ホテルの理由は何か。

写真18　リゾナーレ八ヶ岳（山梨県小渕沢町）

表21:「加森観光」「星野リゾート」のリゾート・宿泊施設20選

地図中の位置	所在都道府県市町村	施設名
1	北海道新得町	サホロリゾート
2	北海道留寿都村	ルスツリゾート
3	北海道占冠村	アルファリゾートトマム
4	青森県大鰐町	「界」津軽
5	栃木県日光市	「界」日光・川治・鬼怒川
6	東京都中央区	「星のや」東京
7	神奈川県箱根町	「界」箱根
8	静岡県熱海市	「リゾナーレ」熱海・「界」熱海
9	静岡県伊東市	「界」伊東
10	静岡県浜松市	「界」遠州
11	山梨県富士河口湖町	「星のや」富士
12	山梨県小淵沢町	「リゾナーレ」八ヶ岳
13	長野県軽井沢町	「星のや」軽井沢
14	長野県松本市	「界」松本
15	石川県加賀市	「界」加賀
16	京都府京都市	「星のや」京都
17	島根県松江市	「界」出雲
18	大分県九重町	「界」阿蘇
19	沖縄県竹富町	「星のや」竹富島
20	沖縄県竹富町	「リゾナーレ」小浜島

注:他に、星野リゾート青森屋(青森県三沢市)などがある。

【9】観光業界と地域社会、宿泊業界を中心として

分布図21：「加森観光」「星野リゾート」のリゾート・宿泊施設20選

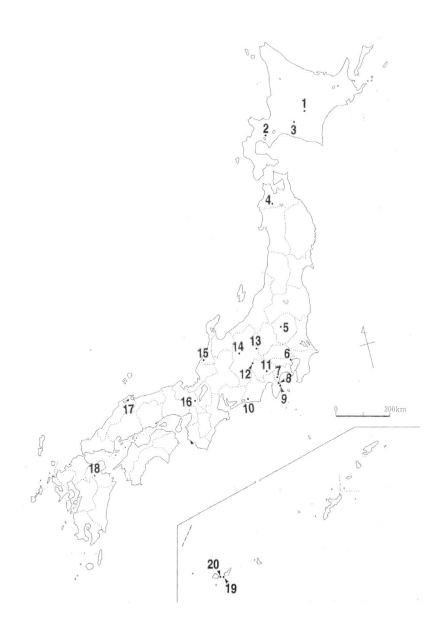

地形図29: 2万5千分の1地形図「上トマム」平成13年改測
2万5千分の1地形図「下トマム」平成13年改測
アルファリゾート・トマム　JR石勝線トマム駅　描図

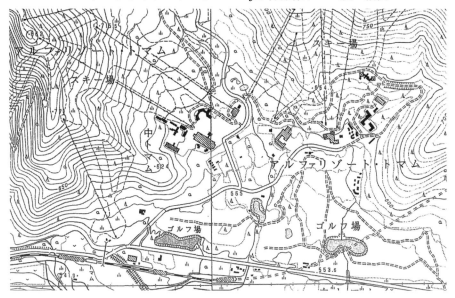

地形図30: 2万5千分の1地形図「犬落瀬」平成23年更新
古牧温泉　星野リゾート青森屋（三沢駅南側）
十和田観光電鉄　描図

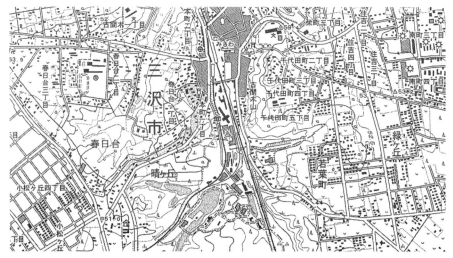

【10】産業観光と地域社会、鉱業地域を中心として

（1）産業観光から「観光とは何か」を今一度、考える。①

　過去の産業は、日常体験でした。かつては、自営業が多く、特に、農業などの第一次産業従事者比率は高い状況でした。また、職住が近接、直接的に各種産業に接する機会が多くありました。

　現在の産業は、非日常化が進んでいます。いまは、自営業が減少、雇用労働（サラリーマン）が増加、また、第一次産業従事者比率は大きく減少、職住分離が進み、各種産業に接する機会が減少しました。

（2）産業観光から「観光とは何か」を今一度、考える。②

　観光は、非日常体験であり、産業で鉱業が特に非日常体験であったところから、鉱業観光から産業観光は始まりました。実に、佐渡金山では、明治期から有料で坑道見学を実施していました。

　産業の専門分化が進み、非日常化による産業観光が発達しました。工場見学（大規模・専門工場）、特に食品分野が今日の産業観光の先駆けであり、農業での収穫・試食＜果物狩り＞（ミカン・リンゴ・イチゴ・ブドウ・パイナップル）が続き、林業での収穫・試食＜シイタケ狩り＞もあります。生産直売により収益が大きいことも、発達の大きな理由となっています。すなわち、お客さんが自分で収穫してくれ、その後の選別・箱詰め・貯蔵・輸送コストが削減できるわけです。

（3）教育と観光①

　教育と観光を考える際、高学歴化が大きなキーワードとなります。

　1960年代の高度経済成長期まで、地方においては、中学卒業で、都会に集団就職することが多くありました。1970年代の安定成長期に、高等学校が増設され、高校進学率が急上昇、特に、大学進学のための普通教育を行う、普通科が増設されました。そのため、この時期は大学競争率が高く、浪人が多く出ました。1980年代のバブル期に、大学増設と学部増設が行われ、大学競争率が急速に低下、大学進学率が急速に上昇しました。

その結果、進路選択、職業選択が先延ばしになり、小中高校での進路指導が進学指導のみとなり、進路指導としての産業学習が行われなくなりました。そのため、職業選択につながる産業学習の機会がなく、将来の職業を考える・決めることなく進学、あるいは需要と供給の関係を考えることなく進学、大学卒業時の就職段階でのミスマッチが生じるという、大学での学習内容と社会が求める内容の差が大きいこととなっています。興味本位で大学・学部・学科を選択する、大学側も学生が「集まる」ことから、就職に結びつかない大学・学部・学科が維持・増加し、大学卒業時は人手不足から就職できるが、やがて離職するという、実質的就職率が低下しています。

（4）教育と観光②

　教育と観光を考える際、産業学習と称されても、それが観光化されている問題があります。「遊びながら仕事を体験」「簡単に成功体験をさせる」ということであり、現在、ゲーム感覚で職業体験を行う施設が人気となっています。

　校外学習（遠足）の行き先として、「本来は学習である」との趣旨から、「産業学習」として、工場見学などの職業現場が校外学習の行き先となります。企業側も、自社製品の宣伝と工場労働者の人材確保につながるとの狙いがあります。

　修学旅行の行き先として、やはり「修学」との趣旨から、農業や漁業の体験、農家に宿泊する体験学習が、スキーやテーマパークに代わり、特に、都市部の学校で採用され、人気となっています。

（5）日本の鉱産資源

　日本は、鉱産資源の「デパート」という状況がありました。

　金・銀・銅は、かつて世界有数の産出国であり、鉄はかつて自給率が高く、ニッケル・クロム・マンガン・タングステン・アンチモン・レアメタルのイリジュウム・鉛・亜鉛・錫・水銀・硫黄・石灰石など多様な資源を産出しました。石炭・石油・天然ガスも産出、石炭の亜炭と天然ガスは

東京都下でかつて産出、石灰石は現在でも東京都内奥多摩で採掘されています。

燐鉱石・アルミニュウムの原料（北大東島）もかつては産出、産出しない主要資源は、ダイヤモンドぐらいです。ちなみに、人工ダイヤモンドは、現在、国内工場で生産されています。

（6）日本鉱業地域史①

かつて、「金銀山を制する者が天下を制する」と称され、中世においては、奥州藤原氏が平泉中尊寺金色堂に見る如く黄金文化で栄え、清和源氏（多田源氏）は多田銀山を領有し、資金源としました。

近世においては、甲斐武田氏が甲州金山（富士山西麓）、越後上杉氏が佐渡金山、安芸毛利氏が石見銀山、相模北条氏は伊豆金山、駿河遠江今川氏は梅ヶ島金山を領有と戦国時代の群雄割拠を抜け出た有力武将は金銀山を制し、その流れを受けて織田信長・豊臣秀吉・徳川家康は、主要金銀山を直轄領にして、いずれも資金源としました。

（7）日本鉱業地域史②

薩長土肥の諸藩の資金源は、鉱山にありました。

薩摩藩は、串木野・山ヶ野・大口の金山を領有、現在も鹿児島県で金を産出します。また、錫山で錫、硫黄島で硫黄を産出しました。

長州藩は、長登・蔵目喜で銅を、小野田で石炭を、玖珂で錫と銀を産出、山口県は、かつて日本を代表する鉱業県でありました。

土佐藩は、土佐山で石灰を産出、漆喰・肥料用に利用され、漆喰は当時、城の外壁に欠かせないものであり、肥料用として農業生産に貢献、高知県を代表する企業グループの入交グループは、石灰採掘販売がルーツです。また、白滝で銅を産出、大正期から昭和期に、日本国内最長規模の架空索道で鉱山から四国山脈を越え、瀬戸内海側の港へ直接運ばれました。

肥前藩は、北松で石炭を産出、長崎で外国船に供給、長崎が外国との貿易で栄える大きな理由となりました。

以上のように、薩長土肥の諸藩は、当時の日本国内で、幕府の直轄領を

免れた有数の鉱山を領有、この時代に銅山や炭鉱は極めて重要で、手を結べば、大きな力になることが予想できました。

(8) 日本鉱業地域史③

近代の経済に大きな影響を与えたのが財閥であり、代表的財閥発祥の地は、鉱山・炭鉱です。

三井財閥は、三井三池炭鉱を経営、福岡県大牟田市は三井の企業城下町で、三池炭鉱以外、釜石鉄山・神岡鉱山・筑豊炭鉱などを経営しました。

三菱財閥は、三菱高島炭鉱を経営、長崎県長崎市は三菱の企業城下町で、高島炭鉱以外、佐渡金山・生野銀山・夕張炭鉱などを経営しました。

住友財閥は、別子銅山を経営、愛媛県新居浜市は住友の企業城下町で、別子銅山以外、鯛生金山・赤平炭鉱・奔別炭鉱などを経営しました。

古河財閥は、足尾銅山を経営、栃木県日光市は古河の企業城下町で、足尾銅山以外、阿仁銅山・常磐炭鉱・筑豊炭鉱などを経営しました。

(9) 日本鉱業地域史④

鉱業が起源の代表的企業として、以下の企業があります。

小松製作所（現・コマツ、石川県小松市）は、遊泉寺銅山付設鉄工所から、日立製作所（茨城県日立市）は、日立銅山附属工場日立製作所から、観光バス事業で有名なテイサン（帝産）は、帝国産金（伊豆半島で金鉱山を経営）から、ラサスケートリンク（かつて阪神淀川駅横）で有名であったラサ鉱業は、ラサ島（沖縄）での燐鉱石採掘からと、いずれも鉱業が起源で、現在は他分野へと事業展開を行っています。

(10) 日本鉱業地域史⑤

鉱業が起源の代表的企業として、以下の企業があります。

チッソ水俣は、大口金山（鹿児島県）への電気供給企業からで、旭化成・積水化学は日本窒素肥料（現・チッソ）から分離しました。大成建設は、藤田組（同和鉱業）の土木事業が大倉組を経て大成建設になり、その関係からトンネルが得意分野です。旧・新潟鐵工所は、日本石油付設新潟鉄工

所からで、現在の新潟トランシスは、鉄道ディーゼルカーで有名です。安川電気は、明治鉱業の電気用品製造部門からで、現在は、工場用ロボットで有名です。

(11) 日本鉱業地域史⑥

　鉱業と学校教育では、以下の諸学校があります。

　国立九州工業大学は、明治鉱業の鉱業技術者養成の明治専門学校から、国立秋田大学鉱山学部（現・工学資源学部）は、官立秋田鉱山専門学校からです。国立岩手大学工学部は、盛岡高等工業学校からで、採鉱科が設置されていました。

　県立筑豊工業高等学校（現・鞍手竜徳高等学校）は、筑豊鑛山学校（筑豊石炭鉱業組合が設立）からであり、札幌・函館・釧路・小樽・三笠・赤平・美唄等の北海道立工業高校に採鉱科が設置（現在は廃止）されていました。

(12) 黄金の国　ジパング　日本の金山

　「黄金の国ジパング」と、13世紀の「東方見聞録」にマルコポーロ（イタリア）が口述記録に記したのは有名で、日本は「金」の産出で世界に広く知られていました。

　佐渡相川金山（新潟県）は、戦国武将上杉氏から江戸幕府に継承され、ゴールデン佐渡（鉱山テーマパーク）となり、湯ノ奥金山（山梨県）は戦国武将武田氏の金山で、金山資料館があります。土肥金山も鉱山テーマパークとなり、持越・清越・大仁金山（静岡県）など、伊豆に金山が多くありました。高玉金山（福島県）も、ゴールドマイン高玉（鉱山テーマパーク）に、鯛生金山（大分県）も地底博物館鯛生金山（鉱山テーマパーク）に、鴻之舞金山（北海道）は近現代期に産出量が多い金山でした。菱刈金山・春日金山・岩戸金山・串木野金山（鹿児島県）と鹿児島県に金山が多く、串木野はゴールドパーク串木野・金山蔵（鉱山テーマパーク）となっています。

　住友菱刈鉱山（鹿児島県）は1985年（昭和60年）に出鉱開始、現在採掘中であり、1997年（平成9年）累積産金量日本国内第1位になって、佐渡を上まわりました。

(13) プラタレアス（銀）の島　日本の銀山

　「プラタレアス（銀）の島」とフランシスコ＝ザビエル（スペイン）が書簡で記したように、日本は「銀」の産出量で世界トップレベルでした。すなわち、16世紀、実に世界の銀流通量3分の1が日本産でした。石見銀山は、16世紀戦国武将毛利氏が支配、生野銀山は、織田氏・豊臣氏・徳川氏の天領で明治以降は三菱が経営しました。

　生野銀山（兵庫県）は、シルバー生野（鉱山テーマパーク）となり、多田銀山（兵庫県）は多田源氏ゆかりの銀山で資料館「悠久の館」があり、石見銀山（島根県）は世界遺産に登録され、銀山資料館があります。東北には、半田銀山（福島県）・院内銀山（秋田県）があり、そして延沢銀山（山形県）の鉱夫湯治を起源とするのが、木造温泉旅館が並ぶことで知られる銀山温泉です。なお、日本の銀山は、すべて閉山しました。

(14) ジャパン・カッパー（赤銅色）　日本の銅山

　ジャパン・カッパーと称された酸化被膜の赤銅色が美しい銅板の製造方向は、モリス（イギリス）が製法特許を取得しました。17世紀末、実に日本は「銅」の産出量世界一でした。銅鉱石は、日本が位置する新期造山帯の環太平洋造山帯で多く産出する資源です。

　銅山経営で産出した銅鉱石から銅製品を生産、特に銅製品は電子製品に使用され、コンピューター産業に欠かせないものです。日本では、足尾銅山（古河）から古河電工そして富士通へ、別子銅山（住友）から住友電工そして日本電気へ、日立銅山（日立）から日立製作所へと、銅山経営からコンピューター生産へと事業展開している事例を見ることができます。

　日本には、小坂・花岡・阿仁・荒川・尾去沢（秋田県）、足尾（群馬県）、日立（茨城県）、久根（静岡県）、尾小屋・遊泉寺（石川県）、紀州・妙法（三重県）、吉岡（岡山県）、長登（山口県）、別子・佐々連（愛媛県）、白滝（高知県）と数多くの銅山がありましたが、すべて、閉山しました。尾去沢・足尾・尾小屋・吉岡・別子は、現在、鉱山テーマパークとなっています。

(15) 日本の鉄山・鉱山都市

　倶知安鉄山（北海道）の鉄鉱石を使用し、室蘭に製鉄所が立地しました。釜石鉄山（岩手県）の鉄鉱石を使用し、釜石に製鉄所が立地、釜石鉄山は見学会を実施しています。さらに遠平夏畑鉄山（岩手県）もありました。群馬鉄山・中小阪鉄山（群馬県）、諏訪鉄山（長野県）＜諏訪鉄山鉄道・廃止＞、柵原鉱山＜硫化鉱＞（岡山県）＜片上鉄道・廃止＞などの鉄山が各地にあり、旧・片上鉄道吉ケ原駅では運転会が開催され、鉱山資料館もあります。以上の鉄山は、すべて、閉山となりました。

　柏原鉱山（長野県）・新木浦鉱山（大分県）・阿蘇鉱山（熊本県）は、現役で、採掘中です。

(16) 日本の鉛・亜鉛鉱山・鉱山都市

　田老鉱山（岩手県）は、かつて架空索道で鉱石を輸送、宮古市にラサ鉱業精錬所が立地（現在は閉鎖）、宮古市はラサ鉱業の企業城下町から観光都市へ変貌しました。細倉鉱山（宮城県）は、鉱山鉄道の栗原電鉄が廃止となりましたが、細倉マインパーク（鉱山テーマパーク）となっています。神岡鉱山（岐阜県）は、鉱山鉄道の神岡鉄道は廃止となりましたが、現在は実験施設のカミオカンデとして活用されています。中竜鉱山（福井県）は、アドベンチャーワールド中竜（鉱山テーマパーク）となりましたが、現在は閉鎖されています。

　他に、太良鉱山（青森県）・蔵目喜鉱山（山口県）などがありましたが、すべて、閉山となりました。

(17) 日本の錫鉱山・マンガン・タングステン鉱山

　明延・神子畑鉱山（兵庫県）は、鉱山鉄道である明神電車（一円電車）が廃止、現在、あけのべ自然学校（鉱山学習施設）となっています。九州に、木浦・豊栄・見立鉱山（大分県）や、錫細工に使用された錫山鉱山（鹿児島県）もありましたが、錫鉱山はすべて閉山となりました。

　野田玉川鉱山（岩手県）は鉱山テーマパークに、新大谷鉱山（京都府）には丹波マンガン記念館があり、上ノ国鉱山（北海道）や黒滝鉱山（高知県）

などもありましたが、マンガン鉱山はすべて閉山となりました。
　大谷鉱山（京都府）・喜和田鉱山・玖珂鉱山（山口県）などがあり、玖珂鉱山は鉱山テーマパークとなりましたが、タングステン鉱山はすべて閉山となりました。

（18）日本のニッケル・クロム鉱山、レアメタル・水銀鉱山
　多野鉱山（群馬県）・若狭鉱山（福井県）・大江鉱山（京都府）などのニッケル鉱山がありましたが、すべて閉山となりました。
　若松鉱山（鳥取県）などのクロム鉱山がありましたが、すべて閉山となりました。
　豊羽鉱山（北海道）は、レアメタル＜イリジュウム＞を産出しましたが、閉山となり、鉱山鉄道であった豊羽鉱山鉄道は廃止となりました。
　イトムカ鉱山（北海道）・丹生鉱山（三重県）・大和鉱山（奈良県）・水井鉱山（徳島県）などの水銀鉱山がありましたが、すべて閉山となりました。

（19）日本の硫黄鉱山・鉱山都市
　松尾鉱山（岩手県）の鉱山鉄道であった松尾鉱山鉄道は廃止、沼尻鉱山（福島県）の鉱山鉄道であった沼尻鉄道は廃止、アトサヌプリ鉱山（北海道）の鉱山鉄道であった釧路鉄道は廃止、草津鉱山・谷所鉱山・小串鉱山・吾妻鉱山・横手山鉱山（群馬県）の鉱山鉄道であった草軽電気軌道は廃止、米子鉱山（長野県須坂市）と硫黄島鉱山（鹿児島県）の硫黄鉱石は架空索道で麓へ運ばれましたが架空索道は廃止になり、硫黄鉱山もすべて閉山となりました。

（20）日本の石灰石鉱山＜採掘中＞
　日本の石灰石鉱山の多くは、採掘中であり、自給ができる資源であるとともに、輸出も行われています。
　上磯・東鹿越（北海道）、尻屋・八戸（青森県）、東山・大船渡（岩手県）、田村（福島県）、葛生（栃木県）、秩父（埼玉県）、日立（茨城県）、奥多摩（東京都）、青海（新潟県）、美濃赤坂（岐阜県）、伊吹山（滋賀県）、藤原・国見

山（三重県）、足立・芳井（岡山県）、秋吉台（山口県）、土佐山・鳥形山（高知県）、平尾台・香春岳（福岡県）、津久見（大分県）、名護・本部（沖縄県）など、北海道から沖縄まで、現役の石灰石鉱山が多数あります。

(21) 日本の炭田・炭鉱都市

　北海道には、坑内掘りの太平洋炭鉱（釧路）、露天掘りの幾春別・天塩炭鉱など、採掘中の炭鉱があります。すでに閉山となりましたが、芦別・赤平・歌志内・砂川・美唄・奔別・幌内・夕張（炭鉱鉄道は夕張鉄道・大夕張鉄道で廃止）などの炭鉱がありました。

　本州（東部）には常磐炭鉱（福島県・茨城県）が、本州（西部）には宇部・小野田・美祢炭鉱（山口県）が、九州・沖縄には筑豊・三池炭鉱（福岡県）、松浦・崎戸・池島・高島・端島炭鉱（長崎県）、唐津・多久炭鉱（佐賀県）、西表炭鉱（沖縄県）などの炭鉱がありましたが、本州・九州（沖縄含む）の炭鉱はすべて閉山となりました。

(22) 日本の油田・天然ガス田

　勇払（北海道）、昭和・黒川・申川・若美・旭川・八橋・院内・由利原（秋田県）、岩船沖・新胎内・東新潟・南阿賀・新津・東山・西山・南長岡・東柏崎・頚城（新潟県）と、北海道から秋田・新潟にかけて油田が分布、現在、採掘中の油田があります。

　成東・茂原（千葉県）では、天然ガスを採掘中であり、相良（静岡県）では石油採掘は終了、資料館があります。

(23) 日本の鉱山実物坑道見学観光施設22箇所

　日本の鉱山実物坑道見学観光施設としては、下記の22箇所があります。
　北海道には夕張石炭の歴史村（北海道）、東北には石と賢治のミュージアム（岩手県）・マインパーク野田玉川（岩手県）・マインランド尾去沢（秋田県）・マインロード荒川（秋田県）（現在・閉鎖）・細倉マインランド（宮城県）・ゴールドマイン高玉（福島県）（現在・休業）、関東には大谷石資料館（栃木県）・足尾銅山観光（栃木県）、中部には土肥マリン観光・土肥金山（静

岡県)・ゴールデン佐渡・佐渡金山(新潟県)・尾小屋マインロード(石川県)・アドベンチャーワールド中竜(福井県)(現在・閉鎖)、近畿には丹波マンガン記念館(京都府)・多田銀山(兵庫県)・シルバー生野・生野銀山(兵庫県)・あけのべ自然学校・明延鉱山探検坑道(兵庫県)、中国・四国には石見銀山龍源寺間歩(島根県)・吹屋銅山笹畝坑道(岡山県)・美川ムーバレー(山口県)・マイントピア別子・別子銅山(愛媛県)、九州には地底博物館鯛生金山(大分県)・ゴールドパーク串木野・金山蔵(鹿児島県)があります。

「まとめ」:
　日本で産出した鉱産資源は何か。
　日本の財閥発祥の地はどこか。
　鉱業が起源の企業には何があるか。
「考察」:
　現在の産業、非日常化が進む理由は何か。
　小中高校で進路指導として産業学習が行われなくなった理由は何か。
　校外学習や修学旅行で「産業学習」が行き先となる理由は何か。

写真19　夕張石炭の歴史村(北海道夕張市)

【10】産業観光と地域社会、鉱業地域を中心として

写真20　ゴールドマイン高玉（福島県郡山市）

写真21　マイントピア別子・別子銅山（愛媛県新居浜市）

表22：日本の鉱山実物坑道見学観光施設20選

地図中の位置	所在道府県市町村	施設
1	北海道夕張市	夕張石炭の歴史村
2	岩手県一関市	石と賢治のミュージアム
3	岩手県野田村	マインパーク野田玉川
4	秋田県鹿角市	マインランド尾去沢
5	宮城県栗原市	細倉マインランド
6	福島県郡山市	ゴールドマイン高玉
7	栃木県宇都宮市	大谷石資料館
8	栃木県日光市	足尾銅山観光
9	静岡県伊豆市	土肥マリン観光・土肥金山
10	新潟県佐渡市	ゴールデン佐渡・佐渡金山
11	石川県小松市	尾小屋マインロード
12	京都府京都市	丹波マンガン記念館
13	兵庫県養父市	あけのべ自然学校明延鉱山探検坑道
14	兵庫県朝来市	シルバー生野・生野銀山
15	島根県太田市	石見銀山龍源寺間歩
16	岡山県高梁市	吹屋銅山笹畝坑道
17	山口県岩国市	美川ムーバレー
18	愛媛県新居浜市	マイントピア別子・別子銅山
19	大分県日田市	地底博物館鯛生金山
20	鹿児島県串木野市	ゴールドパーク串木野・金山蔵

注：閉鎖施設は除いた。

【10】産業観光と地域社会、鉱業地域を中心として

分布図22：日本の鉱山実物坑道見学観光施設20選

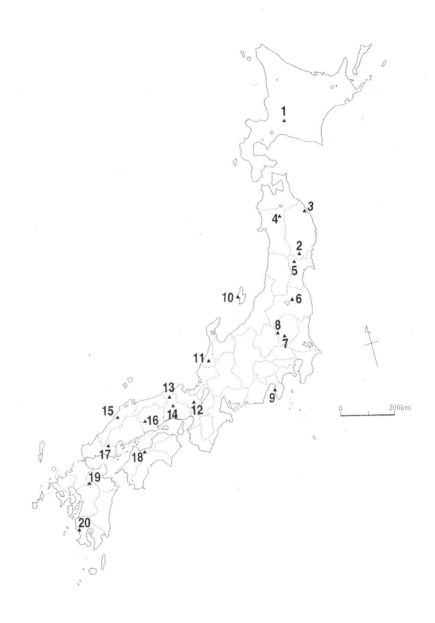

地形図31：2万5千分の1地形図「夕張」昭和29年測量
　　　　　夕張炭鉱盛業時　描図・2万5千分の1地形図最初の図

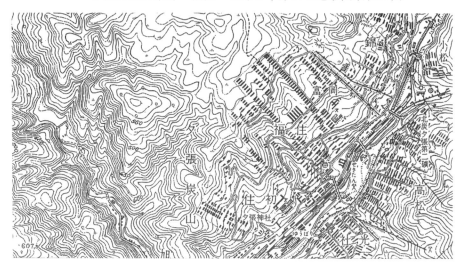

地形図32：5万分の1地形図「大屋市場」昭和50年編集
　　　　　明延鉱山・鉱山軌道（一円電車）・神子畑選鉱所　描図

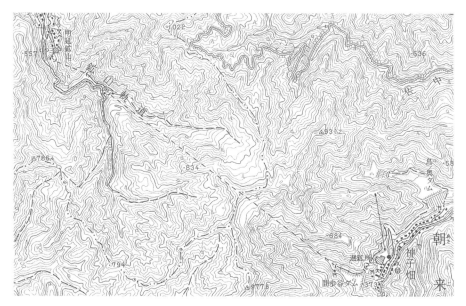

地形図33：5万分の1地形図「宇都宮」大正4年修正測図（0.9倍に縮小）
　　　　大谷石採石場　石材鉄道・石材軌道　描図

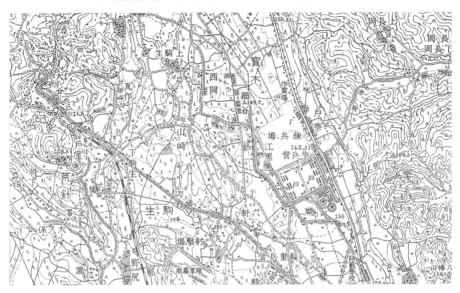

地形図34：5万分の1地形図「足尾」大正2年鉄道補入（0.9倍に縮小）
　　　　足尾銅山　足尾線　鉱山軌道　描図

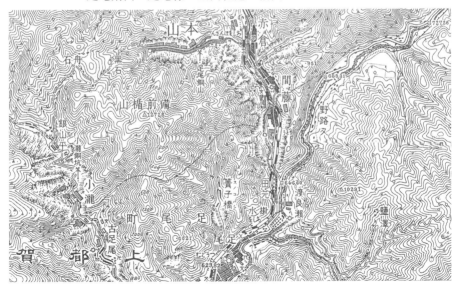

地形図35：（左）5万分の1地形図「白峰」昭和5年要部修正（0.9倍に縮小）
　　　　　　尾小屋鉱山・尾小屋鉄道　描図
地形図36：（右）5万分の1地形図「新居浜」明治39年測図（0.9倍に縮小）
　　　　　　別子銅山・下部鉄道・上部鉄道　描図
　　　　　　5万分の1地形図最初の図

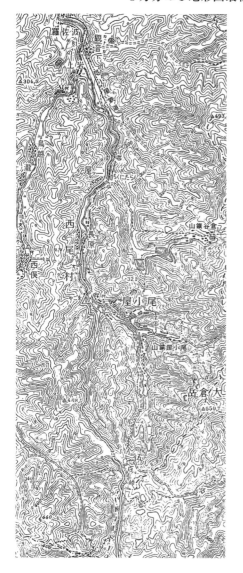

【11】テーマパークと地域社会　その1

（1）テーマパークとは何か①

テーマパークとは、①「パーク」全体を、②「テーマ」（夢の世界・歴史・外国など）で統一、③「オーダーメイド」（オリジナル）のアトラクション、④施設ハード面だけでなく、演出、ソフト面も充実、⑤規模が比較的小さくても、ハード・ソフト面が充実していれば、「テーマパーク」とするものです。

反対に、規模が比較的大きくても、統一性がない場合や、絶叫マシン中心の「遊戯性」が強い場合は、「テーマパーク」としない。

（2）テーマパークとは何か②

遊園地など、他の人工施設との差異は、①遊園地が、レディメイドのアトラクションや絶叫マシンなどのハード面が中心であること、②水族館や動物園も、テーマパークのテーマに沿った全体施設の一部でなく、その施設のみの場合は、水族館・動物園であって、「テーマパーク」に含めない、③テーマパークも、リピーター確保のため、その後に、絶叫マシンなど遊園地化や、本来のテーマではない「なんでもあり」の施設導入もあります。

結果、テーマパークと他の人工施設の差が少なくなる傾向があります。

（3）テーマパークとは何か③

「テーマパーク」は、ディズニーランドの登場から用語が使用されるようになったもので、日本でも1983年（昭和58年）の東京ディズニーランド開園から本格的に使用されるようになりました。ただし、当初は、期間限定の「博覧会」と誤解され、「いつまでやっているのですか」という問い合わせも多くありました。

実際、他の人工施設と比べて、テーマパークは初期投資が大きいため、東京ディズニーランドでも初期は赤字が継続、入場者数が低迷し、黒字化できずに閉園となったテーマパークも多い。

（4）テーマパークの立地型

テーマパークを、立地型と事例で示すと、以下のようになります。

大都市内型テーマパークは、大都市内にあり、TDL・TDS・TDR・スペースワールド・USJ が事例となります。

大都市郊外型テーマパークは、大都市郊外にあり、明治村・リトルワールド・北海道開拓の村・サンリオ・ピューロランド・東京セサミプレイスが事例となります。

観光温泉地型・有名観光地型テーマパークは、観光温泉地・有名観光地にあり、ウェスタン村・日光江戸村・東武ワールドスクウェア・長崎オランダ村・ハウステンボス・志摩スペイン村などが事例となります。

新規振興地型テーマパーク（外国村が多い）は、大都市内・大都市郊外・観光温泉地・有名観光地以外の場所にあるもので、グリュック王国・カナディアンワールド・レオマワールド・新潟ロシア村・柏崎トルコ村などが事例となります。

この立地型が、集客に大きな影響があります。

（5）日本のテーマパーク　前史①

日本のテーマパークの起源としては、「ユネスコ村」があります。

1951 年（昭和 26 年）に日本のユネスコ加盟記念としてユネスコこども博覧会が豊島園と西武園（埼玉県所沢市）で開催され、西武園ではユネスコ加盟 60 ヶ国の民家を建築、そこで各国の文化を紹介、博覧会終了後、西武園会場は「ユネスコ村」となり、以後、約 40 年間存続、1960〜70 年代には世界各国のテーマ展を期間限定で開催、「外国村」というべき、注目すべき施設でした。1990 年（平成 2 年）に老朽化で閉園となりました。

（6）日本のテーマパーク　前史②

日本のテーマパークの元祖としては、「明治村」があります。

1965 年（昭和 40 年）に野外博物館明治村が開園、名古屋鉄道が愛知県犬山市に開設しました。「野外博物館」とされましたが、「テーマ」「オリジナル」「ソフト」の各面を含む、日本の「テーマパーク」の元祖といっ

てよいのが、「明治村」です。本物の明治期の建物（一部、大正期）は貴重です。京都市電や蒸気機関車など、鉄道車両も充実しています。

　なお、1973年（昭和48年）に鬼怒川ファミリー牧場が開園、1984年（昭和59年）にテーマパークの「ウェスタン村」になりました。

（7）高級遊園地と国際博覧会①

　1960年代の高度経済成長期に、「高級遊園地」とされる遊園地が登場しました。

　1961年（昭和36年）に奈良ドリームランド（奈良県奈良市）が開園、米国「ディズニーランド」（1955年・昭和30年開園）に類似、当時は画期的な遊園地で、園内に本格的な鉄道が敷設され、当時としては最先端のモノレールも運行されました。その鉄道は、軌間1,067mmと旧・国鉄在来線と同じ軌間を採用、車両も通常の鉄道車両メーカーが製造、遊園地は軽便鉄道の狭軌がほとんどで遊具メーカーの製造が多いのです。しかし、施設の劣化が進行、晩年は夏のプールが中心になり、2006年（平成18年）に閉園となりました。

　1964年（昭和39年）に横浜ドリームランド（神奈川県藤沢市）が開園、ヨーロッパ風の外国村で、大船駅からモノレールを開通させましたが、すぐにモノレールは休止となり、施設が劣化、敷地の一部の売却を経て、2002年（平成14年）に閉園となりました。奈良ドリームランドよりも後に開園、先に閉園となりました。

（8）高級遊園地と国際博覧会②

　国際博覧会は、「テーマ」と「パビリオン」と称する「オリジナル施設」が「テーマパーク」と共通します、ただし、期間限定であるところが、「テーマパーク」と異なります。

　1970年（昭和45年）に日本万国博覧会（大阪府吹田市）が開催されました。大阪府吹田市の千里丘陵で開催されたもので、現在に至るまで、日本最大の国際博覧会です。77ヶ国と4つの国際機構がパビリオンを開設、会期の半年間で総入場者数は6,422万人、1ヶ月で1,000万人、1日平均30万

人以上となり、国際博覧会は「人が集まる」「成功する」というイメージがつきました。

（9）高級遊園地と国際博覧会③

1975年（昭和50年）に沖縄海洋博覧会（沖縄県本部町）が開催されました。沖縄本土復帰記念で、現在は、海洋博記念公園になっています。

1985年（昭和60年）に国際科学技術博覧会（つくば博）（茨城県つくば市）が開催、茨城県のつくば研究学園都市を世界にアピールするのが目的でもありました。

1990年（平成2年）に国際花と緑の博覧会（花博）（大阪市鶴見区）が開催、バブル経済期に、「万博」をもう一度という思いもありました。

2005年（平成17年）に日本国際博覧会（愛・地球博）（愛知県長久手市）が開催、この年に愛知高速交通東部丘陵線「リニモ」も開通、博覧会終了後も「リニモ」は存続、今日に至ります。「公園西駅」が名古屋商科大学の至近最寄り駅となり、博覧会会場跡は、愛・地球博記念公園となりました。

（10）遊園地とテーマパークの相互作用

1980～90年代、テーマパークの登場によって、従来型遊園地の一部が、閉園に追い込まれるなどの影響を受けました。そこで、生き残りのために、遊園地の「テーマパーク化」や「絶叫マシン」に特化する遊園地も登場しました。「富士急ハイランド」や「ナガシマスパーランド」がその典型例です。

その一方で、テーマパークも、集客のために、ジェットコースターや子供向け遊具を導入するなど、テーマパークの「遊園地化」、「なんでもあり化」が行われました。「スペースワールド」や「USJ」がその典型例です。

その結果、両者を区別しない「研究者」も出現しています。

（11）なんでも「テーマパーク化」

テーマパークが誕生した後、日本では「フードテーマパーク」と称する施設が出現しました。1994年（平成6年）に開設の「新横浜ラーメン博物館」が典型例です。「○○のテーマパーク」と、エンターテイメント性

を高めた人工施設を「テーマパーク」と称されることもあります。新期の施設のみならず、既存の動物園・植物園・博物館が、集客向上を目指して、各種の演出に取り組むことが増加しました。

　近年、特に盛んなのは、光の演出で、イルミネーション・プロジェクションマッピングがその典型例であり、LED・CGの普及（耐久性と施設経費の低負担）が影響しており、なばなの里・ハウステンボス・ラグーナテンボスなどで、用いられています。

(12) テーマパークの類型化（テーマ・立地）

　系統的区分としては、テーマの内容、施設の内容、それぞれのレベル（水準）からも区分ができ、「夢と未来」「外国村」「歴史村」「映画」などに区分されます。

　地域的区分としては、立地場所（都市・地方・観光地など）で「大都市内」「大都市郊外」「観光地」「新期振興地」があり、「外国村」の場合は、そのテーマ地域で区分されます。

　歴史的区分としては、立地時期（初期・最盛期・晩期など）で「起源」「元祖」「テーマパーク元年」「バブル期」があり、「歴史村」の場合は、そのテーマ時代で区分されます。

(13) 1983年（昭和58年）は日本のテーマパーク元年

　1983年（昭和58年）に開園のテーマパークとしては、3月18日の野外博物館リトルワールド、4月15日のTDL東京ディズニーランド、4月16日の野外博物館北海道開拓の村、7月22日のNHV長崎オランダ村があります。

　特に、東京ディズニーランドと長崎オランダ村が代表的で、「東のディズニーランド、西の長崎オランダ村」と称され、1983年（昭和58年）はテーマパーク元年とされ、日本にテーマパークブームが到来、日本各地に多数のテーマパークが計画され、建設・開園することとなりました。

（14）TDL 東京ディズニーランド

　1955 年（昭和 30 年）に米国カリフォルニア州でディズニーランドが開園、1960 年（昭和 35 年）に京成電鉄・三井不動産によってオリエンタルランドが設立され、千葉県から埋め立て工事を請負、住宅地を分譲する事業を行うのが目的で、遊園地開設も盛り込まれていました。翌年の 1961 年（昭和 36 年）にディズニーランドの誘致を要請、しかし、その時点で進展はありませんでした。1961 年（昭和 36 年）の奈良ドリームランド開園や 1963 年（昭和 38 年）に予定されていた米国フロリダ州でのディズニーワールドの開園が影響したともいわれます。埋め立て工事の進展に伴い、1973 年（昭和 48 年）に三井物産からディズニーランドの誘致を再度要請、1974 年（昭和 49 年）にウォルトディズニー社が来日、東京進出を決定、1979 年（昭和 54 年）に正式契約、翌年に起工式を挙行しました。

　1983 年（昭和 58 年）に東京ディズニーランド（千葉県浦安市）が開園、1986 年（昭和 61 年）に初めて黒字となりましたが、それまでは赤字を不動産売却でしのいでいました。同年、オフィシャルホテル「サンルートプラザ東京」が開業しました。

（15）TDL・TDS・TDR の立地

　TDL 東京ディズニーランド・TDS 東京ディズニーシー・TDR 東京ディズニーリゾート（TDL・TDS の両者をまとめて）の立地場所は、どのような場所なのでしょうか。

　大河川の河口で、浅瀬（かつては好漁場）であり、容易に埋立地となり、広大な平坦地の確保が可能となる場所、また、山から遠いことによって山が見えない、すなわち借景が無いこととなり、テーマパークの雰囲気を損なわない場所で、これらが自然条件（地形条件）の有利性です。

　浦安は千葉県ですが、東京都に隣接した場所で、東京からの鉄道開通により、交通アクセスが極めて良好な場所で、これらが社会条件（交通条件）の有利性です。

　大成功の背景には、この自然条件と社会条件、両方の有利性にあります。

(16) TDL の交通アクセス変遷

　TDL の東京駅からの交通アクセスには、以下のような変遷がありました。
　1983年（昭和58年）4月15日～1988年（昭和63年）11月30日は、JR 東京駅～大手町駅～浦安駅～浦安バス停～ TDL で、乗車所要時間は1時間でした。
　1988年（昭和63年）12月1日～1990年（平成2年）3月9日は、JR 東京駅～有楽町駅～新木場駅～舞浜駅～ TDL で、乗車所要時間は30分でした。
　1990年（平成2年）3月10日～現在は、JR 東京駅～舞浜駅～ TDL で、乗車所要時間は16分になりました。
　以上のように、大幅に所要時間が短縮されました。

(17) TDS 東京ディズニーシー

　TDS 東京ディズニーシーは、1988年（昭和63年）TDL 開園5周年に建設構想が発表され、1992年（平成4年）に「海」をテーマの基本方針とすることが決定、1997年（平成9年）に事業化を決定、1998年（平成10年）に TDS 東京ディズニーシーが着工されました。
　2001年（平成13年）3月31日に USJ が開園、2001年（平成13年）9月4日に東京ディズニーシー（千葉県浦安市）が開園、TDL と TDS で TDR になり、「東の TDR、西の USJ」と、東西2強時代、すなわち、2001年（平成13年）にテーマパークは第二世代の時代になりました。
　なお、2002年（平成13年）4月25日に、ラグナシアが開園しました。

(10) TDR 東京ディズニーリゾートの動向と課題

　2010年（平成22年）に東京ディズニーランド＆シーは5億人目が来園、2011年（平成23年）に東日本大震災発生で一時休園、2012年（平成24年）にトイ・ストーリー・マニア！がオープン、2013年（平成25年）にスター・ツアーズがリニューアルオープン、2014年（平成26年）に東京ディズニーランド＆シーは6億人目が来園、ジャングルクルーズがリニューアルオープン、2015年（平成27年）にエレクトリカルパレードがリニューアル、

2016年（平成28年）にチケット価格を改定した。TDLでは「美女と野獣」のアトラクションを2020年に、TDSでは「アナと雪の女王」のアトラクションを2021年に開設予定です。

　2パーク年間パスポート93,000円（2018年1月現在）に象徴されるように、高額・高収益戦略を維持・強化しています。入場者数や総収入の増加は質の低下となる場合があり、ディズニースタイルの堅持と向上を目指しています。

（19）NBP長崎バイオパークからNHV長崎オランダ村へ

　1980年（昭和55年）にNBP長崎バイオパーク（長崎県西海市）が開園、野外展示・ふれあい展示の先駆けでありました。1983年（昭和58年）にNHV長崎オランダ村（長崎県西海市）が開園、当初は、風車とレストランのみでありました。1984年（昭和59年）に海事博物館と海上広場を開設、1985年（昭和60年）に復元帆船・マーケット広場・街並みを開設、1987年（昭和62年）に17世紀のオランダの港町を開設、1988年（昭和63年）に木造建築の港町を開設、1989年（平成元年）に大航海体験館・天体運命館を開設しました。

　開園から、ほぼ毎年、施設を拡充、リピーターを獲得、オランダ人をキャストに、演出面も充実、人気になりました。

（20）HTBハウステンボス開園

　1992年（平成4年）にHTBハウステンボス（長崎県佐世保市）が開園、精巧に、オランダの建物・街並みを再現しました。バブル期に着工、バブル崩壊直前に開園しました。

　JR九州ハウステンボス駅が開業、特急ハウステンボス号の運転が開始され、大村線早岐〜ハウステンボス駅間を電化、ジェットフォイル「ビートル」の運航開始（博多〜平戸〜ハウステンボス間）と、開園と同時にアクセスが確保されました。

　その結果、「東のTDL、西のHTB」と、2001年（平成13年）のUSJ開園前までいわれました。

(21) 長崎でのテーマパーク開設の背景とその後

　長崎は離島県、江戸期より炭鉱、明治期より造船業が発達しました。1970～80年代、炭鉱衰退・閉山、造船不況で、基幹産業を模索することとなりました。炭鉱と造船の街で知られた佐世保市や地元銀行・バス会社は、特に観光業に期待しました。長崎バイオパーク・長崎オランダ村・ハウステンボス開園と展開しましたが、ハウステンボス開園直後にバブル経済が崩壊、入場者数が低迷、大きな投資と債務返済が経営を圧迫しました。

　2003年（平成15年）にハウステンボスは、会社更生法適用を申請、野村プリンシパル・ファイナンスが支援企業になりました。

　2010年（平成22年）にHISの子会社になり、澤田秀雄社長が就任、債務放棄および増資で債務を清算、佐世保市より固定資産税相当額の交付金を受給、九州電力・西部ガス・西日本鉄道・JR九州の出資を受けました。債務と税金をなくし、九州の代表的有力企業の支援を得ることとなったわけです。これで、新期投資環境が整備され、長崎から九州のテーマパークへ発展を目指すこととなりました。

(22) 関東・中部のテーマパーク（TDL・TDS・TDR以外）動向と課題

　1965年（昭和40年）に博物館明治村（愛知県犬山市）が開園、1973年（昭和48年）に鬼怒川ファミリー牧場（栃木県日光市）が開園（1984年ウェスタン村に）、1983年（昭和58年）に野外博物館リトルワールド（愛知県犬山市）が開園、1986年（昭和61年）に日光江戸村（栃木県日光市）が開園、1990年（平成2年）にサンリオ・ピューロランド（東京都多摩市）開園、東京セサミプレイス（東京都あきる野市）・修善寺虹の郷（静岡県伊豆市）が開園、1993年（平成5年）に新潟ロシア村（新潟県阿賀野市）・東武ワールドスクウェア（栃木県日光市）が開園、1996年（平成8年）に加賀百万石時代村（石川県加賀市）・柏崎トルコ文化村（新潟県柏崎市）が開園しました。

　以上の11園中、5園が2004～06年（平成16～18年）に閉園、存続の6園中3園が私鉄系や有名温泉地立地で、関東・中部という人口集積から見て比較的有利な地域であっても、私鉄資本や有名温泉地などの立地条件の有利性がないと、維持・発展は困難であることを示しています。

(23) ラグーナテンボス（愛知県蒲郡市）・レゴランド（愛知県名古屋市）

　2002年（平成14年）に蒲郡海洋開発（地元県・市と民間9社が出資）が、ラグーナ蒲郡の主要施設であるテーマパーク「ラグナシア」と「フェスティバルマーケット」を開設しました。

　2014年（平成26年）にラグーナテンボス（HISが設立）が蒲郡海洋開発から「ラグナシア」「フェスティバルマーケット」を引き継ぎ、「ラグーナテンボス」に名称を変更、「ハウステンボス」の姉妹施設と位置付けました。また、イルミネーション・プロジェクションマッピングを導入しました。

　2015年（平成27年）にワンピースサウザンドサニー号を停泊（ハウステンボスより移動）させました。

　2016年（平成28年）にラグーナテンボスアートシアターを開設、ハウステンボス歌劇団の公演を行いました。

　2017年（平成29年）にレゴランドが名古屋市の金城ふ頭に開設、東京・大阪に次いで、名古屋に大都市内型のテーマパークが立地した。レゴランドは世界に展開しているが、日本での開設に、大都市内型テーマパークとして空白地域であった名古屋での立地だが、東京・大阪比べて、後背地人口規模が少なく、集客が心配される。また、レゴブロックの認知度、リアリティや精巧さをより求められる傾向に対して、ブロックによる表現は、「荒い」と捉えられる側面もある。外国発祥のテーマパークの場合、過去に当初はそのまま持ってきたが、日本の風土に合わせて変化して成功した場合もあるものの、変化できず閉鎖となった事例もある。今後の展開には、日本で求められるもの、あるいは、名古屋でもとめられるものを考慮する必要があると考えられる。

「まとめ」：
　日本のテーマパークの起源とされるのは何か。
　日本の高級遊園地には何があるか。
　日本の国際博覧会には何があるか。
「考察」：
　TDL・TDS・TDRの立地の有利性は何か。

長崎県が観光およびテーマパーク期待した理由は何か。
HIS の子会社となったハウステンボスが新規投資環境の整備ができた理由は何か。

写真22　JR 京葉線舞浜駅（開業当初・千葉県浦安市）

写真23　JR 大村線ハウステンボス駅（長崎県佐世保市）

表23:日本のテーマパーク①・高級遊園地・国際博覧会20選

地図中の位置	所在都道府県市区町	テーマパーク名
1	栃木県日光市	ウェスタン村 日光江戸村 東武ワールドスクウェア
2	茨城県つくば市	国際科学技術博覧会(つくば博)
3	千葉県浦安市	TDL 東京ディズニーランド TDS 東京ディズニーシー
4	東京都多摩市	サンリオ・ピューロランド
5	東京都あきる野市	東京セサミプレイス
6	神奈川県藤沢市	横浜ドリームランド
7	静岡県伊豆市	修善寺虹の郷
8	愛知県蒲郡市	ラグーナテンボス
9	愛知県長久手市	日本国際博覧会(愛・地球博)
10	愛知県名古屋市	レゴランド
11	愛知県犬山市	博物館明治村 野外博物館リトルワールド
12	新潟県阿賀野市	新潟ロシア村
13	新潟県柏崎市	柏崎トルコ文化村
14	石川県加賀市	加賀百万石時代村
15	奈良県奈良市	奈良ドリームランド
16	大阪府吹田市	日本万国博覧会
17	大阪市鶴見区	国際花と緑の博覧会(花博)
18	長崎県佐世保市	HTB ハウステンボス
19	長崎県西海市	NHV 長崎オランダ村 NBP 長崎バイオパーク
20	沖縄県本部町	沖縄海洋博覧会

【11】テーマパークと地域社会 その1

分布図23：日本のテーマパーク①・高級遊園地・国際博覧会20選

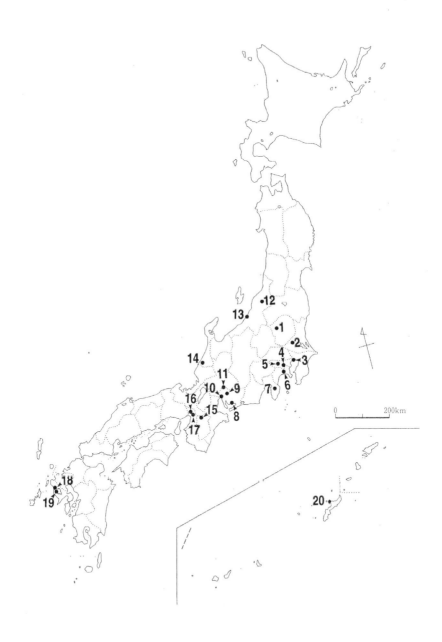

地形図37：2万5千分の1地形図「藤沢」昭和41年改測
　　　　　2万5千分の1地形図「戸塚」昭和41年改測
　　　　　横浜ドリームランド・ドリーム交通線　描図

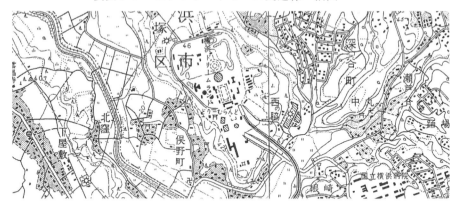

地形図38：2万5千分の1地形図「奈良」昭和42年改測
　　　　　奈良ドリームランド・近鉄奈良線（市街地路面走行）　描図

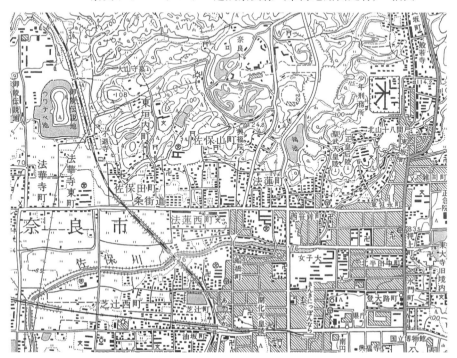

【12】テーマパークと地域社会　その2

（1）歴史村（時代村）テーマパーク①

歴史村（時代村）テーマパーク（場所）と、その開園年は以下のとおりです。

1965年（昭和40年）に博物館明治村（愛知県犬山市）が開園、1983年（昭和58年）に野外博物館北海道開拓の村（北海道札幌市）が開園、1986年（昭和61年）に日光江戸村（栃木県日光市）が開園、1990年（平成2年）に肥前夢街道（佐賀県嬉野温泉）が開園、1992年（平成4年）に登別伊達時代村（北海道登別市登別温泉）が開園、1993年（平成5年）に伊勢戦国時代村（三重県伊勢市二見浦）が開園、伊勢安土桃山文化村に改称、さらに伊勢・安土桃山城下町に改称、同年にえさし藤原の郷が開園、1996年（平成8年）に加賀百万石時代村（石川県加賀市加賀温泉）が開園しました。

（2）歴史村（時代村）テーマパーク②

野外博物館北海道開拓の村は、北海道内の建物を移築、馬車鉄道の走る道路の両側に配置、かつての北海道開拓時代の街並みを再現し、北海道の明治村と称されることもあります。

えさし藤原の郷は、NHK大河ドラマ「炎立つ」の大規模オープンセットを撮影終了後に歴史公園として整備されたもので、平安時代の建物群が並び、古代から中世、近世に至る歴史ドラマの撮影にもよく利用される。

日光江戸村・登別伊達時代村・伊勢戦国時代村（伊勢安土桃山文化村、現・伊勢・安土桃山城下町）・加賀百万石時代村は、株式会社時代村が、温泉地を中心とした観光地に開設したもので、実演演劇がアトラクションの中心となっています。加賀百万石時代村は2006年（平成18年）に閉園、2008年（平成20年）に大江戸温泉物語「日本元気村」となり、2013年（平成25年）に休園となりました。戦艦三笠のレプリカを展示、ドラマ「坂の上の雲」のロケ地でした。

肥前夢街道は、佐賀県嬉野温泉の旅館が主体となって開設されたものです。

（3）夢と未来のテーマパーク①

　1990年（平成2年）にサンリオ・ピューロランド（東京都多摩市）が多摩ニュータウンに開園、室内型のテーマパークです。

　1991年（平成3年）にサンリオ・ハーモニーランド（大分県日出町）が開園、ピューロランドと異なり、野外型のテーマパークです。

　「キティちゃん」のキャラクターで知られるサンリオが開設、サンリオのキャラクター総出演の実演演劇を中心として、夢の街並みの空間を作り出しています。サンリオのキャラクター商品が多数販売されており、入場料収入に対して、商品販売収入が多いのが特色です。

（4）夢と未来のテーマパーク②

　1990年（平成2年）にスペースワールド（福岡県北九州市）が、新日本製鉄八幡製鉄所敷地に、新日本製鉄と北九州市出資の第3セクターによって開設、製鉄所跡地の有効利用でもあります。当初、宇宙がテーマで、宇宙旅行の疑似体験や宇宙飛行士の訓練体験など、テーマパークらしい構成だったのですが、2005年（平成17年）に営業権を他社に譲渡、遊園地化が急速に進行しました。しかし、敷地返還のため、2017年（平成29年）に閉園となりました。

　1990年（平成2年）に東京セサミプレイス（東京都あきる野市）が、東京サマーランドの隣接地に開設されました。セサミストリートの英語劇と体感型遊具が中心でしたが、2006年（平成18年）に閉園となりました。

（5）外国村テーマパーク①

　外国村テーマパーク（場所）と、その開園年（閉園年）は以下のとおりです。

　1973年（昭和48年）に鬼怒川ファミリー牧場が開園、1984年（昭和59年）にウェスタン村（栃木県日光市・2006年閉園）に改称、1989年（平成元年）にグリュック王国（北海道帯広市・2003年閉園）が開園、1990年（平成2年）にカナディアンワールド（北海道芦別市・1997年閉園後市営公園に）が開園、1990年（平成2年）に登別マリンパークニクス（北海道登別市・水族館中心に）が開園、1991年（平成3年）にレオマワールド（香川県丸亀市・大

江戸温泉物語に）が開園、1992年（平成4年）に登別中国庭園天華園（北海道登別市・1999年閉園）が開園、1993年（平成5年）に新潟ロシア村（新潟県阿賀野市・2003年閉園）が開園、1994年（平成6年）志摩スペイン村（三重県志摩市）が開園、1996年（平成8年）に柏崎トルコ文化村（新潟県柏崎市・2004年閉園）が開園、1997年（平成9年）に倉敷チボリ公園（岡山県倉敷市・2008年閉園）が開園しました。

以上の10園中、6園が1999年〜2008年（平成11〜20年）の間に完全閉園となり、志摩スペイン村以外の他の3施設も、建物はそのままだが、内容は大幅に変更されています。

（6）外国村テーマパーク②

外国村テーマパークは、多くが閉園や業態変更となりました。その理由としては、海外旅行の普及による外国村の魅力低下もあります。

「ウェスタン村」（1973年鬼怒川ファミリー牧場として日光市に開園、1984年テーマパーク化、2006年閉園）が有名観光地立地で開設が早いのに対して、他の外国村は登別や倉敷をのぞき、ほとんどが観光地としては知られず、バブル経済の末期に開設、立地条件も有利でありませんでした。

ほとんどは単独事業主による事業で、追加投資の継続ができず、リピーター確保が困難であったことが閉園の大きな要因です。立地条件の不利を補うために、直行バス運行や地元客の集客、需要に見合った規模や運営の縮小など、有効な活用対策が期待されました。

（7）九州のテーマパークと地域社会：福岡県

福岡市は、1975年（昭和50年）の山陽新幹線博多開通で、一躍、九州の玄関口になりました。福岡市近郊の太宰府天満宮が福岡県では有名な観光地、最寄り駅は西鉄太宰府線太宰府駅です。

福岡市とともに、福岡県の二大都市である北九州市は、筑豊を背後に抱え、長崎県と同様、炭鉱と製造業（製鉄所）の衰退があり、特に衰退の影響が大きい状況でした。1988年（昭和63年）に北九州市は門司港レトロ整備事業を行い、次いで、八幡製鉄所敷地に新日鉄と北九州市出資の第

3セクターより、1990年（平成2年）にスペースワールド（北九州市）を開園、2005年（平成17年）に営業権を加森観光に譲渡しました。2015年（平成27年）に明治日本の産業革命遺産が世界遺産に登録されましたが、筑豊炭鉱は途中で外され、含まれないこととなりました。せっかくの産業革命遺産ですが、工場や宅地化で失われた遺産も多く、観光に活用するためにも、炭鉱遺産の保護対策が大きな課題となっています。

（8）九州のテーマパークと地域社会：大分県と佐賀県

　大分県の別府温泉杉乃井ホテルは、1971年（昭和46年）に巨大ホテルになりましたが、1980年代に収益悪化、2004年（平成16年）に韓国・台湾からの観光客を積極的に誘致し、集客しているグローバル化の代表例です。由布院温泉は、1960年代から開発を自主規制、バブル時も堅持し、旅館・ホテルは低層で田園風景に点在するというローカル維持の代表例です。1991年（平成3年）にサンリオ・ハーモニーランドが開園、開園時は第3セクターでした。大分県の地域戦略のキーワードは、グローバル＆ローカルで、「グローカル」（造語）とも称されます。

　佐賀県の観光地としては、吉野ヶ里遺跡・虹ノ松原・伊万里・有田などがあります。佐賀県の温泉としては、武雄・嬉野があり、嬉野にテーマパークの肥前夢街道があります。鳥栖は、鹿児島本線と長崎本線の分岐駅で交通都市であり、九州新幹線にも新鳥栖駅が開設され、長崎・佐世保方面への乗換駅となっています。1998年（平成10年）に佐賀空港が開港、利用活性化のため、福岡空港の混雑を避けた貨物便や、外国LCCを積極的に受け入れています。

（9）近畿のテーマパーク：USJ ①

　USJ ユニバーサル・スタジオ・ジャパンは、1994年（平成6年）に誘致が一旦決定され、当初は新日本製鐵堺工場跡地の予定でしたが、中止になりました。

　2001年（平成13年）に、現在の住友金属・日立造船の工場跡地に変更して、USJ（大阪市此花区）は開園、当初の筆頭株主は大阪市の25%でした。当

初の内容は、ハリウッド・ニューヨーク・サンフランシスコの各エリアと、ジェラシックパーク、ウォーターワールド、アミティビレッジ、日本のみのスヌーピースタジオ、ウェスタンエリアでした。2004年（平成16年）にスパイダーマン・ザ・ライドを導入、2006年（平成18年）にウェスタンエリアを終了、2007年（平成19年）にハリウッド・ドリーム・ザ・ライドを導入しました。ちなみに、2008年（平成20年）に奥野一生著『新・日本のテーマパーク研究』（竹林館）の初版が発行され、当時の様子が掲載されています。

　2009年（平成21年）にE.T.アドベンチャーを終了、東証マザーズ上場を廃止、来場者数が、800万人と、開園2年目の2002年（平成14年）764万人に次いで少ない人数となりました。

(10) 近畿のテーマパーク：USJ ②

　2010年（平成22年）に森岡毅氏が、「米P＆G」より「USJ」へ入社、2012年（平成24年）にユニバーサル・ワンダーランドを開設、2013年（平成25年）にハリウッド・ドリーム・ザ・ライドをバックドロップでの運行に変更、2014年（平成26年）にウィザーディング・ワールド・オブ・ハリー・ポッターを開設、2015年（平成27年）に新ユニバーサル・ワンダーランドを開設、2016年（平成28年）にザ・フライング・ダイナソーを開設、任天堂エリア開設を発表、2017年（平成29年）にミニオン・パークを開設、森岡毅氏が退社しました。

　入場者数と収益の戦略としては、年間パス・ロイヤルスタジオパス・入場制限がキーワードです。すなわち、通常入場券の「スタジオ・パス」で入園したが、混雑でアトラクションに入場できなかったので、また来ようかと一旦思います。そこで、差額を支払うことで年間パスにアップグレードできるとのことで、年間パスを購入しますと、その時点でUSJは収入増となります。再来すればリピーターとなり延べ入場者数増になり、再来しなければ差額分が実質的な純益になります。また、混雑でアトラクションに入場できなかったことから、優先入場のロイヤルスタジオパスを購入（2万円台変動）することになれば、USJは高収益になります。しかし、ロ

イヤルスタジオパスを使用した優先入場者が多くなれば、他の人々は混雑で入場できないこともあります。そこでどうするかという最初の話に戻り、エンドレス循環が生じることとなります。

(11) 近畿・中国・四国のテーマパーク　動向と課題

　1991年（平成3年）にレオマワールドが開園、1993年（平成5年）に伊勢戦国時代村が開園（大新東グループ）、1994年（平成6年）に志摩スペイン村が開園、1997年（平成9年）に倉敷チボリ公園が開園しました。このように、1990年代に近畿・中国・四国で開園が続きました。

　2000年（平成12年）にレオマワールドが休園、2003年（平成15年）に伊勢戦国時代村が伊勢・安土桃山文化村に改称、2004年（平成16年）にニューレオマワールドとして再開、2005年（平成17年）に株式会社伊勢・安土桃山文化村に（分離独立）、2008年（平成20年）に倉敷チボリ公園が閉園、2010年（平成22年）にニューレオマワールドは大江戸温泉物語の運営になり、2016年（平成28年）に伊勢・安土桃山文化村は共生バンクグループに買収され、2017年（平成29年）に伊勢・安土桃山城下町に改称された。

　以上のように、近鉄の「志摩スペイン村」以外は、経営・運営の変遷があり、遊園地化（遊具中心となる以外に、実質休日のみの集客となるとの意味合いもある）、温泉施設主体化など、維持・経営・運営の方向が大きく変化しています。

(12) 様々な観光施設がある兵庫県

　兵庫県の都市観光としては、観光都市の「神戸」「姫路」「宝塚」があります。「神戸」には山手の異人館と中華街、観光牧場や人工スキー場があり神戸の夜景が美しい六甲山、「姫路」には世界遺産の姫路城、「宝塚」には宝塚歌劇があります。

　温泉観光としては、有名温泉地の「有馬」「城崎」「湯村」があります。有馬は豊臣秀吉が愛した古湯、「城崎」は志賀直哉の「城崎にて」で知られ、「湯村」はNHKドラマ「夢千代日記」の舞台で、いずれも有名な温泉地です。

　鉱山観光としては、かつての鉱山都市「生野」「神子畑」「明延」があ

ります。生野は銀山、神子畑と明延は錫の鉱山と選鉱場・両者を結んだのが「一円電車」、いずれも鉱山観光を行っています。

　産業観光（鉱山観光以外）としては、地場産業都市「豊岡市」「たつの市」「赤穂市」があります。豊岡は鞄とそば（出石そば）、たつのはそうめんと醤油（薄口）、赤穂は塩の生産で知られています。

　ユニークな施設として、姫路郊外の「太陽公園」（兵庫県姫路市）があります。本来は社会福祉施設ですが、白鳥城（ノイシュバンシュタイン城）や兵馬俑・天安門・万里の長城などを模したテーマパーク風の建築物があります。

(13) 北海道の歴史と観光

　北海道の歴史を振り返ると、以下のようになります。

　藩侯(はんこう)の時代は、江戸期、松前藩が支配（アイヌと交易）した時代、難航(なんこう)の時代は、明治期、士族の開拓（屯田兵）が難航した時代、炭鉱の時代は、炭鉱開発で、ようやく、北海道の開発が進んだ時代、三港(さんこう)の時代は、函館・小樽・室蘭の三港が本州連絡港で栄えた時代、観光(かんこう)の時代は、自然環境が観光資源で、特に航空交通の発達での観光の時代、暗光(あんこう)の時代は、漁業衰退・炭鉱閉山・地域衰退・拓銀破綻の時代です。この時代区分全体の時代名称は、筆者が考案したもので、読み仮名の最初の一文字が後ろから「あかさたなは」の順になっています。

　北海道拓殖銀行は、かつて北海道を代表する銀行でした。「たんこう（炭鉱）から、かんこう（観光）へ」のキャッチフレーズで、旧・炭鉱都市のテーマパークに融資、テーマパーク事業が失敗したため、融資回収が困難になり、北海道拓殖銀行は破綻しました。銀行は、金融の知識だけではなく、テーマパーク等の時代の先端を行く産業の知識がいることを示しています。北海道にとって、観光は重要な産業です。観光客の多くは道外から来ます。「外」の視点がなければ、大きな発展は望めず、むしろ衰退する可能性があることも示しています。

（14）北海道のテーマパーク

　1983 年（昭和 58 年）に北海道開拓の村が開園、1989 年（平成元年）にグリュック王国が開園、1990 年（平成 2 年）にカナディアンワールド・登別マリンパークニクスが開園、1992 年（平成 4 年）に登別中国庭園天華園・登別伊達時代村が開園しました。

　テーマパーク元年の 1983 年（昭和 58 年）開園の「北海道開拓の村」（北海道庁が建物を開設）を除いて、バブル末期の開設で、すぐにバブル崩壊を迎えて、経営が行き詰まりました。グリュック王国・カナディアンワールド（市営公園としては存続）、登別中国庭園天華園の 3 園が 1997 〜 2003 年（平成 9 〜 15 年）に閉園、登別マリンパークニクス・登別伊達時代村 2 園が経営・運営主体が変化しました。北海道におけるテーマパーク事業は立地や内容、運営体制など、知識と主体性が必要であったと指摘できます。

（15）世界旅行が楽しめるテーマパーク

　外国村テーマパークは、日本にいて世界旅行が楽しめるテーマパークです。特に、ひとつのテーマパークで世界一周旅行が楽しめるのが、リトルワールドと東武ワールドスクウェアです。

　リトルワールドは、1983 年（昭和 58 年）愛知県犬山市の郊外に、野外民族博物館リトルワールドとして開園しました。開園当初は、野外展示場に 17 棟の実物大の世界の建物が点在、その後、増設され、現在では世界 23 ヵ国、34 棟の建物が点在と、開園当初と比べれば倍増しました。建物だけでなく、民族衣装を着て写真撮影ができ、現地料理が提供されるなど、衣食住が体験できます。アクセスは、名鉄犬山線犬山駅からバスです。

　東武ワールドスクウェアは、1993 年（平成 5 年）栃木県日光市の鬼怒川温泉に、世界建築博物館東武ワールドスクウェアとして開園しました。実に 100 以上の世界の建築物や遺跡を 25 分の 1 の縮尺で縮小して展示しており、この種の施設としては世界最大です。「一日で世界一周」のキャッチフレーズどおり、ガリバー気分になって、世界一周旅行が楽しめます。アクセスは、東武鬼怒川線鬼怒川温泉駅からバスでしたが、2017 年（平成 29 年）に東武ワールドスクウェア前駅が開業しました。

リトルワールドは名鉄、東武ワールドスクウェアは東武、志摩スペイン村は近鉄と、路線距離の長い三大私鉄がテーマパーク事業の「外国村」「世界村」に関わっています。

(16) テーマパークで巡る、世界の観光地①
① 東アジアの観光
　韓国は、ソウル南大門が東武ワールドスクウェアに、地主の家・農家がリトルワールドにあります。
　中国は、故宮・天壇・敦煌莫高窟・雲崗の石窟・万里の長城が東武ワールドスクウェアに、秦始皇帝兵馬俑が兵庫県姫路市太陽公園にあります。
　台湾は、台北１０１・高雄龍虎塔が東武ワールドスクウェアに、農家がリトルワールドにあります。
　モンゴルは、ゲルが栃木県那須町モンゴリアンビレッジテンゲルにあります。

(17) テーマパークで巡る、世界の観光地②
② 東南アジア・南アジアの観光
　タイは、ランナータイの家がリトルワールドにあります。
　カンボジアは、アンコールワット遺跡が東武ワールドスクウェアに、ラサット・ヒン・アルンがレオマワールドにあります。
　ミャンマーは、アーナンダ寺院が東武ワールドスクウェアにあります。
　インドネシアは、バリ島貴族の家と、スマトラ島トバ・バタックの家がリトルワールドにあります。
　インドは、タージ・マハルが東武ワールドスクウェアに、南西部ケララ州の村がリトルワールドにあります。
　ネパールは、仏教寺院がリトルワールドにあります。
　ブータンは、タンチョ・ゾンがレオマワールドにあります。

(18) テーマパークで巡る、世界の観光地③
③ 西アジア・アフリカの観光

イランは、マスジット・イ・シャーが東武ワールドスクウェアに、モスクがレオマワールドにあります。
　トルコは、イスタンブールの街がリトルワールドに、モスク・トルコの町並みが柏崎トルコ文化村にありました。
　エジプトは、古代エジプト遺跡のピラミッド・スフィンクス・アブシンベル大神殿が東武ワールドスクウェアにあります。
　ブルキナファソ・ガーナは、カッセーナの家がリトルワールドにあります。
　タンザニアは、ニャキュウサの家がリトルワールドにあります。
　ジンバブエは、ンデベレの家がリトルワールドにあります。

(19) テーマパークで巡る、世界の観光地④
④ 南ヨーロッパの観光
　ギリシャは、パルテノン神殿（アテネ）が東武ワールドスクウェアにあります。
　イタリアは、コロッセオ（ローマ）・サンマルコ寺院（ヴェネチア）・ピサの斜塔（ピサ）・ミラノ大聖堂（ミラノ）が東武ワールドスクウェアに、ヴェネチアの町並みが東京ディズニーシーに、南イタリア、アルベロベッロの家がリトルワールドにあります。
　バチカンは、サンピエトロ大聖堂が東武ワールドスクウェアにあります。
　スペインは、サグラダファミリア・グエルパーク・カサビセンス・バルセロナ大聖堂（バルセロナ）・アルハンブラ宮殿（グラナダ）が東武ワールドスクウェアに、ハビエル城とスペインの町並みが志摩スペイン村にあります。

(20) テーマパークで巡る、世界の観光地⑤
⑤ 西ヨーロッパの観光
　フランスは、凱旋門・エッフェル塔・ノートルダム寺院・サクレクール寺院・ヴェルサイユ宮殿・シャンボール城（パリおよび郊外）が東武ワールドスクウェアに、南東部アルザス地方の家がリトルワールドにあります。

イギリスは、バッキンガム宮殿・ウエストミンスター寺院・タワーブリッジ・ビッグベンが東武ワールドスクウェアに、ロムニー鉄道が修善寺虹の郷に、中世英国の街が British Hills にあります。

オランダは、マヘレの跳ね橋・ザーンセスカンスの風車・キンデンダイクの風車が東武ワールドスクウェアに、オランダの町並みがハウステンボス、旧・長崎オランダ村にあります。

(21) テーマパークで巡る、世界の観光地⑥
⑥ 西・北ヨーロッパ・ロシアの観光

ドイツは、南部バイエルン州の村がリトルワールドに、ノイシュバンシュタイン城（25分の1）が東武ワールドスクウェアに、ノイシュバンシュタイン城（実物大）が兵庫県姫路市太陽公園白鳥城に、マルクスブルグ城が沖縄県宮古島うえのドイツ文化村にあり、ビュッケブルグ城・ハーナウ市庁舎等のドイツの町並みがグリュック王国にありました。

オーストリアは、ベルベデーレ宮殿が東武ワールドスクウェアにあります。

ノルウェーは、ボルグンド教会堂が東武ワールドスクウェアにあります。

デンマークは、イーエスコー城と街並みが登別マリンパークニクスにあり、チボリ公園が倉敷チボリ公園にありました。

ロシアは、ピョートル噴水宮殿（サンクトペテルブルク）・聖ヴァシリー寺院（モスクワ）が東武ワールドスクウェアにあり、ロシア正教会と街並みが新潟ロシア村にありました。

(22) テーマパークで巡る、世界の観光地⑦
⑦ アメリカ合衆国の観光

ニューヨークは、自由の女神・ワールドトレードセンター・エンパイアステートビル・クライスラービル・アメリカンスタンダードビル・プラザホテル・グランドアーミー広場・フラットアイロンビル・セントラルパークが東武ワールドスクウェアにあります。

ワシントンは、ホワイトハウスが東武ワールドスクウェアにあります。

サンフランシスコは、フィッシャーマンズワーフがUSJにあります。

　ロサンゼルスは、ハリウッドのチャイニーズシアターがUSJにあります。

　サウスダコタ州は、マウントラシュモア（ワシントン・リンカーン・ルーズベルト等の大統領の顔を彫刻・恐慌対策事業）がウェスタン村にありました。

(23) テーマパークで巡る、世界の観光地⑧

⑧ 北アメリカ（アメリカ合衆国以外）の観光

　カナダは、プリンスエドワード島がカナディアンワールドに、カナダ村が修善寺虹の郷にあります。

⑨ 南アメリカの観光

　ペルーは、大農園領主の家がリトルワールドにあります。

　チリは、イースター島のモアイ像が、宮崎県日南市日南海岸サンメッセにあります。

⑩ オセアニアの観光

　ミクロネシアは、ヤップ島の家と石貨（ミクロネシア連邦）がリトルワールドにあります。

　ポリネシアは、サモアの家（サモア独立国）がリトルワールドにあります。

「まとめ」：

　株式会社時代村が開設した歴史村には何があるか。

　夢と未来のテーマパークには何があるか。

　外国村テーマパークには何があるか。

「考察」：

　外国村テーマパークの多くが閉園した理由は何か。

　USJの入場者数増と高収益の理由は何か。

　北海道の観光と拓銀はどのような関係にあったか。

【12】テーマパークと地域社会　その2

写真24　British Hills（福島県天栄村）

写真25　モンゴリアンビレッジテンゲル（栃木県那須町）

表24:日本のテーマパーク② 20選

地図中の位置	所在都道府県市町	テーマパーク名
1	北海道芦別市	カナディアンワールド
2	北海道帯広市	グリュック王国
3	北海道札幌市	野外博物館北海道開拓の村
4	北海道登別市	登別伊達時代村 登別マリンパークニクス 登別中国庭園天華園
5	岩手県奥州市	えさし　藤原の郷
6	福島県天栄村	British Hills
7	栃木県那須町	モンゴリアンヴィレッジテンゲル
8	新潟県阿賀野市	新潟ロシア村
9	新潟県柏崎市	柏崎トルコ文化村
10	石川県加賀市	加賀百万石時代村
11	三重県伊勢市	伊勢・安土桃山城下町
12	三重県志摩市	志摩スペイン村
13	大阪市此花区	ユニバーサル・スタジオ・ジャパン
14	兵庫県姫路市	太陽公園
15	岡山県倉敷市	倉敷チボリ公園
16	香川県丸亀市	レオマワールド
17	福岡県北九州市	スペースワールド
18	大分県日出町	サンリオ・ハーモニーランド
19	佐賀県嬉野町	肥前夢街道
20	宮崎県日南市	サンメッセ日南

【12】テーマパークと地域社会　その2

分布図24：日本のテーマパーク② 20選

地形図39：2万5千分の1地形図「滝宮」平成8年修正測量
2万5千分の1地形図「善通寺」平成8年修正測量
レオマワールド　描図

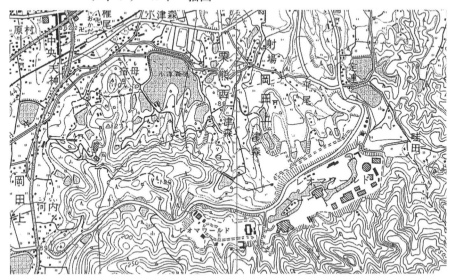

地形図40：2万5千分の1地形図「八幡」平成2年修正測量
スペースワールド・旧鹿児島本線　描図

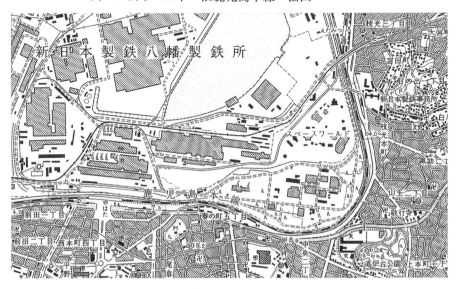

【13】日本の観光地域　その1

（1）沖縄の観光と地域社会①　歴史と産業

　沖縄は、琉球王朝時代、日本と中国との交易で栄えました。蝦夷地の昆布が琉球を経て中国へ、生糸が中国から琉球へともたらされたのです。薩摩藩の支配下では、サトウキビ栽培、黒砂糖生産が拡大しました。

　1972年（昭和47年）の沖縄本土復帰まで、沖縄の産業は農業が中心でした。1975年（昭和50年）の沖縄海洋博覧会開催や、1980年代の対本土との航空交通の発達にともない、観光業が発達しました。ただし、航空企業などの本土資本中心のホテル開設などの観光開発で、人材も本土からで、そのため、地元企業・地元人材の育成が大きな課題となっています。観光の地域格差も大きく、本島では南部から中部西海岸までが観光の中心、本島北部は観光客が比較的少ない状況です。

（2）沖縄の観光と地域社会②　離島航空　その1

　1956年（昭和31年）に宮古空港・石垣空港で那覇線開設、1957年（昭和32年）に与那国空港で石垣線開設、1965年（昭和40年）に久米島空港で那覇線開設・南大東空港で那覇線開設、1971年（昭和46年）に多良間空港で宮古線開設、1972年（昭和47年）に北大東空港で那覇線開設・波照間空港で石垣線開設（現在運休）と、沖縄本土復帰までに、離島にも航空路が開設されていました。

　1978年（昭和53年）に粟国空港で那覇線開設（現在運休）、1983年（昭和58年）に慶良間空港で那覇線開設（現在運休）、2000年（平成12年）に与那国空港で那覇線開設と、航空路開設も続きましたが、船舶航路の高速化の影響もあって、運休路線も出現しています。

（3）沖縄の観光と地域社会③　離島航空　その2

　1978年（昭和53年）に宮古空港で那覇線ジェット化、1979年（昭和54年）に石垣空港で那覇線ジェット化と、沖縄離島の2大離島が1970年代にジェット化されました。ただし、かつて、本土側で沖縄離島線の航空券

を購入する場合には、那覇までの航空券と同時購入など、航空券入手でやや制約された時期がありました。

　1989年（平成元年）に宮古空港で東京線開設、1992年（平成4年）に宮古空港で大阪線開設、1993年（平成5年）に石垣空港で東京線開設、1994年（平成6年）に石垣空港で関西線開設と、沖縄離島の2大離島が1990年前後に東京・大阪からの直行便（ただし、石垣空港での最大離陸重量の制限から、石垣からは経由便）が運航されることとなりました。1997年（平成9年）に久米島空港で那覇線ジェット化、東京線開設（季節運航）、1999年（平成11年）に与那国空港で石垣線ジェット化と、1990年代に久米島と与那国島のジェット化（現在、ジェット便は少ない）が行われました。

　2013年（平成25年）の新石垣空港開港により、空港旅客数・観光客数は急増しています。滑走路長が長くなったため、最大離陸重量の制限がなくなり、石垣空港で燃料が満載できるようになったため、石垣空港からも直行便が運航できるようになりました。空港・航空の発達が、観光に大きな影響をもたらす典型的な事例です。

（4）沖縄の観光と地域社会④　動向と課題

　沖縄観光でも、高速交通の発達により、離島観光が特に人気です。

　八重山地域は、石垣島を中心に、竹富島・小浜島・西表島が人気の観光地となっています。宮古地域では、宮古島を中心に、伊良部島・池間島・来間島へは架橋されて、八重山地域についで人気の観光地です。慶良間諸島の座間味村・渡嘉敷村は、復帰後すぐから、観光客を積極的に誘致、比較的早くに最適な高速船を就航させ、ダイビングで人気となっています。与那国島は、海底遺跡とダイビングで注目され、南大東島は、独特の自然景観で、クルーズ船も寄港（接岸せず、沖に停泊、通船で上陸）します。

　反対に、観光客が比較的少ない離島は、伊平屋島・渡名喜島・多良間島・北大東島・波照間島などで、交通の利便性が大きく影響しています。

（5）沖縄でおすすめの「観光地」

　パワースポットとしては、斎場御嶽・「神の島」久高島があります。沖

縄の聖地・パワースポットは御嶽であり、特に、斎場御嶽・「神の島」久高島は最高の聖地とされています。

伊平屋島・渡名喜島は、交通が不便で観光客が少なく、観光地化が進まず、それが古き良き沖縄の風景が残ることとなっています。

多良間島・波照間島は、楕円形のサンゴ礁の島で、低平でサトウキビ畑が広がります。

南大東島・北大東島は、世界的にも珍しい隆起サンゴ礁の島で、海底2,000mからそそり立ち、サトウキビ畑が広がります。

(6) 沖縄観光と地域社会の今後の課題

沖縄の産業立地条件から、観光は重要な産業です。観光が発達すれば、地域社会の交通改善など、地域社会の発展に大いに貢献することとなります。しかしながら、観光開発は比較的本土資本主導で、沖縄は失業率が高い状況にありますが、就業率向上につながる直接的な産業振興による、広範囲の地域発展にまで、まだ、いたっていない状況です。

沖縄においては、観光は重要な産業であるとの認識は勿論ありますが、交通など実態を重視した研究や、必要とされる人材養成は不足しています。また、沖縄本島内、沖縄離島間で、交通利便性に大きな差異があり、観光格差につながっています。早急に対策を講じないと、観光の基礎からして不十分で、発展にまで至らないこととなります。

観光では、対策のスピードが必要との典型的な事例です。

(7) 九州の観光と地域社会　動向と課題①　世界遺産と観光

九州本土での世界遺産登録を目指し、2006年（平成18年）に九州近代化産業遺産として九州全体の取り組みが始まりました。2009年（平成21年）に山口が加わって九州・山口の近代化産業遺産群となり、2014年（平成26年）に九州・山口以外も加わって明治期日本の産業革命遺産へとさらに拡大しました。2015年（平成27年）に明治日本の産業革命遺産として、製鉄・製鋼、造船、石炭産業が世界遺産に登録されました。九州以外に、山口県萩、静岡県韮山、岩手県橋野も含むこととなりました。

取り組みの経緯から、九州が中心であり、代表的遺産は、石炭産業の高島端島炭鉱（軍艦島・長崎県長崎市）と、三池炭鉱（福岡県大牟田市・熊本県荒尾市）です。特に、軍艦島（端島炭鉱）観光が、大人気となっています。さらに、2017年（平成29年）に沖ノ島・宗像大社が世界遺産に登録されました。

（8）九州の観光と地域社会　動向と課題②　地震と観光

1792年（寛政4年）5月21日夜、「島原大変・肥後迷惑」と称されるように、大地震が発生、島原雲仙の眉山が崩落、肥後に大津波が押し寄せました。

その約100年後、1889年（明治22年）7月28日（日）23時45分に震度7相当の明治熊本地震が発生、熊本城石垣が被災しました。ちなみに、建物は1877年（明治10年）の西南戦争でほとんどが消失していました。天守も1960年（昭和35年）の再建です。

そしてその約130年後、2016年（平成28年）4月14日（木）21時26分に震度7の大地震が発生、続いて、同月16日（土）01時25分に震度7の大地震が発生、連続大地震の平成熊本地震が発生、再び、熊本城が被災しました。熊本城が被災したのは初めてではなく、二回目です。明治熊本地震被災後、石垣の修復を行いましたが、再び、大きく被災しました。

このように、熊本は、100年に一度は大地震が発生しているところで、一連の地震は、すべて夜間に発生しています。発生時期は4月～7月の気温上昇期です。なお、周期が長くなるとエネルギーがより蓄積し、より大きな地震が発生する場合があります。

（9）九州の観光と地域社会　動向と課題③　災害復興と観光

九州は、雲仙・阿蘇山・霧島・桜島など、活発な活動で有名な活火山があり、優れた観光資源となるとともに、自然災害のリスクがあります。したがって、「観光と自然災害」を考える典型的な事例となります。

復旧・復興には、交通機関、特に高速交通の復旧が重要で、阪神淡路大震災・東日本大震災の経験から、熊本地震で被災した空港・新幹線・高

速道路が、当初は長引く予想でしたが、早期に復旧しました。自然災害後は、「時間」「空間」の勝負とされ、短期間復興・広域連携復興が必要となります。まだ、復興途上で、より一層の地元市町村の活動や連携が必要となるでしょう。

(10) 戦後、九州の観光をリードした宮崎

　1941年（昭和16年）太平洋戦争開戦、1942年（昭和17年）関門海底トンネル開通で本州と九州が鉄道で接続、1945年（昭和20年）太平洋戦争終戦、1947年（昭和22年）～1949年（昭和24年）ベビーブーム、進駐軍専用列車運転開始、そこから東京～九州間直通旅客列車運転開始となりました。

　1960年（昭和35年）に昭和天皇第五女結婚で新婚旅行をされ、新婚旅行がブームとなりました。1961年（昭和36年）に福岡空港ジェット化、1966年（昭和41年）の宮崎空港ジェット化は地方空港初でした。東京～九州直通旅客列車運転、新婚旅行ブーム、宮崎空港ジェット化で、新婚旅行先として宮崎がブームとなり、1970年代までフェニックスハネムーンブームと称され、ベビーブーム世代の結婚時期であり、主要道路沿いには椰子の木の並木道が整備され、日南海岸・青島など、宮崎は大いににぎわいました。

　1996年（平成8年）JR宮崎空港線開業、地方空港に空港アクセス鉄道が乗り入れるのは初めてでした。2002年（平成14年）スカイネットアジアが羽田～宮崎線に就航、「九州・宮崎の翼」として参入、戦後の宮崎の観光化に貢献した宮崎交通が出資（本社は宮崎市）、しかし、2004年（平成16年）スカイネットアジアは産業再生機構の経営支援を受けることとなり、2011年（平成23年）スカイネットアジアからソラシドエアに変更となりました。

(11) かつての九州観光「ゴールデンルート」

　かつての九州観光で、「ゴールデンルート」とされたのは、大阪～別府～阿蘇～熊本～島原～雲仙～長崎～大阪で、九州観光の定番であり、団体旅行、特に高等学校の修学旅行コースでありました。大阪～別府間は関西汽船（現・フェリーさんふらわあ）、別府～阿蘇～熊本間は九州産業交通（現・

HISの傘下）で九州横断バス（やまなみハイウェイ）として現在も存続、熊本～島原間は九州商船（現・九商フェリー）、島原～雲仙～長崎間は島原鉄道（バス）・長崎県交通局が運行しました。

1975年（昭和50年）の山陽新幹線博多開通により、大きな影響を受け、九州の観光ルートが、九州横断から縦断へ、すなわち、博多駅から別府へ、博多駅から熊本・鹿児島へ、博多駅から長崎へと変化しました。

(12) 九州観光の盛衰

1980年代の航空交通の発達による北海道・沖縄観光が興隆する前、東京・大阪からの長距離国内旅行といえば、九州でした。船会社（関西汽船・九州商船）・バス会社（九州産業交通）・旅館と旅行社が連携、団体旅行の受け入れ態勢を早期に整えました。特に、大都市の高等学校修学旅行は、1学年で最大600人（50人×10クラス、付き添い教員・旅行社の添乗員・バス会社の運転手さんとバスガイドさん、その総計）を収容できる旅館が必要で、輸送力のある船、台数を保有するバス会社、大規模旅館が必要でした。

高速交通（航空交通・新幹線）の時代となり、個人旅行主体となって、九州観光は大きく変貌の時期をむかえることとなります。新たな観光資源、快適な高速交通体系が求められる時代となりました。

(13) 鹿児島県の対応　その1

1972年（昭和47年）の鹿児島空港が移転（鹿児島市内より約1時間）、1987年（昭和62年）のJR九州が発足、1988年（昭和63年）に奄美空港移転ジェット化、1992年（平成4年）に鹿児島本線特急「つばめ」運転開始（水戸岡氏デザイン）、2004年（平成16年）に九州新幹線新八代～鹿児島中央開業（先行開業）、2011年（平成23年）に九州新幹線博多～新八代開業（全通）と、交通が発達しました。

鹿児島県は、宮崎県と同様に南九州で、福岡県の博多から遠く、時間距離を短縮することが大きな課題でした。九州新幹線全通前の福岡～鹿児島間の航空路利用は、宮崎と同様でしたが、鹿児島空港移転で鹿児島市内からは不便となっていました。

新幹線（フル規格）開通は悲願で、異例の先行開業を実現して全通、博多～鹿児島中央間新幹線で最速1時間17分は、博多～長崎間特急で最速1時間53分や博多～大分間特急で最速2時間3分より早く、時間距離では、圧倒的な短縮（速さ）となりました。

(14) 鹿児島県の対応　その2

　九州新幹線開通により、鹿児島県内の状況はどうなったでしょうか。九州新幹線開通で、鹿児島市の鹿児島中央駅は勿論、西部の薩摩川内市の川内駅・出水市の出水駅は、在来線駅に新幹線駅が設置されて従来通りの駅の位置であるので便利です。しかし、川内駅以北の旧・鹿児島本線はJRから分離されて肥薩オレンジ鉄道となり、電化されていたにも関わらずディーゼルカー運行となり、特に阿久根市などは不便となり、地域経済の衰退に陥った自治体もあります。

　在来線廃止や廃止の可能性としては、東部の大隅半島や北部の伊佐方面は鉄道が廃止となり、薩摩半島方面も、JR指宿枕崎線が、山川より先で廃止の可能性があります。

　離島の交通格差として、種子島・屋久島はジェットフォイルが就航、奄美大島の奄美空港はジェット化されたが、他の離島はジェットフォイルやジェット機が就航せず、格差が大きい状況です。

　以上のように、鹿児島県内では、高速交通で利便性が高い地域と、高速交通の恩恵がない地域との格差が大きく、したがって、観光にも大きな影響があります。

(15) 九州観光と地域社会の課題

　かつて、九州の観光は、各地域のバス会社が、路線バス・定期観光バス・貸し切りバスを運行し、観光に貢献しました。現在も、高速路線バスが重要な交通機関です。しかし、福岡（博多）中心の縦の交通体系となりました。

　現在も、バス交通に頼る観光地は多く、縦のJR線から、横方向へ連携するバス交通が求められます。観光の発展とともに、地域社会の維持にも、このような交通ネットワーク構築は重要です。

また、テーマパークの時代から、地方自治体が観光に関わることが増えていますが、地元関係のみの場合が多い。やはり、九州広域の連携、県境を越えた連携が求められます。

(16) 九州おすすめの「観光地」①　鉱山観光と温泉・レトロ

　炭鉱遺産観光としては、2015年（平成27年）の明治日本の産業革命遺産登録で、含まれなかった炭鉱遺産として、福岡県志免・筑豊（飯塚・田川・嘉麻等）・佐賀県の炭鉱遺産があります。長崎県池島炭鉱（九州最後の炭鉱）では、炭鉱遺産観光を実施しています。飯塚には、嘉穂劇場や伊藤伝右衛門邸があります。

　金山観光としては、大分県「地底博物館鯛生金山」と鹿児島県「ゴールドパーク串木野・金山蔵」の鉱山テーマパークがあります。

　人吉は、かつて林業で栄えた町で、最初の鹿児島本線（現・肥薩線）はここを通りました。肥薩線は、大畑などにループ線とスイッチバックがあり、観光列車が走ります。球泉洞と球磨川下りも楽しめます。

　人気の温泉としては、黒川温泉があります。交通が不便、旅館の風呂に格差、温泉情緒が少ないという状況であったのを、各旅館の風呂を共同利用（風呂手形）、建物統一、植林推進を行って、人気の温泉となりました。

　レトロ街並み観光としては、豊後高田があります。かつて豊後の中心でしたが、幹線鉄道が外れて通過したために早期に衰退、そのため商店が立て替えることができず、昭和の街のまま残ることとなったのを逆手にとって、再活用して人気となりました。

(17) 九州おすすめの「観光地」②　離島観光

　壱岐はかつて壱岐国で、古墳、海食洞などの海岸地形、海産物が豊富で温泉があり、対馬は国境の島、厳原は城下町、リアス式海岸、万関運河、韓国が遠望できる展望台があります。五島は教会が多数点在、福江は城下町、奈留島にユーミンの歌碑があります。

　甑島は上甑島にトンボロ・砂州・潟湖の地形、下甑島に断崁地形があります。種子島は鉄砲伝来の地、サトウキビ栽培と畜産が盛んで、屋久島

は屋久杉ランドがあり、世界遺産登録で観光客が急増しました。
　奄美大島は大自然が残り、鶏飯・大島紬・黒糖焼酎が有名です。喜界島は隆起サンゴ礁の台地地形で、僧俊寛の墓があります。徳之島は長寿の島として有名（泉重千代さん）、畜産が盛んです。沖永良部島は鍾乳洞（昇竜洞）があり、花の栽培が盛んです。与論島はサンゴ礁海岸の百合ヶ浜があり、畜産が盛んです。

(18) 四国地方の観光と地域社会：四国八十八ヶ所

　四国八十八ヶ所は、讃岐国の弘法大師空海が修行を行った道とされ、その遺蹟巡礼から始まり、江戸時代初期に「四国遍路」が成立、道しるべも整備されました。明治期に廃仏毀釈運動の影響を受けて、廃寺が出現するなど、札所の変遷があり、最終的に確定したのは、実に平成に入ってからの1993年（平成5年）です。昭和初期に、乗り物と旅館宿泊を組み合わせた観光旅行化が行われています。1942年（昭和17年）に、善通寺を中心として「四国八十八ヶ所霊場会」が設立されました。
　四国八十八ヶ所巡りは、徒歩では40日程度、自動車利用で10日前後、最短最速では5日で一巡可能とされています。この四国八十八ヶ所遍路のツアーを早くから企画しているのが伊予鉄バスで、伊予鉄は遍路グッズも販売しており、四国観光の代表となっています。

(19) 四国地方の観光と地域社会：愛媛県

　県庁所在地が温泉観光地の模範となっているのが、愛媛県です。
　県庁所在地松山市の道後温泉は江戸期に松山藩主が整備、1894年（明治27年）に道後温泉本館が完成、翌年に夏目漱石が松山中学校に赴任、小説「坊ちゃん」に道後温泉が登場して有名になりました。2001年（平成13年）に伊予鉄道市内線で「坊ちゃん列車」の運転を開始しました。司馬遼太郎「坂の上の雲」の秋山兄弟出身の地で、秋山兄弟生誕の地や「坂の上の雲ミュージアム」があります。
　新居浜市は、住友発祥の地「別子銅山」がありました。銅山観光の「マイントピア別子」、「別子銅山記念館」「広瀬歴史記念館」など、代表的鉱

業観光都市であり、市内や山中に鉱業遺跡が多数点在しています。

　西条市は、輝安鉱（アンチモン）の世界的産出地でした。四国鉄道文化館があり、西日本最高峰石鎚山登山口で、山間部では冬季積雪、スキー場が開場可能となります。

　伊予大洲市は伊予の小京都といわれ、内子町では街並みが保存されています。大三島の大山祇神社は、伊予国一宮で、古来より鎧兜の寄進が多い。

(20) 四国地方の観光と地域社会：香川県

　「うどん県」だが「うどん」だけではないのが、香川県です。

　琴平町は金毘羅宮の門前町で、JR土讃線と高松琴平電鉄が通じています。かつては、他に2本の鉄道、計4本の鉄道路線が通じていました。

　屋島は高松や瀬戸内海を望む景勝地、かつてケーブルカーがあり、源平の古戦場、山頂に水族館、麓に野外博物館「四国村」があります。

　小豆島はオリーブの島として有名で、醤油・佃煮・そうめんの特産品もあり、壺井栄「二十四の瞳」の舞台で、「二十四の瞳映画村」があります。日本三大渓谷の寒霞渓があり、特に紅葉のシーズンは絶景となります。潮の満ち引きで現れる、恋人たちの聖地「エンジェルロード」も人気のスポットとなっています。豊島は産廃問題で有名になりましたが、本来は、農業・畜産・漁業・採石が盛んだった文字通り豊かな島で、牛乳生産から福祉施設が立地しました。

　与島は、瀬戸大橋の橋脚の島、採石の島から、一時は一大観光島になりました。観音寺市は、琴弾公園に巨大な銭型の砂絵があり、冷凍食品の旧・加卜吉の所在地でもあります。

(21) 四国地方の観光と地域社会：徳島県

　「阿波踊り」、今は視察観光で注目されるのが、徳島県です。

　阿波踊りは徳島の盆踊りで、期間中は大勢の観光客でにぎわい宿泊施設は満員になります。しかし、短期間のため、宿泊施設の増設には至らない。

　鳴門市は渦潮で有名な鳴門公園、大塚国際美術館（有名絵画の複製）、鳴門市ドイツ館、四国八十八か所第1番・第2番札所があります。

阿波の土柱は、阿波市にある浸食地形で、浸食されて土壁が柱状になったものです。脇町は、現・美馬市で、特産の藍の集散地として栄え、うだつの町並みが誕生、鉄道が対岸に開通したため、古い町並みが残りました。
　祖谷峡・大歩危・小歩危は、四国山地を吉野川が横断、深く刻まれた峡谷で断崖絶壁が連続する場所となっており、峡谷に架かる祖谷のかずら橋が有名です。
　上勝町は、「つま」と称される「葉っぱビジネス」で有名になりました。1980年代後半から開始、地域資源と高齢者活用の先駆例として注目されています。神山町は、スダチ生産で有名でしたが、2011年（平成23年）までに光回線を町内に整備、その結果、IT企業のサテライトオフィスが多数進出、人口増になりました。両町とともに、視察観光が多い。

(22) 四国地方の観光と地域社会：高知県

　坂本龍馬とアンパンマン、清流四万十川と黒潮を実感するのが、高知県です。
　高知は高知城の城下町、坂本龍馬誕生地で坂本龍馬の生まれたまち記念館があり、駅前には「龍馬伝」幕末志士社中（「龍馬伝」のドラマセット）があり、桂浜には、坂本龍馬像・坂本龍馬記念館があります。
　龍河洞は香美市にある鍾乳洞で、日本三大鍾乳洞とされ、弥生式土器が出土しました。香美市立やなせたかし記念館は、1996年（平成8年）開館の「アンパンマンミュージアム」と「詩とメルヘン絵本館」があります。
　室戸岬は、2011年（平成23年）世界ジオパークに認定、中岡慎太郎像が立つ。四万十川は、本流に大規模なダムが建設されていないことから、「最後の清流」と称され、洪水に備えた欄干のない沈下橋が47もあります。足摺岬は、足摺岬灯台、四国八十八箇所第三十八番札所金剛福寺があり、柏島は、ダイビング観光の島（架橋島）で、2002年（平成14年）NPO法人黒潮実感センターが設立され、体験学習の場ともなっています。

(23) 中国・四国地方の観光と地域社会：本四連絡橋

　1985年（昭和60年）の大鳴門橋開通（淡路島〜鳴門）に続いて、1988年

（昭和63年）に瀬戸大橋が開通（児島～坂出）、鉄道道路併用橋で、岡山が四国への交通拠点になり、高松・高知・松山・徳島へ直通列車が運行されています。

1998年（平成10年）に明石海峡大橋が開通（明石～淡路島）、1999年（平成11年）にしまなみ海道が全通（尾道～今治）と、本四連絡橋3ルートが、20世紀中にすべて全通、交通路としてのみならず、観光資源として活用されています。

本四連絡橋建設の契機は、1955年（昭和30年）の国鉄宇高連絡船紫雲丸沈没事故で、日本国内の戦後期の海難事故としては最大級の事故です。ちなみに、航空機事故として最大級であるのが1985年（昭和60年）の日本航空ジャンボ機墜落で、鉄道事故として最大級であるのが2005年（平成17年）のJR西日本福知山線列車脱線事故です。

「まとめ」：
沖縄で人気の離島観光地はどこか。
九州で自然災害は観光とどうかかわるか。
四国八十八ヶ所の観光化を進めた業者はどこか。
「考察」：
沖縄で観光格差が発生する要因は何か。
新幹線開通で九州の観光交通はどのように変化したか。
松山及び道後温泉が観光地として発達した理由は何か。

【13】日本の観光地域　その1

写真26　ユーミン歌碑（長崎県五島市奈留島）

写真27　軍艦島（長崎県長崎市端島）

表25：沖縄の空港と県内航空路線20選

地図中の位置	空港・県内航空路線	おもな就航航空企業
1	那覇空港	日本トランスオーシャン航空など
2	北大東空港	琉球エアーコミューター
3	南大東空港	琉球エアーコミューター
4	久米島空港	琉球エアーコミューター
5	宮古空港	日本トランスオーシャン航空など
6	多良間空港	琉球エアーコミューター
7	新石垣空港	日本トランスオーシャン航空など
8	与那国空港	琉球エアーコミューター
9	那覇～北大東線	琉球エアーコミューター
10	那覇～南大東線	琉球エアーコミューター
11	那覇～久米島線	琉球エアーコミューター
12	那覇～宮古線	日本トランスオーシャン航空など
13	宮古～多良間線	琉球エアーコミューター
14	宮古～新石垣線	琉球エアーコミューター
15	那覇～新石垣線	日本トランスオーシャン航空など
16	那覇～与那国線	琉球エアーコミューター
17	新石垣～与那国線	琉球エアーコミューター
18	粟国空港	現在、定期航空路無
19	慶良間空港	現在、定期航空路無
20	波照間空港	現在、定期航空路無

注：他に、伊江島空港、伊是名飛行場（場外離着陸場）などがあるが、定期航空路はない。

【13】日本の観光地域 その1

分布図 25：沖縄の空港と県内航空路線 20 選

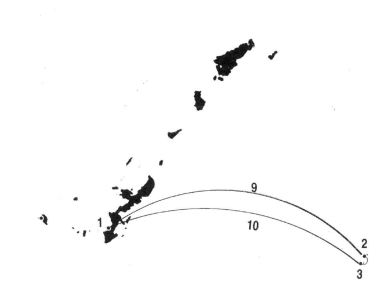
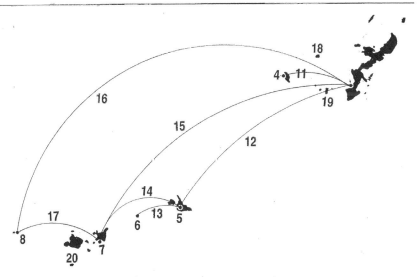

表 26：四国・九州のおすすめの観光地・施設 20 選

地図中の位置	所在県市町村等	観光地・施設等
1	徳島県・兵庫県	大鳴門橋
2	香川県・岡山県	瀬戸大橋
3	愛媛県・広島県	しまなみ海道
4	高知県香美町	龍河洞
5	高知県四万十市	四万十川
6	高知県土佐清水市	足摺岬
7	徳島県上勝町・神山町	視察観光
8	徳島県阿波町	阿波の土柱
9	徳島県三好市	祖谷渓・大歩危・小歩危
10	香川県高松市	屋島
11	愛媛県西条市	四国鉄道文化館
12	愛媛県伊予大洲市	大洲城
13	福岡県飯塚市	嘉穂劇場・伊藤伝右衛門邸
14	福岡県大牟田市	三池炭鉱史跡
15	長崎県五島市	奈留島（ユーミン歌碑）
16	長崎県長崎市	池島
17	長崎県長崎市	軍艦島
18	熊本県人吉市	人吉温泉・大畑ループ
19	宮崎県宮崎市	日南海岸・青島
20	鹿児島県薩摩川内市	甑島

分布図 26：四国・九州のおすすめの観光地・施設 20 選

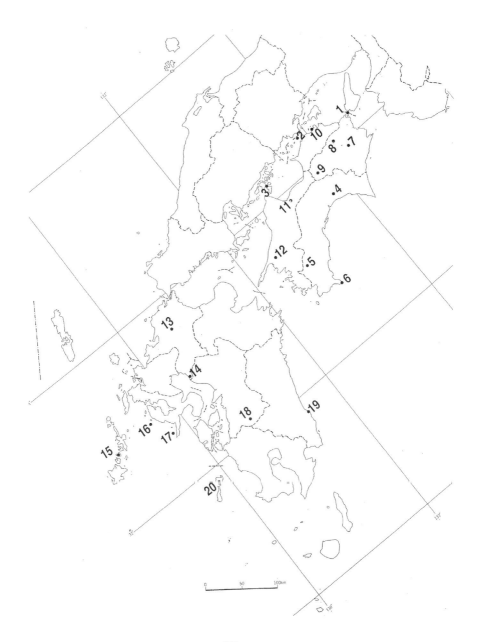

地形図41：2万5千分の1地形図「大畑」昭和41年測量
　　　　大畑駅スイッチバック・ループ線　描図
　　　　・2万5千分の1地形図最初の図

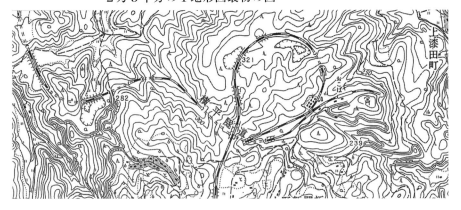

地形図42：5万分の1地形図「里村」明治34年測図（0.9倍に縮小）
　　　　甑島里村トンボロ（陸繋砂州）・長目濱（砂州）・海鼠池（潟湖）
　　　　描図・5万分の1最初の図

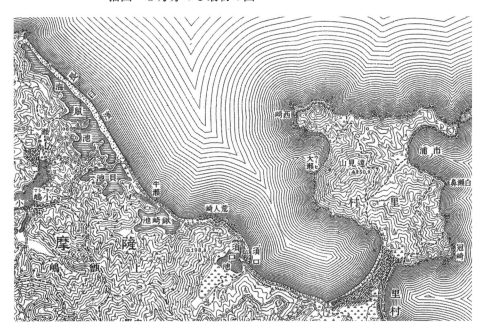

【14】日本の観光地域　その2

（1）近畿・中国地方の観光と地域社会

　近畿・中国地方の動向と課題として、世界遺産登録では、1993年（平成5年）法隆寺地域の仏教建造物（奈良）・姫路城（兵庫）、1994年（平成6年）古都京都の文化財（京都・滋賀）、1996年（平成8年）原爆ドーム（広島）・厳島神社（広島）、1998年（平成10年）古都奈良の文化財（奈良）、2004年（平成16年）紀伊山地の霊場と参詣道（和歌山・奈良・三重）、2007年（平成19年）石見銀山とその文化的景観（島根）、2015年（平成27年）明治日本の産業革命遺産（山口）と、日本の世界遺産（文化遺産）は圧倒的に近畿・中国地方、中でも近畿地方に多く、特に奈良県は3件にまたがります。反対に、四国地方にはなく、近畿では唯一、大阪府になく、中国地方では岡山県・鳥取県にはない。

　多くの世界遺産がある背景は、近畿・中国地方に活発な活火山がないこと、瀬戸内海の海運の便など、自然環境に恵まれて、古くから日本の中心であったことが深く関係しています。

（2）中国地方の観光と地域社会：山口県

　歴史・自然・絶景・鉱業・産業観光と幅が広いのが、山口県です。

　萩市は歴史的観光都市で、萩反射炉・萩城下町・松下村塾等が2015年（平成27年）に明治日本の産業革命遺産として世界遺産に登録されました。

　角島大橋は下関市豊北町にあり、2000年（平成12年）に開通、景観に配慮した設計で自動車のテレビCMに登場、絶景ロードとして有名になりました。

　岩国市は岩国城・錦帯橋・地底王国美川ムーバレーといった観光施設があり、また、米軍岩国基地では、日米親善デーに基地を開放、軍用機展示、航空ショーを開催、多数の観光客で大賑わいとなります。

　美祢市はかつて炭鉱都市、現在は石灰石を採掘してセメントを生産、秋吉台・秋芳洞・長登銅山跡などの観光資源があります。

　宇部市はかつて炭鉱都市、現在は宇部興産の工業都市で、美祢と宇部

の間は、宇部興産専用道路が 1975 年（昭和 50 年）に開通、石灰石と石炭を輸送、宇部市交通局が産業観光ツアーを開催しています。

（3）中国地方の観光と地域社会：広島県

原爆ドームと安芸の宮島、瀬戸内海観光の代表が、広島県です。

広島市は中国四国地方の中心都市で、戦前は代表的な軍事都市、原爆ドームは平和学習として、修学旅行先となっています。

宮島（廿日市市）は、厳島神社、原爆ドームとともに、世界遺産に登録され、JR と広島電鉄の宮島口駅から、フェリーが頻繁に運行されています。

呉市は、戦前に海軍工廠があった軍事都市で、現在は海上自衛隊基地があります。「大和ミュージアム」と「てつのくじら館」の開館で、観光客が増加しました。

尾道市は、坂の街、文学の街、映画の街、最近ではアニメの街となりました。千光寺・千光寺公園・文学のこみちがあり、朝ドラ「てっぱん」にも登場しました。

鞆の浦は江戸時代の港湾施設と街並みが残り、「崖の上のポニョ」の舞台ともされています。

しまなみ海道は、尾道～向島～因島～生口島までが広島県、生口島には、西の日光と称される博物館耕三寺があります。とびしま海道は、呉～下蒲刈島～上蒲刈島～豊島～大崎下島までが広島県です。

（4）中国地方の観光と地域社会：岡山県

山と海、産業と教育の県であるのが、岡山県です。

倉敷市には倉敷川畔に美観地区があり、近代期に川を半分埋め立て、西洋風の大原美術館を建設、蔵屋敷を集めて設置、街並みを作りました。鷲羽山は瀬戸内海に突き出た景勝地で、瀬戸大橋の本州側の渡海地点、かつて茶屋町～鷲羽山～下津井間には軽便鉄道がありました。

高梁市には備中松山城があり、吹屋（重要伝統的建造物群保存地区）には、笹畝坑道・ベンガラ館・旧高梁市立吹屋小学校・広兼邸など、観光資源が点在、休日などにボンネットバスが運行されます。

備前市には、閑谷学校（江戸期に岡山藩が開校した学校）と備前焼があります。
　岡山市・津山市はともに城下町で、岡山には後楽園、津山には衆楽園の庭園があります。
　温泉では、美作三湯といわれる、湯郷・湯原・奥津の三温泉があります。
　柵原ふれあい鉱山公園は、美咲町（旧・柵原町）にある鉄道・鉱山公園で、旧・片上鉄道吉ヶ原駅を再利用、車両の動態保存（運転会開催）を行っています。

(5) 中国地方の観光と地域社会：鳥取県
　砂丘と梨、水木しげると青山剛昌で知られるのが、鳥取県です。
　鳥取市は城下町で、鳥取砂丘、湖山池（日本最大の池）、白兎海岸があります。倉吉市は、打吹玉川沿いの白壁土蔵群（重要伝統的建造物群保存地区）があり、鳥取二十世紀梨記念館なしっこ館が2001年（平成13年）に開館しました。
　温泉では、三朝温泉・岩井温泉・羽合温泉・東郷温泉・皆生温泉があり、三朝町の三徳山三仏寺は、国宝投入堂で有名です。
　大山は有史以前に噴火した火山で、独立峰をなす登山観光が人気です。
　境港市は日本海有数の水産都市で、境水道大橋はテレビCMに登場し、有名になりました。また、1993年（平成5年）に水木しげるロードが建設され、2003年（平成15年）に水木しげる記念館が開館しました。
　青山剛昌ふるさと館は、2007年（平成19年）北栄町の道の駅大栄に開館、代表作「名探偵コナン」は1994年（平成6年）に連載開始、1996年（平成8年）にテレビアニメ化され、以来20年以上となります。

(6) 中国地方の観光と地域社会：島根県
　ここだけは神在月となる出雲の地であるのが、島根県です。
　松江市には松江城・小泉八雲旧居・武家屋敷・堀川遊覧船・玉造温泉があり、出雲市には出雲大社（縁結びの神様）・荒神谷遺跡（多数の刀剣が出土）があります。一畑電鉄は、一畑寺（一畑薬師）への参詣鉄道が起源です。

安来市には足立美術館（近代日本画、特に横山大観のコレクションと、日本庭園が有名）と和鋼博物館（鉄の歴史ミュージアム）があります。出雲坂根駅は、珍しい三段式スイッチバックの駅です。
　大田市大森町には、石見銀山、大森銀山（伝統的重要建造物群保存地区）があり、大田市温泉津町には温泉津温泉の共同浴場元湯泉薬湯・薬師湯があります。
　津和野町は小京都といわれ、森鴎外生家・森鴎外記念館があります。
　隠岐の島後島には、白島海岸・浄土ヶ浦、玉若酢命神社・水若酢神社が、島前（西ノ島・知夫里島・中ノ島）の西ノ島には国賀海岸・魔天崖、知夫里島には赤壁、中ノ島には隠岐神社があり、海士町は視察も多い。

（7）近畿地方の観光と地域社会：大阪府

　ユニークな観光施設があるのが、大阪府です。
　国立民族学博物館は、万博記念公園内にあり、1977年（昭和52年）に開館、日本民族学会所蔵資料と日本万国博覧会展示用に世界から収集した資料を展示するために設置されました。1989年（平成元年）に大学院を設置、博物館であるとともに、大学院教育を行う教育研究施設です。校外学習や修学旅行の行き先となることも多い。
　ひらかたパークは、京阪電鉄の遊園地で、かつてNHK大河ドラマをテーマとした菊人形で有名でした。南海電鉄のみさき公園と共に、電鉄系遊園地で残る、アイデア勝負の投資を抑えた集客戦略を行っています。
　通天閣と新世界は、1903年（明治36年）開催の内国勧業博覧会跡地に、1912年（明治45年）通天閣（凱旋門とエッフェル塔を合体）とルナパークからなる新世界が誕生したのを起源としており、現・通天閣は1956年（昭和31年）の開業です。串カツが有名ですが、地元客は限定的な常連客です。

（8）近畿地方の観光と地域社会：奈良県

　奈良盆地と紀伊山中での格差が大きいのが、奈良県です。
　奈良県北部の奈良盆地には、平城京旧趾があり、神社・仏閣が多い状況は、京都市と同様です。

大仏商法と称されるのは、史跡が多いため、古くから大阪からの校外学習や、東京・名古屋からの修学旅行を含めて、一定の観光客が訪れるため、積極的な観光客誘致をあまり行わず、「座って待つ」からこう呼ばれます。
　観光客の多くは京都や大阪に宿泊して、奈良に日帰りで観光、結果、観光客の宿泊は少なく、宿泊施設が少なく、特にビジネスホテルが発達していません。
　旧・国鉄（現・JR）の電化が遅かったため、県内交通は近鉄電車と系列バスの奈良交通が中心で、そのため近鉄依存と称され、観光客の集客も近鉄の影響が大きい。
　吉野町は、吉野杉など林業の町であり、吉野山は桜の名所としても有名です。
　奈良県南部は紀伊山中で、十津川温泉や大峰山、大台ケ原等の観光資源があるものの、交通が極めて不便で、過疎化が著しい。かつて奈良県の和歌山線五條駅と和歌山県の紀勢本線新宮駅とを結ぶ、五新線が計画され、一部着工しましたが、未成線のままで、建設は中止となりました。

（9）近畿地方の観光と地域社会：京都府

　京都市と京都市以外での格差が大きいのが、京都府です。
　京都市は、京都府観光の中心で、神社・仏閣を中心に、圧倒的な文化財があり、風光明媚な嵐山、歴史のある映画産業から誕生の「太秦映画村」、最近の注目スポットは、JR西日本の「京都鉄道博物館」の誕生です。
　宇治市は、宇治茶で知られ、平等院鳳凰堂、天ケ瀬ダムもあります。
　亀岡市には、湯の花温泉があり、嵯峨野トロッコ列車乗車と保津川下りが楽しめます。
　旧・美山町（現・南丹市）は、鉄道交通から離れた山間地のため、時代の波から取り残され、茅葺屋根の民家が多数継続使用され、それが今日となっては貴重とされたため、重要伝統的建造物群保存地区に選定されました。
　舞鶴市は、京都府日本海側の港湾都市で、かつては日本海軍の軍事都市、終戦後は引き上げ港となり、現在も海上自衛隊および海上保安庁の日本海

側の拠点です。

　宮津市は、古くからの観光都市、天橋立などの自然的観光資源に頼る典型的な伝統的観光地です。鉄道が第三セクター化され、さらに電化と特急電車運転開始が遅れたため、鉄道旅客が減少した典型的な事例です。

（10）近畿地方の観光と地域社会：滋賀県

　琵琶湖だけではなく、史跡が多いのが、滋賀県です。

　琵琶湖は、日本最大の湖、「琵琶湖周航の歌」で有名、クルージング船、竹生島や多景島めぐりの観光船も就航し、琵琶湖大橋からの眺めも良い。

　安土城址は、天守閣等の建物はないが、織田信長築城の城跡で有名です。彦根城は、井伊家の城で、ゆるキャラの「ひこにゃん」が有名です。姉川・賤ヶ岳の古戦場や、近くに関ヶ原と、戦国時代の古戦場が多い。

　比叡山延暦寺は、最澄が開いた天台宗の寺院、世界遺産に登録されました。

　伊吹山は、滋賀県と岐阜県境の名峰、石灰石の採掘地でもあります。多賀神社は、長寿祈願で知られる神社で、近江鉄道多賀線が参詣鉄道です。

　近江八幡は、旧市街地が鉄道の駅から少し離れ、昔ながらの水路の街並みが残るため、テレビドラマや映画のロケ地に利用されます。豊郷町立豊郷小学校旧校舎は、アニメ「けいおん！」の校舎のモデルとされています。

　比良山地は、箱館山やびわこバレーなどがあり、冬季はスキー場となります。

（11）近畿地方の観光と地域社会：和歌山県

　観光では、近畿の「おまけ」といわせないのが、和歌山県です。

　紀伊山地の霊場と参詣道が世界遺産に登録され、熊野本宮大社・熊野速玉大社・熊野那智大社の熊野三山と、那智の滝があります。参詣道は、中辺路・小辺路・大辺路などがあり、高野山には金剛峯寺などの霊場があります。紀三井寺・根来寺（根来衆と称される鉄砲隊の僧兵）などの有名寺院もあります。

　温泉では、南紀白浜が南紀最大の温泉郷でアドベンチャーワールドも

あり、龍神（田辺市龍神村龍神）は日本三大美人湯とされ、那智勝浦はマグロの水揚げが多く、忘帰洞と称する洞窟温泉もあり、川湯は川底から湧く露天風呂の仙人風呂で有名、湯ノ峰は日本最古の共同浴場「つぼ湯」があり、世界遺産の一部となっています。

鉄道では、和歌山電鐵が猫のたま駅長で有名であるとともに、いちご電車・おもちゃ電車・たま電車・梅干し電車など多彩な電車が走ります。

峡谷では、瀞八丁のジェット船で巡る船旅があります。

（12）近畿地方の観光と地域社会：三重県

観光・観光地の原点、伊勢神宮参拝といえば、三重県です。

伊勢市では、20年に一度の式年遷宮で、伊勢神宮本殿を移転新築するため、式年遷宮に合わせて、交通や観光施設の整備を行い、古くよりリピーターの確保に努めるという、観光の原点を実践しています。1993年（平成5年）の式年遷宮ではおはらい町に「おかげ横丁」を開設、2013年（平成25年）の式年遷宮では近鉄特急「しまかぜ」が運転開始となりました。

鳥羽市には、ミキモト真珠島・鳥羽水族館・答志島・菅島・神島があり、志摩市には、志摩スペイン村・温泉・ゴルフ場・海水浴場があります。

長島温泉は、1959年（昭和34年）創立の大谷天然瓦斯（富山県で天然瓦斯採掘事業を展開）によって、1963年（昭和38年）に三重県桑名市長島で温泉が掘削されたもので、1964年（昭和39年）にグランスパー長島温泉の営業が開始、長島観光開発（名鉄・近鉄・大谷天然瓦斯が主要株主）が経営している温泉で、隣接して長島スパーランド、近接して植物園なばなの里があります。

松阪市は、城下町で、国学の本居宣長ゆかりの地、松阪牛のグルメ観光地でもあります。

（13）中部地方の世界遺産と旧・街道

中部地方の世界遺産登録では、1995年（平成7年）白川郷・五箇山の合掌造り集落（岐阜・富山）、2013年（平成25年）富士山（静岡・山梨）、2015年（平成27年）明治日本の産業革命遺産（静岡）があります。かつて1箇

所だけでしたが、2013年（平成25年）以降に静岡で2箇所登録されました。愛知・長野・新潟・石川・福井になく、佐渡金山（新潟）が登録を目指しています。

　中部地方は江戸期の五街道中、東海道・中山道・甲州街道が通過しました。東海道は1624年（寛永元年）完成で駿府（静岡）・浜松・宮（熱田）など、中山道は1694年（元禄7年）完成で下諏訪・奈良井・妻籠・馬籠など、甲州街道は1772年（明和9年）完成で大月・甲府などの、各宿場町がありました。

（14）中部地方の観光と地域社会：新幹線と空港

　東海道新幹線は1964年（昭和39年）開通で静岡・愛知・岐阜（駅開設県）を通過、上越新幹線は1982年（昭和57年）に新潟（日本海側初）まで、北陸新幹線は1997年（平成9年）に長野まで、2015年（平成27年）に新潟・富山・石川まで開通しました。新幹線駅がない中部地方の県は山梨・福井の両県、新幹線駅がない主要地域は松本・飯田・飛騨・能登の各地域で、観光にも大きな影響を与えています。

　戦後の国内線航空路線開設（離島除く）としては、小牧が1952年（昭和27年）、小松が1955年（昭和30年）、新潟が1958年（昭和33年）、富山が1963年（昭和38年）、福井が1966年（昭和41年）だが1976年休止、松本が1966年（昭和41年）と、比較的早期に開設されましたが、その後の新幹線開通の影響を強く受けました。さらに、能登が2003年（平成15年）、中部が2005年（平成17年）、静岡が2009年（平成21年）に、空港が開港しています。

（15）中部地方の観光と地域社会：愛知県

　意外と観光資源が多いのが、愛知県です。

　名古屋市には、名古屋城・熱田神宮・大須観音・清州城、テレビ塔、そして、2011年（平成23年）リニア・鉄道館があおなみ線金城ふ頭に開館、2017年（平成29年）レゴランドが開園しました。

　犬山には、犬山城があって景勝地であり、博物館明治村、野外博物館

リトルワールド、日本モンキーセンターなど、観光施設が集積する地です。
　ラグーナテンボスは、旧・ラグーナ蒲郡で、1991年（平成3年）に開発開始、2014年（平成26年）にHISの子会社が経営を引き継ぎ、名称変更しました。
　中部国際空港は、2005年（平成17年）に開港、ショッピング街も併設されています。
　知多半島から篠島・日間賀島へは、名鉄河和駅下車、島への船便があり、渥美半島の伊良湖崎には、島崎藤村「椰子の実」作詞の詩碑があります。
　豊川市にある豊川稲荷は日本三大稲荷で、いなり寿司が有名、鳳来寺山は仏法僧で知られ、湯谷温泉は麓にあります。豊鉄バスは、奥三河再発見ツアーを実施（鉱山見学も）しています。

(16) 中部地方の観光と地域社会：岐阜県

　歴史を感じる、意外・当然、観光県であるのが、岐阜県です。
　岐阜市には、岐阜城、長良川の鵜飼い、長良川温泉があります。関ヶ原は古戦場であり、東西文化の境界、冬季は積雪地帯になります。根尾谷断層は、1891年（明治24年）濃尾地震で生じた大断層です。
　美濃は和紙の街で古い町並みが残り、関は刃物の街です。郡上八幡は城下町で、郡上踊りが有名、夜を徹して踊られます。白川郷は合掌造りの集落で、世界遺産に登録、開発の遅れが幸いして、多くの建物が残りました。
　下呂温泉は、大正期に再興、昭和初期の高山線開通で発展しました。高山は、飛騨の小京都、古い町並みが残り、朝市でも有名です。神岡（現・飛騨市）は神岡鉱山の街として栄え、現在は、旧坑道を活用したニュートリノの観測で知られるスーパーカミオカンデがあります。奥飛騨温泉郷は、平湯・福地・新平湯・栃尾・新穂高から構成され、新穂高ロープウエイを利用して、穂高連峰を遠望できます。

(17) 中部地方の観光と地域社会：静岡県

　伊豆から大井川、浜名湖まで観光地が広がるのが、静岡県です。
　東伊豆には熱海温泉・伊東温泉、伊豆急沿線観光地、下田（ペリー・ハ

リス史跡）が、中伊豆には、韮山反射炉・大仁金山・修善寺温泉・天城湯ヶ島温泉が、西伊豆には戸田・土肥金山・土肥温泉・堂ヶ島・富士山遠望地があります。

富士宮には富士山本宮浅間大社・白糸の滝・B級グルメ富士宮焼きそばが、清水港口にある三保の松原は安倍川の砂による砂嘴で、東海大学社会教育センター海洋科学博物館・自然史博物館があり、富士山望む景勝地です。

静岡市には、駿府城・登呂遺跡・久能山東照宮・エスパルスドリームプラザ（ちびまる子ちゃんランド）があり、清水市と合併して行政区域が広域になりました。

大井川鉄道は、1976年（昭和51年）に蒸気機関車の動態保存、SL急行を運転、2014年（平成26年）に機関車トーマス号運転開始で大人気になりました。寸又峡温泉は、1962年（昭和37年）開発の新しい温泉、美人の湯と称されます。かつて、千頭営林署森林鉄道で湯治客を輸送したこともありました。

浜名湖は名物うなぎや舘山寺温泉があり、ヨットやボートのマリンスポーツも行われます。

(18) 中部地方の観光と地域社会：山梨県

信玄公、富士山、ブドウとワインで知られるのが、山梨県です。

甲府は、戦国武将武田氏の拠点、武田神社・昇仙峡・湯村温泉があり、甲府湯村温泉は信玄の隠し湯として知られる歴史ある温泉です。石和温泉（笛吹市）は1961年（昭和36年）掘削の新しい温泉で、東京に近いことから、急速に発展、温泉街・歓楽街ができました。

富士吉田は、富士急行富士山駅がある富士山観光の拠点で、富士参詣の門前町であるとともに、富士急ハイランドがあり、吉田のうどんも人気のグルメです。

勝沼（現・甲州市）は、明治初期にぶどう栽培とワイン醸造が奨励され、特に、戦後期に飛躍的に発展、ぶどうとワインの大産地です。ワイナリーが点在し、見学・試飲・販売と、ワイン観光の本場となっています。

身延山には、日蓮宗の総本山久遠寺があり、典型的な門前町で、下部

温泉は信玄の隠し湯で有名、湯之奥金山資料館もあります。
　清里高原は高原リゾート地で、昭和50年代に「清里ブーム」が起きました。

(19)　中部地方の観光と地域社会：長野県
　中部地方の観光県、でも観光地は分散しているのが、長野県です。
　軽井沢は、明治期に避暑地として注目され、戦後期に開発が進みました。
　上田市は、真田氏の上田城で有名、上田市は、長野・松本に次ぐ都市です。別所温泉は信州最古の温泉とされ、養蚕業興隆とともに発展しました。
　長野市は善光寺の門前町で、長野新幹線開通で交通が便利になり、小布施は栗菓子が有名、北斎館をはじめ、多くの博物館・美術館があり、湯田中渋温泉は長野電鉄が通じる温泉郷で、地獄谷野猿公苑の「雪猿」が世界に知られています。
　松本市は、松本城・開智学校があり、上高地など周辺観光地への拠点となっています。上高地は景勝地で、明治期に知られ、戦前期から有名観光地になりました。白骨温泉は深い山々の中にある温泉で、白濁した湯が特色です。白馬村は避暑地で、夏は登山、冬はスキーで賑わう観光地となっています。
　木曽路には中山道が通り、奈良井宿や妻籠宿など、往時の宿場町の面影が残ります。天竜峡（飯田市）は天竜川の峡谷、天竜ライン下りの船旅も楽しめます。

(20)　中部地方の観光と地域社会：新潟県
　佐渡おけさ、雪国、歌謡と文学が旅を誘うのが、新潟県です。
　新潟市には、朱鷺メッセやNEXT21の高層建築物があり、石油・天然ガスを産出、秋葉区にある「石油の里公園」では石油関連施設が残ります。月岡温泉は、大正期に石油掘削から温泉が噴出、新潟を代表する温泉です。弥彦神社は古社で、特に武人から崇敬され、太刀や武具を展示しています。
　越後湯沢は、上越線清水トンネルの開通と川端康成の「雪国」で一躍有名となった温泉地、スキーリゾートで、バブル時にマンションが林立しました。松之山温泉は、自然の中の温泉で、薬湯としても有名です。

上越市は上杉謙信公ゆかりの地、日本スキー発祥の地ともされます。糸魚川市にはフォッサマグナミュージアムがあり、ヒスイの産地です。
　佐渡は、佐渡金山・佐渡おけさで知られる戦前期からの観光地で、新潟からジェットフォイル、直江津から高速フェリーが就航しています。粟島（粟島浦村）は、早期に観光に力を入れ、高速船も早くに導入しています。

(21) 中部地方の観光と地域社会：富山県

　電源開発を観光にと、黒部観光で知られるのが、富山県です。
　富山市はコンパクトシティを目指し、公共交通機関利用の移動を推進しています。JR富山港線を移管したライトレールはその一環で、終点の岩瀬浜には北前船で栄えた廻船問屋などが残ります。
　富山地方鉄道は、通勤通学輸送はもとより、宇奈月や立山への観光客輸送を担っています。かつては、JRからの直通特急列車も乗り入れていました。宇奈月温泉は、黒薙温泉からの引き湯で、黒部観光の拠点です。黒部峡谷鉄道は大正期から建設の資材運搬鉄道を観光用に転用、1953年（昭和28年）より観光客輸送、関西電力の子会社で、冬季は休業します。黒部立山アルペンルートは、富山県立山から黒部ダムを経て長野県大町へと続きます。
　越中八尾は、「おわら風の盆」で有名、越中おわら節にのせて踊ります。五箇山には、白川郷とともに、合掌造りの集落があります。氷見は漁港で、特に寒ブリが有名です。

(22) 中部地方の観光と地域社会：石川県

　北陸新幹線開通に沸く金沢があるのが、石川県です。
　金沢市には、金沢城・兼六園・長町武家屋敷・東山茶屋町・近江町市場などがあり、近年では、金沢21世紀美術館が人気、金箔など伝統工芸品も多数あります。湯涌温泉には江戸時代の建物を移築した、金沢湯涌江戸村があります。白山は石川県のシンボルであり、信仰の山でもあります。
　加賀温泉には、粟津・片山津・山代・山中の各温泉郷があり、和倉温泉は、日本有数の高級温泉街で、特に日本一の旅館とされる「加賀屋」が有名、

七尾線電化、直通特急運転で観光客が増加しました。能登島は1982年（昭和57年）に対本土架橋、能登島ガラス美術館やのとじま臨海公園水族館が開設されて、急速に、観光の島となりました。

のと鉄道は、かつては100kmを超える路線を営業運行していましたが、2005年（平成17年）の能登線の廃止によって、現在は、七尾～穴水の33kmのみの運行となってしまいました。鉄道を大幅に廃止にすることによって半島を「離島」化し、2003年（平成15年）開港の能登空港へ誘導して航空利用比率を高めています。輪島は朝市で有名ですが、鉄道が廃止され、交通が不便となりました。

(23) 中部地方の観光と地域社会：福井県

関西に近い観光地であるのが、福井県です。

福井県立一乗谷朝倉氏遺跡資料館は、1981年（昭和56年）開館、越前朝倉氏の資料館で、朝倉氏本拠地遺構の一乗谷遺跡があります。

福井県立恐竜博物館は、2000年（平成12年）勝山市に開館、恐竜では日本を代表する博物館、2014年（平成26年）野外恐竜博物館を設置しました。

えちぜん鉄道は2003年（平成15年）に京福電鉄路線を引き継ぎました。東尋坊は柱状節理の断崖絶壁で知られますが、もともと東尋坊は僧侶の名です。芦原温泉は関西の奥座敷とされ、1956年（昭和31年）の大火後、再興しました。永平寺は曹洞宗の大本山で、かつては鉄道駅があり、門前町を形成しました。越前大野は大野城の城下町で、名水の里としても知られています。

池田町はもともと林業の町ですが、2016年（平成28年）アスレチックテーマパークの「ツリーピクニックアドベンチャーいけだ」を開設、日本最大級の巨大滑車滑りの施設「メガジップライン」などがあり、観光で地域創生を狙っています。

「まとめ」：
　中国地方で観光に活用されているアニメは何でどこか。
　滋賀県で、琵琶湖以外の観光は何があるか。

愛知県の観光としては何があるか。
「考察」：
近畿・中国地方に世界遺産が多い理由は何か。
奈良県が「大仏商法」といわれる理由は何か。
富山県での鉄道と観光の関係は何か。

写真28　旧・名鉄美濃駅（岐阜県美濃市）

写真29　美濃和紙店（岐阜県美濃市）

【14】日本の観光地域　その2

写真30　吹屋（岡山県高梁市）

写真31　文学のこみち（広島県尾道市）

表27:中国・近畿・中部のおすすめの観光地・施設20選

地図中の位置	所在府県市区町村等	観光地
1	山口県岩国市	岩国城・錦帯橋
2	広島県尾道市	千光寺・文学の小道
3	岡山県高梁市	備中松山城・吹屋
4	鳥取県倉吉市	白壁土蔵群・なしっこ館
5	島根県安来市	足立美術館
6	大阪府浪速区	新世界・通天閣
7	京都府宇治市	平等院鳳凰堂・天ケ瀬ダム
8	滋賀県近江八幡市	安土城址
9	奈良県吉野町	吉野山
10	和歌山県紀の川市	和歌山電鐵
11	三重県桑名市	長島温泉
12	愛知県田原市	伊良湖崎
13	岐阜県美濃市	美濃和紙
14	静岡県川根本町	寸又峡温泉
15	山梨県甲州市	勝沼ワイナリー
16	長野県飯田市	天竜峡
17	新潟県十日町市	松之山温泉
18	富山県氷見市	氷見港・寒ブリ
19	石川県七尾市	能登島
20	福井県勝山市	福井県立恐竜博物館

【14】日本の観光地域　その2

分布図27：中国・近畿・中部の観光地・施設20選

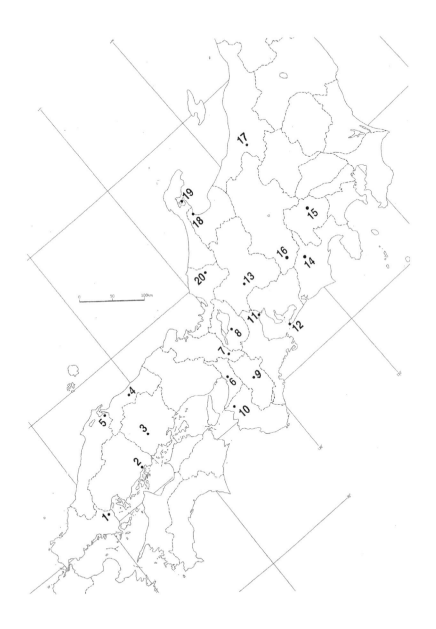

地形図43：2万5千分の1地形図「尾道」昭和25年第二回修正
　　　　尾道・尾道電気鉄道　描図

地形図44：5万分の1地形図「井川」昭和42年補足調査
　　　　5万分の1地形図「千頭」昭和42年補足調査
　　　　寸又峡温泉・千頭営林署森林鉄道・大井川鉄道井川線（旧線）　描図

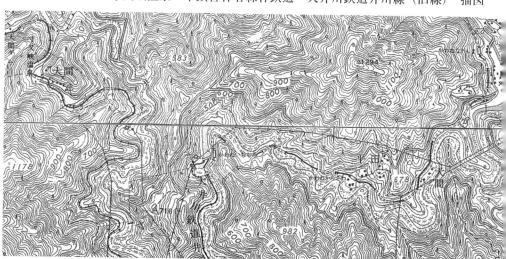

【15】 日本の観光地域　その3

（1）関東地方の観光地域　世界遺産登録

　関東地方の世界遺産登録では、1999年（平成11年）日光の社寺（栃木）、2011年（平成23年）小笠原諸島（東京）、2014年（平成26年）富岡製糸場と絹産業遺産群（群馬）、2016年（平成28年）ル・コルビュジエの建築作品（東京都）と、2010年（平成22年）以前では1箇所だけでしたが、2011年（平成23年）以降に3箇所登録されました。内訳は、北関東3県中の2県、および南関東の4都県中の1都です。但し、東京都は都心から遠く離れた小笠原諸島と国立西洋美術館のみであることから考えると、日光と富岡の観光的価値は高い。特に、富岡製糸場は、民間で長らく保存され、その意義は大きい。

（2）北海道・東北地方の観光地域　世界遺産登録

　北海道・東北地方の世界遺産登録では、1993年（平成5年）白神山地（青森・秋田）、2005年（平成17年）知床（北海道）、2011年（平成23年）平泉（岩手）、2015年（平成27年）明治日本の産業革命遺産（岩手）と、2004年（平成16年）以前では1箇所だけでしたが、2005年（平成17年）以降は増加、特に、2011～15年（平成23～27年）は、岩手県で2箇所の登録となりました。

　内訳は、北海道1箇所、東北3箇所、特に、岩手の2箇所は注目されます。北海道は道東の1箇所のみで、道北・道央・道南になく、東北でも、青森・秋田・岩手以外の、宮城・山形・福島にはありません。他の地方と比べて、世界遺産登録は比較的少ない地域です。

　その理由としては、歴史が新しい、そこから保存とアピールが消極的とも考えられます。したがって、今後の取り組みが期待されます。

（3）関東・東北地方の観光地域①　旧・街道

　江戸期の街道交通の発達は、今日の観光興隆の原点です。
　五街道は、1601年（慶長6年）に、道幅拡張、宿場整備、一里塚設置、

砂利と砂で路面固化、松並木の植林などを行い、大きな経済効果をもたらしました。

東海道は、1624年（寛永元年）に完成、江戸日本橋・小田原・駿府（静岡）・浜松・宮（熱田）から桑名・草津・京に至る五十三次で、日光街道は、1636年（寛永13年）に完成、江戸日本橋・千住・宇都宮・今市・日光に至る二十一次で、奥州街道は、1646年（正保3年）に完成、江戸日本橋・千住・宇都宮、宇都宮・陸奥白河にいたる二十七次で、内、宇都宮までは日光街道と重複、中山道は、1694年（元禄7年）に完成、江戸日本橋・高崎・下諏訪・木曽・妻籠・草津に至る六十七次で、甲州街道は、1772年（明和9年）に完成、江戸日本橋・内藤新宿・八王子・甲府・下諏訪に至る四十三次でありました。

（4）関東・東北地方の観光地域②　松尾芭蕉「おくのほそ道」

俳人の松尾芭蕉による「おくのほそ道」は、1702年（元禄15年）に刊行されました。1689年（元禄2年）、約150日で東北・北陸を中心に巡ったもので、行程は、江戸・日光・黒羽・那須・白河の関・多賀城・松島・平泉・山寺立石寺・新庄・出羽三山・鶴岡・酒田・象潟・出雲崎・金沢・小松・片山津・山中・大聖寺・敦賀・大垣でありました。今日でも有名な景勝地を訪れており、特に、松島と象潟、平泉と山寺は、東北の代表的観光地です。この紀行文によってこの地を訪れる観光客は多く、いわば「旅行ガイドブック」ともなっています。

松尾芭蕉のみならず宮沢賢治や石川啄木など、東北ゆかりの文学関係者は多く、作品の舞台訪問など、「文学ツアー」は根強い人気があります。

（5）関東地方の観光と地域社会：東京都

特色ある都市観光地の代表とされるのが、東京都です。

浅草は、浅草寺の門前町で、東京の下町の雰囲気が残るとともに、老舗の飲食店も多く、東武・地下鉄・つくばエクスプレスなど、交通の便も良い、外国人観光客にも人気の観光地です。近くに、東京スカイツリーが、2012年（平成14年）に開業しました。

アメ横は、JR御徒町駅～上野駅間の商店街で、食品・衣類・雑貨・宝飾品を中心に、安売りで賑わっています。近年は、アジア・アフリカ系の店が増加しています。
　渋谷・原宿は、若者を中心とした最先端のファッションで有名な街、渋谷「１０９」や竹下通りに、ブティックや、飲食店が立ち並びます。
　巣鴨は、渋谷・原宿と対照的で、お年寄りの「聖地」と称され、巣鴨地蔵通り商店街は、とげぬき地蔵お参り帰りのお年寄りで賑わいます。
　東京たてもの園は、東京各地の建物が移築され、懐かしい雰囲気です。歴史の舞台として、商店や住宅などが、テレビドラマにもよく登場します。

（6）関東地方の観光と地域社会：神奈川県

　都市、海から山、温泉と多彩なのが、神奈川県です。
　横浜市は、中華街・八景島シーパラダイス・ランドマークタワーなどの観光施設があり、おしゃれな雰囲気で、観光客に人気があります。新横浜ラーメン博物館は、JR新幹線新横浜駅近くにあり、懐かしい街並みの雰囲気の中でラーメンが楽しめるフードテーマパークの代表です。横須賀市は、日露戦争で活躍した戦艦三笠が保存展示され、猿島も人気です。
　鎌倉市は、鶴岡八幡宮を中心とした街並みに、観光客相手の土産物屋・飲食店が多く並び、関東屈指の歴史的観光都市です。江ノ島は、夏は海水浴客で賑わうとともに、江島神社参拝や名物シラス丼を堪能するなど、江ノ電で鎌倉とともに観光客が多く訪れます。
　大山は、伊勢原市にある雨降山大山寺で、厄除けで参拝客が多い。
　箱根は、伊豆と並ぶ、関東からの一大温泉観光地、東京から、小田急・箱根登山鉄道・ケーブル・ロープウエイ・芦ノ湖の海賊船と交通も充実しています。

（7）関東地方の観光と地域社会：千葉県

　千葉都民、千葉県だが「東京」と名乗る施設もあるのが、千葉県です。
　東京ディズニーランド・シー・リゾートは浦安市にあり、日本を代表する一大リゾート都市です。対照的に、漁師町だった浦安の懐かしい街並

みも、必見です。

　新東京国際空港（現・成田国際空港）は成田市にあり、成田山新勝寺門前町だった成田が、海外からの国際空港都市に変貌、ウナギが名物です。

　東京ドイツ村は、袖ヶ浦市にある2001年（平成13年）に開園した、ドイツ料理とビールが楽しめる施設で、経営は名古屋に本社があるレジャー企業です。船橋ヘルスセンターは、1955年（昭和30年）に開園した温泉健康ランドで、1977年（昭和52年）閉鎖、商業施設の「ららぽーと船橋」になりました。

　東京湾アクアラインが2014年（平成26年）に開通、神奈川県川崎市と千葉県木更津市を結ぶ東京湾横断海底トンネルです。東京や川崎市と、千葉県南部が短時間で結ばれ、南房総の観光にも大いに貢献しています。南房総には、館山・鴨川・勝浦・御宿など、海に面した観光地が並びます。

（8）関東地方の観光と地域社会：埼玉県

　東京のベッドタウンだけではないのが、埼玉県です。

　所沢・狭山丘陵は、戦前期から、東京郊外の行楽地として人気でした。戦後は、西武鉄道が遊園地や野球場などレジャー施設を建設しました。川越は、江戸期は物資の集散地・中継地として繁栄して小江戸と称され、土蔵造りの街並みが残ります。JR・西武・東武の3鉄道が交わる交通の要所でもあります。

　秩父は盆地に昭和期の建物が残る町で、秩父鉄道と西武鉄道の2路線が通じ、長瀞は川沿いに渓谷が刻まれ、川下りが楽しめます。

　大宮（現・さいたま市）は、大宮は鉄道の分岐点、2007年（平成19年）に鉄道博物館が開設され、「鉄博」観光の街としても人気になりました。行田は、映画「のぼうの城」で登場した「忍城」がある城下町です。春日部市は「クレヨンしんちゃん」、鷲宮（現・久喜市）は「らき☆すた」で登場のアニメの舞台や聖地があり、アニメ観光、アニメによる町おこしの事例として有名です。

（9）関東地方の観光と地域社会：栃木県

　北関東の観光地、日光・那須の有名観光地があるのが、栃木県です。

　日光は、江戸期より東照宮参拝で賑わい、明治期に日本鉄道が開通、昭和期には東武鉄道が開通、交通が便利で、世界遺産に登録されています。鬼怒川温泉は、東武鉄道が開発、日光参詣の宿泊地として、東京からの団体旅行宿泊地として発達し、テーマパークも立地しています。

　那須高原は、天皇家の御用邸があり、温泉・牧場とともに、様々な観光施設が立地、在来線では黒磯駅、新幹線では那須塩原駅が最寄り駅です。

　足尾は、かつては足尾銅山で栄え、銅山観光が行われています。大谷（宇都宮市）は、大谷石の産地で、大谷石資料館で採掘跡を見学できます。

　足利は、中世の高等教育機関である足利学校があり、1990年（平成2年）に建物と庭園が復元され、往時の状態がよみがえりました。佐野は、近年、佐野ラーメンやいもフライが有名になっています。栃木は、川沿いに蔵屋敷が並び、小江戸とも、関東の倉敷とも称されます。

（10）関東地方の観光と地域社会：群馬県

　日本有数の温泉県であるのが、群馬県です。

　富岡製糸場は、2014年（平成26年）世界遺産登録で、一躍有名観光地になりました。明治期に群馬県では養蚕が盛んとなり、官営の製糸場が開設されたものです。

　岩宿遺跡は、1946年（昭和21年）に発見された旧石器時代の遺跡で、みどり市岩宿博物館があります。

　横川には、「碓氷峠鉄道文化むら」（安中市松井田町横川）があり、電気機関車を中心に、多数の鉄道車両が保存・展示されています。碓氷峠越えの旧・信越線横川駅は「峠の釜めし」で有名でしたが、現在でも、ドライブインを中心に、販売されています。

　草津温泉は、群馬県はもとより、北関東を代表する温泉です。かつては、軽井沢より、草軽電気鉄道が通じ、周辺では硫黄採掘が行われていました。

　伊香保温泉は、日本最古の計画的温泉都市で、階段状の斜面の両側に、温泉旅館や土産物屋などの商店が並ぶ特徴ある石段温泉景観があります。

(11) 関東地方の観光と地域社会：茨城県

　水辺から山まで、滝と大仏もあるのが、茨城県です。
　水戸市にある、偕楽園は江戸期に水戸藩主徳川斉昭の開園で、梅の名所。2～3月の梅のシーズンには、大勢の観光客で賑わいます。
　筑波山は、茨城県のシンボルで、関東平野を一望のもとに見渡せます。アクセスは、つくばエクスプレス、バス、ケーブルカーやロープウエイを乗り継ぎます。
　潮来市は、江戸期に利根川の水運で栄えた水郷で、現在は、水郷潮来あやめ園の「菖蒲」や、船で巡る十二橋めぐりで有名な観光地です。
　袋田の滝は、久慈郡大子町袋田にある、日本三大名瀑の一つ、観瀑トンネルを通って、四段になった滝を見学します。
　牛久大仏は、1992年（平成4年）完成の高さ120mの大仏立像で、立像の高さでは世界第三位ですが、ブロンズ像では世界第一位です。
　国営ひたち海浜公園は、1991年（平成3年）開園、花（チューリップやすいせんなど）の名所で、みはらしエリアや草原エリアがあります。
　東北新幹線が県内を通過していますが、駅はありません。

(12) 北海道・東北地方の観光と地域社会①　東北の歴史と観光

　近世の江戸期、明治期の鉄道開通前は、沿岸港・河川港が大坂や江戸と結びつく場所で、日本海側は大坂と結びついており、したがって上方文化伝来の地でした。近代の明治期鉄道開通後は、鉄道沿線が上野駅（東京）と結びつき、政治・経済・文化は東京の影響を受けました。現代の航空路開設や新幹線開通後は、航空路・新幹線で羽田空港・東京駅と結びつき、空港や新幹線駅からの遠近で各県内の格差が拡大しました。
　東北は、開拓地北海道への連絡路であり、東京への地下資源と人材の供給地で、私鉄の日本鉄道により早期に鉄道が開通、国鉄民営化後はJR東日本エリアとなり、関東と一体化されました。鉄道のみならず、空港開設と高速道路開通によって、工場が多く立地することとなりました。すなわち、「鉱業から工業へ」、関東・東京を支える後背地となりました。そこから、関東・東京からすると、東北は「人材出身地・後背産業地帯（農業・

鉱業・工業)」で、関東・東京の日常地域であり、非日常ではないことから、観光地域でないとの思いもあり、観光への取り組みが比較的消極的となる傾向があります。

(13) 北海道・東北地方の観光と地域社会②　地震・津波と観光

　1943年（昭和18年）鳥取地震発生、1948年（昭和23年）福井地震発生、1964年（昭和39年）新潟地震発生、1983年（昭和58年）日本海中部地震（青森・秋田）発生、日本海に大津波が襲来、1993年（平成5年）北海道南西沖地震発生、奥尻島などに大津波が襲来しました。以上のように、鳥取（山陰）から福井・新潟（北陸）と秋田・青森（東北）を経て、北海道へと地震および津波が日本海を順番に北上しました。

　1896年（明治29年）明治三陸地震発生、津波地震で大余震もあり、1933年（昭和8年）昭和三陸地震発生、津波地震で大津波が襲来、1960年（昭和35年）チリ地震津波発生、チリ地震津波が日本に到達し、2011年（平成23年）東日本大震災発生、津波地震で大津波が発生、平成三陸地震ともいえます。三陸海岸では、過去に何度も津波被害が発生、対策と周知が必要です。

(14) 東北地方の観光と地域社会：青森県

　フル規格新幹線が南部から津軽まで開通して便利に、青森県です。

　津軽で、弘前は弘前城の城下町、郊外に大鰐温泉があり、青森は港町で、三内丸山遺跡があります。白神山地は世界遺産に登録され、五能線にリゾート列車が走り、津軽鉄道は冬のストーブ列車が有名です。

　南部で、八戸は石灰石産出地「八戸キャニオン」があり、十和田は十和田湖と奥入瀬渓谷の美しい景観があります。下北半島先端の大間は、マグロで有名、恐山は日本有数の霊場パワースポット、仏が浦も景勝地です。

　東北新幹線駅は八戸・七戸十和田・新青森の3駅、北海道新幹線駅は奥津軽いまべつの1駅、計4駅のフル規格新幹線駅が青森県にあります。

(15) 東北地方の観光と地域社会：秋田県

　新幹線はミニ新幹線で恩恵は県央のみの、秋田県です。

県北では、小坂町は旧鉱山町、旧鉱山事務所が移築・復元され、現役の芝居小屋である康楽館があり、大湯温泉には環状列石（ストーンサークル）、鹿角市は旧鉱山町、マインランド尾去沢があり、鉱山観光の地となっています。
　県央では、秋田市は油田・天然ガスの鉱業都市、八郎潟は干拓地、広大な農地が広がります。玉川温泉は強酸性ラジウム温泉で、岩盤浴が知られています。武家屋敷が残る角館や田沢湖もあり、秋田・大曲・角館・田沢湖と４駅のミニ企画新幹線駅が秋田県にあります。
　県南では、横手市は雪の「かまくら」で有名、湯沢にはかつて院内銀山がありました。象潟は、松尾芭蕉が松島とともに絶賛した多島海の景観がかつてありましたが、現在は、隆起して、元の島が陸上に点在しています。

（16）東北地方の観光と地域社会：山形県
　新幹線はミニ新幹線だが多くの主要都市を貫くのが、山形県です。
　庄内地方で、酒田は、北前船で栄え、山居倉庫が残ります。鶴岡には、湯野浜温泉・湯田川温泉があり、羽黒山・湯殿山・月山は山岳霊場です。
　村山地方で、山形は山寺立石寺、天童は将棋駒で有名、東根温泉・上山温泉・蔵王温泉と、温泉も多く、村山・さくらんぼ東根・天童・山形・かみのやま温泉と５駅の新幹線駅があります。
　最上地方で、新庄は新幹線・奥羽線・陸羽線が集結、尾花沢には大正ロマンにあふれる銀山温泉があり、新庄・大石田と２駅の新幹線駅があります。
　置賜地方で、米沢は上杉氏の城下町、福島からの山形新幹線最初の駅で、赤湯温泉・小野川温泉もあり、赤湯・高畠・米沢と３駅の新幹線駅があります。

（17）東北地方の観光と地域社会：岩手県
　東北新幹線の開通で沿線の交通利便性が高まった、岩手県です。
　内陸で、盛岡は北東北の中心、郊外に石川啄木記念館、明治期設立の代表的観光農場である小岩井農場があります。花巻には宮沢賢治記念館、

郊外に温泉、遠野は民話のふるさとで河童伝説などが残り、平泉は中尊寺金色堂が有名で、近くに猊鼻渓・厳美渓の渓谷があります。二戸・いわて沼宮内・盛岡・新花巻・北上・水沢江刺・一ノ関と7駅のフル規格新幹線駅と、雫石のミニ規格新幹線駅、計8駅が岩手県内にあります。

沿岸で、三陸鉄道・久慈は「あまちゃん」で一躍有名になりました。宮古には浄土ヶ浜や青の洞窟、龍泉洞・安家洞は鍾乳洞、釜石は鉄の町で橋野高炉跡が世界遺産に登録されました。

(18) 東北地方の観光と地域社会：宮城県

東北の中心で、城下町・景勝地松島・温泉も多いのが、宮城県です。

沿岸で、気仙沼はリアス式の三陸海岸に位置し、気仙沼線はBRT（旧鉄道線でバス運行）となりました。金華山は黄金山神社の島で女川より船、松島は多島海の景勝地、石巻・塩竈は水産都市で知られています。

内陸で、仙台は伊達政宗の城下町で青葉城跡があり、郊外に秋保温泉・秋保大滝・二口峡、遠刈田温泉・青根温泉（活火山蔵王の温泉）があります。細倉は旧鉱山都市、細倉マインパークがあり、鳴子温泉は「こけし」で有名です。くりこま高原・古川・仙台・白石蔵王と4駅のフル規格新幹線駅があります。

(19) 東北地方の観光と地域社会：福島県

東北の玄関口、関東から行きやすい観光地が、福島県です。

白河の関は、関東と東北を分ける地、すなわち、白河以北（河北と称する）は、これより「陸奥（みちのく）」となります。

会津で、会津若松には若松城跡やさざえ堂、喜多方はアルミ工場都市からラーメンの町へ変貌、大内宿は旧街道の素朴な宿場町が残ります。

中通で、飯坂温泉（福島交通鉄道線）は福島郊外に、磐梯熱海温泉は郡山郊外に、あぶくま洞・入水鍾乳洞などの鍾乳洞もあります。福島・郡山・新白河と3駅のフル規格新幹線駅があります。

浜通は、東日本大震災で大きな被害を受けました。いわき市は常磐炭鉱都市から観光都市へ変貌、常磐湯本にスパリゾート・ハワイアンズがあ

ります。

（20）北海道地方の観光と地域社会：道東

釧路は、道東観光拠点都市で、釧路湿原、タンチョウ、阿寒国立公園（阿寒湖・屈斜路湖・摩周湖）が周辺にあります。

根室は、最東端の都市、納沙布岬は最東端の岬、根釧台地は酪農地帯、近年は牧場観光が脚光を浴びています。

帯広では、旧・広尾線愛国駅〜幸福駅がかつて人気となりました。郊外にモール温泉の十勝川温泉や糠平温泉があります。

網走は、映画「網走番外地」で網走刑務所が有名となりました。

知床半島では、宇登呂（ウトロ）が知床観光の拠点であり、「知床旅情」の歌で一躍有名観光地になりました。

（21）北海道地方の観光と地域社会：道北

旭川は、道北の中心で、旭山動物園が一躍有名観光地になり、大雪山国立公園では、層雲峡・天人峡などの景勝地があります。

美瑛は、TVコマーシャルに登場した丘の景観が人気となり、富良野は、ドラマ「北の国から」で一躍有名観光地になりました。

天売島・焼尻島は、羽幌から船で渡る離島で、海鳥が人気です。

歌登は、タイ人に人気の観光ホテルがあり、豊富温泉は、日本最北の温泉で、油分を含む温泉です。

稚内は、最北の都市、観光都市で、宗谷岬は北海道最北の岬です。

利尻島・礼文島は、稚内から船で渡る離島で、利尻富士・地蔵岩があります。

道北は、気候が厳しく、産業が制約されるため、観光業が期待される産業です。

（22）北海道地方の観光と地域社会：道央

札幌は、時計台、テレビ塔、大通公園（雪まつり）、すすきの繁華街・ラーメン横丁・藻岩山展望台や、クラーク博士像・ポプラ並木・羊が丘展望台

などの観光地があります。定山渓温泉は札幌の奥座敷で、かつて定山渓鉄道で結ばれていました。
　空知では、夕張に石炭歴史村があり、映画のロケ地になりました。
　登別は、温泉とクマ牧場、そして火口湖の倶多楽湖があります。
　洞爺湖は、カルデラ湖で、湖畔に温泉があり、昭和新山は、太平洋戦争中に火山が成長しました。
　襟裳岬は、「襟裳岬」の歌で一躍有名観光地になりました。
　新千歳空港は、北海道観光の拠点で、道内外と航空路線があります。

（23）北海道地方の観光と地域社会：道南

　函館は、道南観光拠点都市で、函館北斗駅まで北海道新幹線が開通しました。洋式の城跡五稜郭、市内に湯の川温泉、陸繋島の函館山、陸繋砂州の上に街並みが広がります。
　小樽は、小樽運河に遊歩道を整備して観光地になり、旧倉庫を観光施設に活用、グルメでは「寿司」でも有名なりました。
　ニセコは、雪質の良いスキー場で有名、豪州人に人気です。
　江差は、かつて、ニシン漁で栄えた面影が残る町で、江差より船で渡る離島の奥尻島は、ウニなどの海産物が有名ですが、北海道南西沖地震の津波で大きな被害を受け、東北から復興のための視察が多くあります。

「まとめ」：
　千葉県にある「東京」と名がつく観光関連施設には何があるか。
　東京都にある有名観光施設には何があるか。
　北海道・東北の世界遺産には何があるか。
「考察」：
　富岡製糸場が世界遺産として価値が高い理由は何か。
　『奥の細道』の紀行文が今日でも「旅行ガイドブック」の価値がある理由は何か。
　東北地方が、従来、あまり観光地域ではなかった理由は何か。

表 28：関東・東北・北海道のおすすめの観光地・施設 20 選

地図中の位置	所在都道県市町等	観光地
1	東京都小金井市	東京たてもの園
2	神奈川県横須賀市	戦艦三笠・猿島
3	千葉県袖ケ浦市	東京ドイツ村
4	埼玉県さいたま市	鉄道博物館
5	栃木県那須町	那須高原
6	群馬県安中市	碓氷峠鉄道文化むら
7	茨城県つくば市	筑波山
8	福島県白河市	白河の関
9	宮城県気仙沼市	リアス式海岸
10	岩手県遠野市	民話のふるさと
11	山形県酒田市	山居倉庫
12	秋田県小坂町	鉱山事務所・康楽館
13	青森県八戸市	八戸キャニオン
14	北海道・道東	根室・納沙布岬
15	北海道・道東	網走・網走刑務所
16	北海道・道北	稚内・宗谷岬
17	北海道・道北	旭川・旭山動物園
18	北海道・道央	札幌・時計台・ラーメン横丁
19	北海道・道央	洞爺湖・昭和新山
20	北海道・道南	江差

【15】日本の観光地域 その3

分布図28：関東・東北・北海道のおすすめの観光地・施設20選

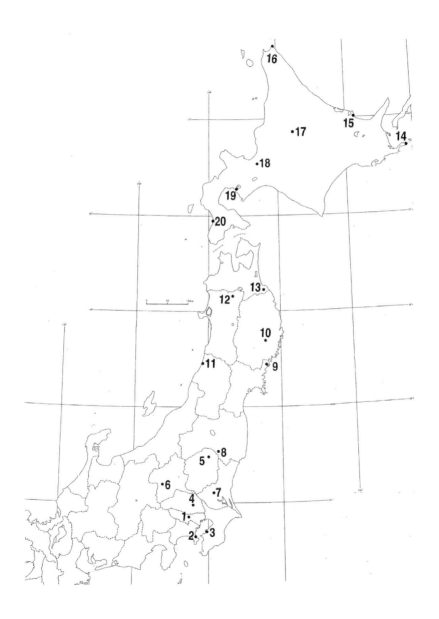

地形図45：2万5千分の1地形図「小坂」平成5年部分修正
　　　　2万5千分の1地形図「毛馬内」平成10年部分修正
　　　　小坂鉱山・康楽館・小坂精練小坂線　描図

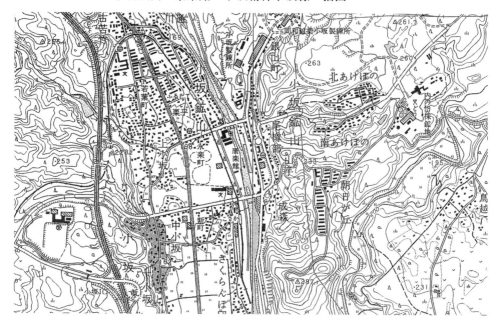

地形図46：5万分の1地形図「旭川」昭和43年資料修正
　　　　旭山公園・旭川電軌東旭川線　描図

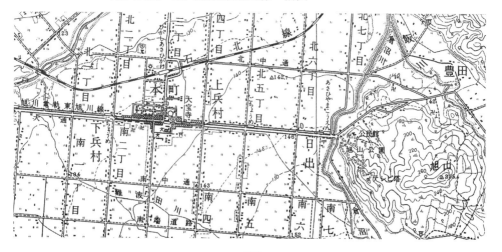

【15】日本の観光地域　その3

写真32　小坂鉱山事務所（秋田県小坂町）

写真33　康楽館（秋田県小坂町）

【16】おわりに

　観光研究においては、長年にわたる研究資料収集と幅広い実体験・現地調査（フィールドワーク）、そして、多様な学問分野からの視点で分析する姿勢が必要である。いわば、年季の入った研究が大きな原動力となり、総合的・包括的・深化的な研究を可能とし、因果関係の解明に役立つ。いわゆる、観光研究は取り組みやすいが、奥が極めて深いフィールド（分野）である。
　時刻表は、交通及び観光研究の一級資料で、また、観光研究の大学・学部・学科では、必ず参照すべきかつ所蔵すべき資料で、過去の時刻表は史料となる。筆者は、半世紀以上におよぶ、日本交通公社（現・JTBパブリッシング）の時刻表（大型）毎月号を完璧に所蔵している。小学生以来、今日に至るまで購入し続けているもので、貴重な研究資料であることは勿論、小・中学校、高校生時代においては、おおいに「紙上旅行」を試み、将来の訪問を夢見た。時刻表は、鉄道と定期航空路が網羅されており、主要観光地に向かう航路とバス路線、交通公社の協定旅館も掲載されている。時刻表以上に、航路について比較的詳細に記載されているのが、日刊海事通信社のフェリー・旅客船ガイド（時刻表）で、年2回刊行されており、これも約40年分を所蔵している。時刻表とととともに、「紙上旅行」に欠かせないのが地図で、時刻表同様に小学生以来、日本全国の国土地理院の地形図を収集、今日では「旧版地形図」と称される同一地域の過去の多くの版も含めて、膨大な量を所蔵している。この一部を活用して、古今書院「月刊　地理」誌上で、予告編を含めて、1年半に及ぶ長期連載である「明日の授業で使える！　地形図読図」を執筆、掲載いただいた。時刻表・地形図以外に、交通公社の「ポケットガイド」「旅」や実業之日本社の「ブルーガイド」などの過去の旅行ガイドブックも、今となっては貴重な研究資料だが、これらは情報が古くなると捨てられてしまうことが多いため、意外と残っていない。インターネットで、様々な情報が検索できる時代となっても、過去の一級資料（史料）が入手できなければ研究は始まらない。
　さて、大学生となって、いよいよ、満を持して本格的な調査研究旅行に

乗り出す機会が到来した。学割利用は勿論として、ほぼ往復の運賃で一定エリア内乗り降り自由（急行列車乗車可）の国鉄周遊券を、有効期限の日数をすべて利用しての移動、ユースホステルの会員となってのユースホステル宿泊がこの時期の定番の旅行で、ユースホステルのミーティングでの情報交換が役立った。例えば、大阪から青森まで日本海側経由の急行「きたぐに」に乗車、青森から青函連絡船で函館に入り、北海道周遊などは、典型例だった。また、この時代、大阪から四国・九州・沖縄へは船舶利用も多く、弁天埠頭や大阪南港かもめ埠頭からの船便利用も多かった。今では新幹線で1時間台の広島へも大阪から夜行フェリーが出ていた。

　社会人となって（幸いにして、大学卒業後すぐに専任教員の職を得る）、自分専用の一眼レフカメラ（オリーブドライブ塗装のキャノンF－1）と交換レンズ（対角線魚眼レンズ等の超広角レンズ）を購入、増加しつつあったビジネスホテル宿泊が定番となり（この時期、相部屋タイプの町中の旅館が廃業に追い込まれたこともあった）、交通手段も時間節約から航空・新幹線・国鉄L特急利用も増加した。写真フィルムは、最初から、比較的保存性の高いスライド用リバーサルフィルムを使用、特に粒子が細かく鮮やかなコダクローム64（ISO64）やコダクローム25（ISO25）を多用、勿論、感度が低いため、シャッター速度や絞りに制約が多く、マニュアル撮影のため、技術が必要だった。後年は、フジクロームのベルビア50（ISO50）やプロビア100F（ISO100）も使用した。デジタル一眼レフカメラ出現後も、広角レンズが不十分であったために長らく併用期間があったが、現在はデジタル一眼レフカメラのみ使用、レンズも「8〜16mm」と「16〜300mm」の2本のみでほとんど対応できる手軽さとなった。過去のリバーサルフィルムで撮影の映像もスキャナーで読み取り、劣化や逆光に対しては画像補正を行ってデジタル保存、デジタル撮影したものと同様にプロジェクターで映写可能となり、膨大な映像教材を授業で活用している。特に、過去に撮影した景観で、現在は大きく変化した場所など、貴重な映像も多い。

　家族旅行では、行き先も子供向けや家族向けの観光地や観光施設を訪れる機会が増加、宿泊施設も観光旅館やリゾートホテル利用が多くなった。タクシー利用も増加したが、地元情報に詳しい事情通のタクシー運転手さ

んの話は、観光研究に、極めて役立つ。当然ながら、家族旅行だと研究を兼ねているなどとはあまり思われず、気楽に話が聞ける効果もある。このように、今日に至るまで、各地の観光地を訪れ、様々な交通機関を利用し、多様な宿泊施設に滞在と、幅広い観光の実体験を積み重ね、膨大な研究資料収集とともに、観光研究の基礎を構築することができた。過去の歴史的研究においては、史料研究とともに、聞き取り調査の手法を用いるが、聞き取り対象者と質問内容が適切でないと、偏った部分的研究となる。研究者自らが過去の時代に、タイムスリップではなく、実際に幅広く観光を体験している意義は極めて大きい。「若い」研究者が、過去の資料でほんの一部を垣間見る「観光」を、筆者は実体験で豊富に経験しているのである。

筆者は、後記のように、学部・大学院修士課程・大学院博士課程後期課程を含めると、三大学三専攻の出身である。大学進学時、関西には「観光」や「総合」と称する学部・学科はなく、比較的幅広く学べる（当時は「つぶしがきく」といわれた）法学部政治学科に進学した。実際に、法律学・政治学・経済学と幅広い授業科目が設定されていた。また、関西学院大学は、当時から他学部の授業がほとんど制限なく受講でき、単位が取得できる制度を採用していた。その結果、所属学部で法律学・政治学・経済学の科目を履修することは勿論、他学部で地理学・歴史学・教育学科目を多く受講、特に地理学科目は、ある先生から「地理学専攻生よりも数多く単位を取得している」といわれ（実は、受講できる全ての地理学科目を受講して単位を取得した）、地理学の各概論のみならず、地理学特殊講義・地理学外書講読なども勿論受講、専任教員の先生方のみならず、非常勤講師として出講されていた京都大学・神戸大学・大阪教育大学・立命館大学・奈良大学等の地理学の先生方の授業も受講した。多くの受講生がいた中で、地理学担当の先生方にはご注目をいただき、今日までお付き合いいただいている先生方もおられる。一般的に、1年間に取得可能な単位数は、履修制限や実質的な時間割の制約上、60単位程度だが、筆者は各学年で60単位を取得、4年間で240単位を取得、大学院受験においても、社会科学系は勿論、地理学や教育学系も受験可能な単位数を取得する結果となった。ちなみに、関西学院大学に進学した理由として、返済しなくてもよい給付の奨学金がい

【16】おわりに

ただけるのも魅力であった。

　ただ、残念ながら、当時の大学院は定職を持たないことを条件にした大学院が多く、お誘いをいただいた関西学院大学大学院も、当時は、同様であった。その中にあって、教員と兼ねることができた貴重な大学院であったのが大阪教育大学大学院で、大阪教育大学から非常勤講師としてご出講の３人の先生方の地理学授業を受講したこともあって、大学卒業と同時に進学、２年間で修士課程を修了した。ちなみに、当時、国立大学の教員養成系教育大学や教育学部で大学院が設置されていたのは、東京学芸大学と大阪教育大学の２大学のみであったため、広範囲の教育大学・学部からの進学者があり、地理学講座の募集人数は指導教官数と同数の４人であった。大阪教育大学大学院は修士課程のみで博士課程がなく、また、関西で地理学専攻の博士課程（後期課程）を設置している大学院が極めて少ない状況であった。現在でも西洋史学専攻内や地理学の名称が使用されていない大学院も多い。そこで、教員と兼ねることができるとともに、兼ねて授業が受講可能であることを考慮すると、当時、土曜日午後のみの授業受講で地理学の博士号が取得できる貴重な大学院であったのが関西大学大学院博士課程後期課程地理学専攻で、最短の３年間で課程博士号を取得させていただいた。結果的に、三大学三専攻の出身となったが、幅広い学問分野を学ぶことができ、多くの同窓と交流できたことに感謝している。特に、大阪教育大学地理学会地理教育部会は、天王寺キャンパスで研究会が毎月開催され、筆者が世話役を務めさせていただいた時期もあり、筆者の巡検報告とともに、国内外に精力的に出向かれている他の先生方の巡検報告と現地入手のパンフレットの配布をいただき（地理教育部会は「おみやげ」として、入手資料や自作プリント等を持参し、出席者に配布を慣例としている）、その体験談は観光研究に大いに役立っている。勿論、同窓も数多いだけでなく、極めて幅広い分野で活躍されておられ、当然ながら、これらの三大学は、旅行業界・航空業界は勿論、旅行専門学校の校長を含む教員に多くの人材を輩出、大学全体のみならず、業界別同窓会に積極的に参加して、多くの情報や教えを得る機会が与えられることとなった。ちなみに、欧米では、大学学部で幅広く学び、大学院で深く学ぶのが、むしろ当然のスタ

イルであり、企業は勿論、大学もいくつもの大学・大学院で学ぶのが、その都度、関門を経由している、幅広く多くの同窓がいるとして、評価される側面がある。論文博士や「純粋培養」は、必ずしもグローバルスタンダードではない。

　筆者は、大学で地理学の専門科目（人文地理学・自然地理学・地誌学）の授業を担当するとともに、観光科目の授業も担当している。その教科書として、筆者の講義内容をまとめたのが本書である。前述したように、「観光」で「網羅」していると思われる教科書は、複数の著者による高価な書籍がほとんどで、一人の著者による包括的で、一冊で教科書に使用できる比較的安価な書籍がない。このお話を、従来からお世話になっている竹林館様にご相談させていただいたところ、比較的安価な教科書作成にご賛同をいただき、本書の出版に至った次第である。改めて感謝申し上げます。

　また、過去にお世話になり、ご逝去された先生方、関西学院大学及び関西学院大学地理研究会でお世話になりました大島襄二先生（2014年ご逝去）・浮田典良先生（2005年ご逝去）、関西学院大学・大阪教育大学及び日本地理学会でお世話になりました白井哲之先生（2006年ご逝去）、大阪教育大学大学院でお世話になりました松田信先生（2007年ご逝去）・前田昇先生（2017年ご逝去）、大阪教育大学及び大阪教育大学地理学会地理教育部会でお世話になりました位野木壽一先生（2006年ご逝去）、大阪教育大学地理学会地理教育部会でお世話になりました古川浩先生（2004年ご逝去）・橋本九二男先生（2011年ご逝去）・奈良芳信先生（2013年ご逝去）、関西大学大学院でお世話になりました高橋誠一先生（2014年ご逝去）・水山高幸先生（2013年ご逝去）の各先生方に、改めて感謝申し上げます。

　最後に、筆者の研究の歩みであるフレーズ、「交通研究55年、離島研究45年、テーマパーク研究35年、鉱業遺産研究25年、単著出版15年」を記させていただき、現在では研究が多いが、当時としては、「誰もやらないことをやる」ことで取り組んだ姿勢を、改めて再確認し、さらなる研究を進めたい。

● 著者略歴

奥野　一生　(おくの　かずお)

関西学院大学　法学部　政治学科　卒業　法学士
大阪教育大学　大学院　教育学研究科　社会科教育専攻
　　　　　　　地理学講座　修士課程　修了　教育学修士
関西大学　　　大学院　文学研究科　地理学専攻
　　　　　　　博士課程　後期課程　修了　博士（文学）
　　　　　　　関西大学　文博第五十三号　（学位記番号）

現在　大学教員

主著：
単著『日本のテーマパーク研究』竹林館，2003年第1刷・第2刷発行
単著『日本の離島と高速船交通』竹林館，2003年第1刷・第2刷発行
単著『新・日本のテーマパーク研究』竹林館，
　　　　　　　　　　　　　　　　2008年第1刷・第2刷発行
　　　　　　　　　　　　　　　　2012年第3刷発行
共著『レジャーの空間』ナカニシヤ出版，2009年発行

所属：
日本地理学会会員
(1998～2001年度役員＜地理教育専門委員会専門委員＞)
人文地理学会会員
日本地理教育学会会員
日本地図学会会員
地理科学学会会員
日本クルーズ＆フェリー学会会員
日本島嶼学会会員（設立発起人・理事）

観光地域学　　新・ソフィア叢書 No. 1

2018 年 3 月 10 日　第 1 刷発行
2019 年 5 月 20 日　第 2 刷発行
2023 年 5 月 10 日　第 3 刷発行

著　者　　奥野一生
発行人　　左子真由美
発行所　　㈱竹林館
〒 530-0044 大阪市北区東天満 2-9-4 千代田ビル東館 7 階 FG
Tel　06-4801-6111　Fax　06-4801-6112
郵便振替　00980-9-44593
URL http://www.chikurinkan.co.jp
印刷・製本　　モリモト印刷株式会社
〒 162-0813 東京都新宿区東五軒町 3-19

Ⓒ Okuno Kazuo　2023 Printed in Japan
ISBN978-4-86000-377-7　C3325

定価はカバーに表示しています。落丁・乱丁はお取り替えいたします。
本書を許可なく転載することを禁ずる。